三晋法学

主编◎周子良 副主编◎李冰强 刘丽萍

执行主编◎李 麒

主办◎山西大学法学院

中国法制出版社
CHINA LEGAL PUBLISHING HOUSE

【第十五辑】

SAN JIN FA XUE

目 录

Contents

探索与争鸣

法学各科专论

课题成果

法学教育

探索与争鸣

论交易习惯的司法适用

——以民法典第十条为视角

杨亚斐[*]　汪渊智[**]

摘　要： 交易习惯，是指在某一行业或某一地区通常被采用或者交易双方之间经常采用的实践做法。《民法典》第十条规定了习惯的法源地位，符合条件的交易习惯可以作为裁判依据。交易习惯应具备长期性、确定性、公认性，不得违背法律强制性规定和公序良俗。只有在没有法律规定时，才得以适用习惯。但在商事审判中，交易习惯优先于民事规范适用。当事人主张适用交易习惯时，由该当事人举证。法院援引交易习惯作为裁判依据时，由法院主动查明。

关键词： 交易习惯　法源　认定标准　适用顺位　证明责任

我国《民法典》第十条规定："处理民事纠纷，应当依照法律；法律没有规定的，可以适用习惯，但是不得违背公序良俗。"这一规定赋予习惯的法源地位，"习惯入典"被称为我国民法典编纂所取得的巨大成就，标志着这部21世纪民法典的本土特色和中国气质，也体现了其开放性。① 属于一大立法创新，引起学界广泛讨论。虽然《民法典》第十条规定了习惯的法源地位，但习惯在司法实践中的适用问题还有很多，尤其是交易习惯的司法适用，包括交易习惯认定标准不统一、交易习惯与法律的适用顺位不明确、交易习惯的证明责任不

* 山西大学法学院民商法学专业硕士研究生，主要研究方向为民法学。

** 山西大学法学院教授、博士生导师，主要研究方向为民法学。

① 王利明：《民法总则彰显鲜明时代特色》，载《检察日报》2017年3月21日第3版。

清晰等。针对这些问题，学者们纷纷提出自己的观点，但还没有形成共识。本文将结合实践案例研究交易习惯在司法适用中的问题并提出解决规则。

一、交易习惯作为民法法源的历史演变与正当性

根据习惯的适用范围不同，可分为地方习惯和一般习惯。地方习惯是指在某一地域长期形成的惯常性做法，只在该地域有效；一般习惯是指在全国范围内适用的某种较为固定的行为方式。根据习惯的适用领域不同，可分为民事习惯和商事习惯，民事习惯涉及人类民事生活、民事交易等领域，适用于民事主体；商事习惯是某一地域或特定行业经常采用的商事实践做法，产生于商事交易，适用于商事主体。根据习惯的作用不同，可分为生活习惯和交易习惯。生活习惯是在人们日常生活中产生的行为方式，主要涉及嫁娶、丧葬、饮食等领域，不涉及权利义务的配置；交易习惯是人们在民商事交易过程中形成的交易模式，关乎交易主体间的权利义务。

（一）习惯作为民法法源的比较法考察

比较法上，习惯是重要的法源之一。最早，习惯法是罗马法的重要组成部分，是罗马法的法源之一。近代，编撰法典成为一种趋势，曾有“成文法万能”的思想，但历史法学派的出现打破了这种观念，重新确立习惯为法律渊源。以判例法著称的普通法系非常注重对习惯的遵从。习惯在普通法系国家不仅具有法源地位，而且曾一度占据强势地位，普通法就是对习惯的认可。英国历史上，所谓普通法就是经过王室法院确认的因而能够通行于英格兰全境的习惯法，由此习惯成为英格兰普通法的基本法源。① 虽说后来习惯法在普通法系中的地位有所下降，但仍是非常重要的法源。时至今日，在现代英国法上，习惯法在许多领域与成文法具有同样的权威。② 虽说大陆法系以成文化、法典化为其主要特征，但其制定法中也吸收了大量习惯，并且规定习惯法为民法法源。如《德国民法典》第 157 条规定“对合同的解释，应遵守诚实信用原则，并考虑

① 王林敏：《论习惯的法源地位及其实现路径》，载《民间法》第 12 卷。
② ［美］罗斯科·庞德：《法律史解释》，邓正来译，中国法制出版社 2002 年版，第 12 页。

交易上的习惯”；对商业确认函的沉默可能导致合同成立，这一规则是当前德国法中习惯法的典型。① 习惯在德国法中占据重要地位。在法国，《拿破仑法典》“是经过深思熟虑吸收了长期历史发展的成果，并且在很大程度上是深受罗马法影响的南部成文法与以日耳曼、法兰克习惯法为基础的北部习惯法这两种传统制度的巧妙融合物”②，是成文法和习惯法的结合。《法国民法典》吸收了习惯法的内容，主要集中在家庭法、继承法等领域。《日本民法典》虽是仿照德国民法典、法国民法典制定，但仍注重本土习惯的作用。第92条规定“有与法令无关公共秩序的规定相异的习惯，如果可以认定法律行为当事人有依习惯的意思时，则从习惯”。《瑞士民法典》第1条被称为“著名的第一条”，其部分规定：“无法从本法得出相应规定时，法官应依据习惯法裁判”③，这是大陆法系首次将习惯法确认为法源的立法例，保持了民法法源的开放性。当今各国法制，不论其法典本身有无明文规定，在民事方面普遍承认习惯法为一种民法法源。④

（二）习惯在我国民事立法中的地位变迁

从我国民法立法过程来看，习惯在我国民事立法中也发挥着重要作用。我国古代重刑轻民，没有独立的民商法部门。民商事习惯在人们日常经济生活中发挥重要的作用。清政府当年为制定符合中国社会的民商事法律，曾多次派官员前往各地调查民商事习惯。从1918年起，北洋政府司法部也进行了一次全国规模的民商事习惯调查活动。⑤ 民国初年，大理院第64号判例规定：“判断民事案件应先依法律所规定，无法律明文者，依习惯法；无习惯法者，依条理……”⑥ 确定习惯法为民法法源。

---

① ［德］迪特尔·梅迪库斯：《德国民法总论》，邵建东译，法律出版社2013年版，第106页。

② ［德］K. 茨威格特、H. 克茨：《比较法总论》，潘汉典等译，法律出版社2003年版，第118页。

③ 于海涌：《瑞士民法典》，赵希璇译，法律出版社2016年版，第20页。

④ 王伯琦：《近代法律思潮与中国固有文化》，清华大学出版社2005年版，第306页。

⑤ 王雪梅：《清末民初商事立法对商事习惯的认识与态度》，载《四川师范大学学报》2007年第5期。

⑥ 黄源盛：《民初大理院民事审判法源问题再探》，载李贵连主编：《近代法研究》，北京大学出版社2007年版，第5页。

新中国成立后，我国立法虽没有明确规定习惯的法源地位，但在具体法律规则中多处援用习惯。2004 年《最高人民法院关于适用〈中华人民共和国婚姻法〉若干问题的解释（二）》的第十条规定“当事人请求返还按照习俗给付的彩礼的，如果查明属于以下情形，人民法院应当予以支持……”认可彩礼的风俗习惯；2007 年实施的《物权法》第八十五条规定处理相邻关系可以依照当地习惯；1999 年《合同法》第六十一条规定“合同生效后，当事人就质量、价款或者报酬、履行地点等内容没有约定或者约定不明确的，可以协议补充；不能达成补充协议的，按照合同有关条款或者交易习惯确定”。即在合同履行约定不明时，依据交易习惯进行。2009 年《最高人民法院关于适用〈中华人民共和国合同法〉若干问题的解释（二）》（以下简称《合同法司法解释二》）第七条还专门规定了交易习惯的定义以及举证责任，为交易习惯的司法适用提供了重要的依据。但在《民法总则》颁布之前，我国法律中规定的习惯都是事实上的习惯，不具有法源地位。

直到 2017 年颁布的《民法总则》第十条，正式确立习惯为我国民法法源。2020 年 5 月 28 日通过的《民法典》共有 19 处规定了“习惯”，分别在总则编、物权编、合同编和人格权编。总则编中有 3 处，分别是第十条、第一百四十条和第一百四十二条。第十条属于法律适用条文，其中的“习惯”属于习惯法，是民法法源。第一百四十二条中的习惯是意思表示的解释依据。第一百四十条的习惯是沉默被视为意思表示的依据之一，类似于第一百四十二条的习惯。物权编中有 2 处规定了习惯，分别是处理相邻关系可以适用当地习惯，以及在没有约定的情况下，依据交易习惯认定法定孳息的取得。合同编中规定习惯次数最多，共有 12 处，可以看出习惯在民商事交易中的重要性。从合同的成立、生效到履行以及合同终止后的权利义务问题上，交易习惯都发挥着补充漏洞的作用。人格权编中规定了 1 处习惯，即姓氏的选择应符合风俗习惯，是典型的民事习惯。在这 19 处“习惯”中，只有《民法典》第十条中的习惯属于习惯法，是民法法源，补充法律漏洞，其余条文中的习惯是事实上的习惯，可以用来解释意思表示，补充合同漏洞。

（三）习惯作为我国民法法源的正当性

从法律发展过程来看，习惯法先于制定法。习惯随人类发展而产生，也随人类发展而消灭。可以说，人类发展的每个阶段都存在习惯。而法律是在社会发展到一定阶段后，由国家机关制定的具有强制力的行为规范，某种意义上是对习惯法的确认。法源，即法律渊源，不仅限于成文化的法律规范，还包括对法律产生实质性影响的各种非正式规范，包括习惯。如博登海默所说，法律渊源或法的来源“应当从法官在制定那些构成法律的规则时通常所诉诸的某些法律资料与非法律资料中去寻找”。[①] 因此，即使在成文化、法典化的背景下，习惯仍是重要的法源。将习惯作为民法法源具备合理性。一方面，习惯作为民法法源，有利于丰富民法规范，保持民法体系的包容性和开放性。[②] 法律是调整社会关系的行为规范，而社会关系复杂多样，变化多端，基于法律的稳定性，法律不可能及时地对出现的每种社会关系都作出规制。正如拉伦茨所指出的：“没有一种体系可以演绎式地支配全部问题；体系必须维持其开放性。它只是暂时概括总结。”[③] 而习惯产生于人们的交往中，对人们的行为形成一定约束力。将习惯作为民法法源，可以填补法律漏洞，使民法典适应社会发展。并且，确认习惯为民法法源，不是说所有的习惯都可以作为司法裁判的依据，而是要经审查，满足一定条件的习惯才能够成为法源性的习惯法，并不会破坏法律的权威。另一方面，法源是法官解决纠纷的裁判依据，习惯作为法源，可以实现法治效果和社会效果的统一。在某一地域或特定行业中，当地人们或从业者在实践中广泛采用某一习惯，对该习惯已形成预期。尤其在商事领域，高度自治的商主体在商事活动中形成符合商事活动特性的商事习惯，体现商主体的意志，符合商业发展规律。从历史上看，商法本来就是从商人之间有效的交易习惯和惯例中发展过来的。[④] 在司法审判中适用习惯，能够妥善处理纠纷，带来良好的司法效果，有利于法治国家的建设。

二、交易习惯的司法认定

商事实践中，交易习惯形形色色，数目繁多。交易习惯毕竟是商事实践中

---

① ［美］博登海默：《法理学：法律哲学与法律方法》，邓正来译，中国政法大学出版社 1998 年版，第 427 页。

② 王利明：《论习惯作为民法渊源》，载《法学杂志》2016 年第 11 期。

③ ［德］卡尔·拉伦茨：《法学方法论》，陈爱娥译，商务印书馆 2003 年版，第 49 页。

④ ［德］C. W. 卡纳里斯：《德国商法》，杨继译，法律出版社 2006 年版，第 2 页。

自发形成的，不具有普遍的公示性，也难以保证其合法性及合理性。因此，并非任何交易习惯都可在司法中予以适用。法官在审判中应审查交易习惯是否符合适用的条件。

（一）区分交易习惯与交易习惯法

《民法典》第十条中的“习惯”应解释为习惯法，用于补充法律漏洞，是裁判依据。在其他民商事法律中也有规定习惯，如“根据交易习惯解释合同”，此处的“习惯”是事实上的习惯，用于补充合同漏洞。交易习惯在司法适用中具有解释意思表示和补充法律漏洞两种功能。作为习惯法的交易习惯和事实上的习惯，二者法律性质不同。在许多的社会惯行中，有为一般人确信其必须遵从而具有法效力者，谓之习惯法；有仅为一种惯行而不为一般人确信其必须遵从，如不遵从，其共同生活亦非不能维持者，是为事实上之习惯。① 法的确信是区分事实上的习惯与习惯法的关键要素。事实上的习惯，只有在法律明确规定时，才可以被援用；对于习惯法，法官可以主动适用。

关于交易习惯的认定，《合同法司法解释二》第七条第一款规定，下列情形，不违反法律、行政法规强制性规定的，人民法院可以认定为合同法所称“交易习惯”：“（一）在交易行为当地或者某一领域、某一行业通常采用并为交易对方订立合同时所知道或者应当知道的做法；（二）当事人双方经常使用的习惯做法。”该条规定认为交易习惯具有行业性或地域性，并且具有长期性。这是正确的，但是该条规定较为粗略。交易习惯不仅需具备长期性，还应具备确定性、公认性。长期性是指只有在长时间内经常那样做，才可以称得上习惯。如果只是短时间内或者偶然出现在商事领域中，则不能认定其为交易习惯。至于长期，多久为长时间，并没有绝对的标准。法官应在具体案件中根据行业属性作出具体判断。确定性是指交易习惯行为规则确定即有统一的具体做法，适用于什么情形是确定的，适用于什么主体是确定的。如果是行业习惯，行业协会还应明确违反了该交易习惯应承担什么样的后果。一种模糊不清的做法不能成为交易习惯。只有交易习惯具有了长期性、确定性，才能被商主体所知道。在商事审判中适用该交易习惯才更为合理。公认性，是指该交易习惯是为某行

① 刘得宽：《民法典》，中国政法大学出版社2006年版，第16页。

业或某地区大多数商主体所知道的。个别人或极少数商人知道，不能成为适用于商主体之间的交易习惯。但公认性并不要求每个商主体都实际知道。在重庆市信心农牧科技有限公司与重庆两江包装有限公司产品购销合同纠纷案中，重庆市第五中级人民法院认为适用民商事习惯必须满足三个前提条件，即确定性、公认性、适法性。①

我国《民法典》中的习惯包括法源性的习惯法和事实上的习惯。作为法源的交易习惯，除了具备长期性、确定性以及公认性之外，还应具备法的确信。拉伦茨认为，认定存在习惯法与否，关键不是看实践，而是看它是否具备了“必要的确信”（opinio necessitates），即人们是否普遍认为它是正确的。② 习惯法源于事实上的习惯。对于事实上的习惯何以具有规范性而成为习惯法，目前的通说认为，其根源在于社会对该事实上习惯的法的确信，即相信该事实上习惯具有法律的拘束力。③ 王利明教授认为习惯要成为民法的渊源，则其应当是基于长期的适用而产生的，而且应当被所涉及的圈子认为具有法律拘束力。④总的来说，要想成为习惯法，必须具备法的确信。法的确信，是指人们认为某种社会规范具有法律约束力。本质上，法的确信是一定区域内大多数人确信某一事实上习惯为法的主观心态。⑤ 但是，如何判断某种交易习惯具备法的确信并不容易，需要法官在审判中具体判断。但是有几个判断要素：一是调查特定行业或区域的大多数商主体是否认可该交易习惯；二是调查该交易习惯在特定行业或某一地区的适用频率，商主体是否经常采用该交易习惯；三是调查在特定行业中是否设定违反该交易习惯的惩罚性规则。具备这三个要素，可大致判定该交易习惯具有法的确信。

（二）交易习惯不得违背法律强制性规定

交易习惯不得违背法律强制性规定，如果某一案件中双方当事人的交易涉

---

① 参见重庆市第五中级人民法院（2008）渝五中民再字第56号民事判决书。

② ［德］卡尔·拉伦茨：《德国民法通论（上册）》，王晓晔等译，法律出版社2003年版，第17页。

③ 彭诚信：《论〈民法总则〉中习惯的司法适用》，载《法学论坛》2017年第4期。

④ 王利明：《论习惯作为民法渊源》，载《法学杂志》2016年第11期。

⑤ 彭诚信：《论〈民法总则〉中习惯的司法适用》，载《法学论坛》2017年第4期。

及法律的强制性规定，则不考虑适用交易习惯。法律的强制性规定是指“当事人所不可排除适用的规范”，是“私法权利运行的基础，是私法得以自治的保障，是私法实现社会正义的桥梁……强行性规范是民法得以自治的真谛和最可靠的保障”。[①] 法律强制性规定代表的是公共利益、国家利益，是真正维护意思自治的工具，任何人不得侵犯。违反法律强制性规定的习惯不能在司法审判中适用。

（三）交易习惯不得违背公序良俗

我国《民法典》第十条规定习惯不得违背公序良俗。所谓公序，即公共秩序，可理解为社会一般利益，主要体现为在我国现行法上社会经济秩序和社会公共利益；所谓良俗，即善良风俗，可理解为一般道德观念，主要体现为我国现行法上所称的社会公德。

交易习惯相较于民事习惯而言具有较弱的公序良俗色彩，司法在判定交易习惯与公序良俗的契合程度时应采取审慎区分的态度。[②] 反对“一刀切”地以社会公共利益为由否定商人共同体间为追求利益最大化而形成的交易习惯，尽管这种商事交往规则可能与社会共同体的传统认知有所出入。[③] 商事活动的营利性以及商人的逐利性导致交易习惯并不能完全符合社会一般人的理解认知与道德观念，但符合商事活动的发展规律。对交易习惯不得违背公序良俗底线的判断不可能如民事习惯的判断般如此严格。如，餐饮行业有禁止自带酒水的行业习惯，酒店行业有 12 点退房的行业习惯，这些习惯可能不完全符合公平原则，但符合特定行业的经营特点，并不违背公序良俗。

此外，公序良俗作为民法上重要的一般条款，具有开放性和不确定性特征。[④] 因此，法官在判断交易习惯是否符合公序良俗时，应以发展的眼光看待，并且考虑不同地域的社会观念、不同行业的行业属性进行具体判断。总之，在判断交易习惯是否符合公序良俗时，要注意商业活动的特性，结合商事领域的

---

① 许中缘：《民法强行性规范研究》，载《法学家》2009 年第 2 期。

② 曹兴权、卢迎：《交易习惯司法适用特殊性问题的体系阐释与因应》，载《人民法院报》2018 年 11 月 14 日第 7 版。

③ 许中缘、高振凯：《司法裁判文书中交易习惯的实证研究 ——以〈民法典〉第 10 条中“交易习惯”的适用为视角》，载《民间法》第 20 卷。

④ 梁慧星：《民法总论》，法律出版社 2011 年版，第 199 页。

效率要求综合判断。

三、交易习惯的适用顺位

（一）交易习惯优于民法基本原则适用

根据《民法典》第十条的规定，习惯是补充性法源，只有在法律没有规定时，才得以适用习惯。我国台湾地区的学者和判例认为“法律有规定之事项，不得适用习惯，学者及判例称为习惯有补充（法律）之效力”①。在法律有规定的情况下，交易习惯没有适用的空间。但《民法典》第十条“法律没有规定的”中的“法律”应指具体的法律规则，而不包括法律原则。法律原则属于一般条款，体现民法的整个法律精神、立法宗旨，但比较抽象，没有具体的行为规则。作为习惯法的交易习惯具有确定的行为规则内容，在商事领域中被反复适用，符合商主体的意思自治及预期，相较于法律原则来讲更为具体，可操作性更强。因此，本文认为，在没有法律规则的情况下，应优先适用交易习惯而非抽象的法律原则。肯定习惯法具有优先于法律基本原则适用的效力，可以有效防止案件裁判出现“向一般条款逃逸”（Die Flucht in die General klauseln）的现象。② 防止法官裁量权的无限扩大，恣意裁判，以造成不公平的审判。

（二）交易习惯优于民事任意性法律适用

根据我国《民法典》第十条，只有在法律没有规定时，才可适用习惯。习惯仅具有补充法律规定欠缺——漏洞的作用，仅为“辅助性法源”。③ 但是，对于第十条应解释为只有在法律存在漏洞并且依照法律解释方法无法知其内涵时，才可适用习惯法。也就是说，法律解释方法优先于交易习惯适用。比较法上，瑞士联邦法院“在判决中将制定法的漏洞区分为真正漏洞与不真正漏洞，认为真正的制定法漏洞在于立法者本应规定但因疏忽未予规定之处，无论是根据其

---

① 彭诚信：《论〈民法总则〉中习惯的司法适用》，载《法学论坛》2017 年第 4 期。
② 王利明：《论习惯作为民法渊源》，载《法学杂志》2016 年第 11 期。
③ 施启扬：《民法典》，三民书局 2011 年版，第 81 页。

字义还是解释都无法推断出制定法规范的内容……填补真正的漏洞是法官的职责”。① 只有在穷尽法律规则时，才可适用习惯法。

根据《民法典》规定，法律规则优于习惯适用。我国实行民商合一立法体例，若严格依照该规定，交易习惯后于民事法律适用。但这种观点没有关注到商事活动的特殊性，不能带来最好的裁判效果。《日本商法典》第 1 条规定：“凡为商法所备载之事，用商法，商法所未载者，用商习惯法，无习惯法，用民法。”我国应借鉴《日本商法典》的规定，明确交易习惯法优先于民法适用。民法与商法的立法理念与立法目的并不相同，商事活动有其自身的特殊性，民法的许多规定并不适合于商事活动，如民间借贷，若当事人没有约定利率，则视为没有利息。而对于商事领域的借贷，如果双方没有约定利率，则通常按照银行同期贷款利率计算利息。因为，商事活动追求盈利，且借款数额一般较大，没有利息不符合商事活动的本质，也有违公平。而民间借贷通常出于人情，借方借出钱款并不是为了获取利息盈利，所以若没有约定利率则视为没有利息。另外，如果商主体之间约定了违约金，就不应再以民法中规定的违约金规则来调整商主体的违约金，商人是具备经济理性的主体，其自身约定的违约金是经过充分考虑且符合其营利本质的。《德国商法典》第 343 条就规定：“一个商人在自己的营利事业的经营中所允诺的违约金，不得依《民法典》第 343 条的规定减少”。在李某权、赵某英金融借款合同纠纷案中，最高人民法院认为尽管《流动资金借款合同》第四条第一项约定贷款利率为 8.434‰（年/月），此处未标明是年利率还是月利率，但结合本案证据及交易习惯，应当认定贷款利率为月利率 8.434‰。首先，乌当农商行作为商事主体，追逐贷款与存款之间的利率差是其正常的商业模式。如果将贷款利率认定为年利率 8.434‰，不仅远低于行业一般水平的贷款利率，甚至低于同期存款利率，这完全违背金融业商业活动的一般规则和运作模式，明显有悖常理。② 在上海星境影视文化有限公司、浙江广播电视集团广播电视播放合同纠纷案中，最高人民法院认为上海星境公司与浙江广电集团签署的 0 元对价的对赌协议，不符合行业交易习惯。③ 虽然

① 李敏：《〈瑞士民法典〉“著名的”第一条——基于法思想、方法论和司法实务的研究》，载《比较法研究》2015 年第 4 期。

② 参见最高人民法院（2020）最高法民终 184 号民事判决书。

③ 参见最高人民法院（2019）最高法民申 4631 号民事裁定书。

对赌协议是双方当事人真实意思表示的体现，属于合同，但对赌协议有其特殊性，以营利为目的，应优先适用交易习惯。因此，基于商事活动的特殊性，民事任意性规范并不适应商事活动的发展，也不符合商主体的预期。相反，交易习惯在商事领域中发挥着重要作用。法院依然可在存有民事一般法规定时支持正当的交易习惯，以形成鼓励创新发展的制度激励。①

（三）商事任意性法律优于交易习惯适用

关于交易习惯与商事任意性法律的适用顺位问题，本文认为，在合同没有约定或约定不明时，应优先适用商事任意性法律裁判。法律是立法机关通过法定程序制定出来的，具有普遍适用性和稳定性；而习惯法虽然可能是世代相传所形成的行为规则，但其并没有经过法定程序予以确定，且具有区域性、行业性等特点。② 更重要的是，商事任意性法律代表国家对商事活动的管理，含有对整个社会经济秩序的维护，也充分考虑了商事活动的特性，相对于交易习惯来说更加成熟，适用性更强。因此，在商事法律有明确规定时，法官不得适用交易习惯。当然，在商事法律中明确规定援引交易习惯解释意思表示时，该习惯已成为法律的组成部分，直接予以适用即可。我国实行民商合一体例，商事法律主要是指单行的商事法，如《公司法》《票据法》等，以及民事法律中涵盖的商事规范，《民法典》《合同法》等法律中都有关于商事的规定。

四、交易习惯司法适用中的证明责任

交易习惯的证明责任取决于交易习惯究竟是法律问题还是事实问题。③ 在《民法典》颁布之前，我国法律上的习惯都是事实上的习惯，由主张适用的一方当事人举证证明。我国《合同法司法解释二》第七条明确规定，对于交易习惯，由提出主张的一方当事人承担举证责任。该司法解释是在习惯不具备法源地位的前提下制定的。《民法典》第十条确定了习惯的法源地位。在此背景下，

① 曹兴权、卢迎：《交易习惯司法适用特殊性问题的体系阐释与因应》，载《人民法院报》2018 年 11 月 14 日第 7 版。

② 王利明：《论习惯作为民法渊源》，载《法学杂志》2016 年第 11 期。

③ 陈彦晶：《交易习惯之司法功能》，载《清华法学》2018 年第 1 期。

应重新确定交易习惯的证明责任。

交易习惯的证明责任分配的基本原则应是：谁主张，谁举证。如果一方当事人主张适用交易习惯，应由主张适用的一方当事人承担证明责任。在中国民生银行股份有限公司上海分行诉武汉钢铁集团鄂城钢铁有限责任公司等金融借款合同纠纷案中，上海市浦东新区人民法院认为鄂钢公司主张三方形成无须“提货通知单”原件即可放货的交易习惯，应由鄂钢公司举证。① 当然，由于诉讼能力的有限以及商事纠纷的复杂，在当事人无法查明交易习惯的情况下，可以申请法院查明。法院有依职权查明交易习惯的义务。“习惯法存在与否，除主张之当事人举证与否，法院应依职权调查。”② 同时，随着商业领域不断发展，交易习惯的成文化现象越来越多。实践中各行业协会将大多数反复适用的交易习惯制定成行业惯例。针对这种成文化的交易习惯，应减轻当事人的举证义务。比如，《意大利民法典》第9条明确规定，除非存在相反证据，否则就推定机关和团体的正式汇编中公布的交易习惯为已经存在的交易习惯。《法国商法典》对此也认为，如果习惯是某一个行业或商会以成文方式编著，当事人在举证证明交易习惯的存在时仅承担较少的证明义务。③

如果法官主动援用交易习惯作为裁判依据，此时交易习惯属于法律问题，应由法官查明该习惯的内容，当事人并不需要证明。然而，商事审判实践中，往往由于交易习惯的调查难，法官不去适用。因此，在此背景下，我国法院应开展交易习惯的调查、汇编工作，为交易习惯的司法适用提供便利。其实，我国在清末民初就开展过全国性的交易习惯调查工作，从 1907 年起 ，清政府为制定商法而开展了全国范围的商习惯调查。④ 但新中国成立后这项工作却从未进行。交易习惯对于商事审判具有重要影响，应该将该项工作提上日程。在交易习惯汇编工作的逐渐开展之后，当事人的证明责任也会越来越轻。

此外，法院援用交易习惯作为裁判依据时，应充分论证交易习惯的情况，

---

① 参见上海市第一中级人民法院（2014）沪一中民六（商）终字第82号民事判决书。

② 王泽鉴：《民法典》，北京大学出版社2009年版，第63页。

③ 曹兴权、卢迎：《交易习惯司法适用特殊性问题的体系阐释与因应》，载《人民法院报》2018年11月14日第7版。

④ 王雪梅：《清末民初商事立法对交易习惯的认识与态度》，载《四川师范大学学报（社会科学版）》2007年第5期。

包括习惯的具体内容、长期存在的事实，被普遍采用的情况等，不能毫不说明地加以适用。司法实践中就广泛存在法官笼统使用交易习惯的概念，只简单描述当事人的某种做法是否符合交易习惯，没有对交易习惯的具体内容进行说明，存在将交易习惯等同于生活常识的现象。在本文收集的50个案例中，几乎每份判决书中都有“根据交易习惯”“不符合商事习惯”这样的用语。如在北京斑马旅游有限公司与上海俊智票务服务有限公司、曹某平委托合同纠纷一案中，上海市长宁区人民法院认为斑马公司在5个月内共向俊智公司付款22笔，金额累计超百万余元不符合一般商事习惯。① 在广州中泰房地产开发投资公司、广州市方圆房地产发展有限公司合同纠纷案中，最高人民法院认为方圆公司因与中泰公司存在业务往来，了解中泰公司存在内部纠纷，要求中泰公司出具《承诺函》以确保案涉两份协议真实有效，符合一般的商业交易习惯，并不能以此证明方圆公司知道张某峰不是中泰公司的法定代表人。② 两个案件中，法院都没有阐明交易习惯的具体内容，这样会降低交易习惯作为裁判依据的说服力。

五、结语

商法起源于交易习惯，交易习惯对商法的发展有很大的推动作用。由于商主体的自治性以及商事活动的发展性，商事制定法具有明显的滞后性。而交易习惯作为商主体自发形成的自治规则，在商事活动中发挥重要作用。同时，我国《民法典》明确了习惯的法源地位，则在商事审判中，法官可以适用交易习惯作为裁判依据。司法实践中，交易习惯的适用还面临很多问题，包括如何认定交易习惯，交易习惯与法律的适用顺位问题以及交易习惯的证明责任问题。只有明确了交易习惯的司法适用规则，才能更好地发挥交易习惯的法源地位，解决商事审判中面临的问题。

---

① 参见上海市第一中级人民法院（2019）沪01民终12277号民事判决书。

② 参见最高人民法院（2020）最高法民申3333号民事裁定书。

论我国行政协议优先权的司法审查

赵银翠* 崔丽琼**

摘　要：在法律没有禁止性规定的情况下，行政机关为了实现公共目的，有权选择以行政协议的方式代替传统的行政命令开展行政活动。在行政协议的订立、履行、变更、解除过程中，行政机关享有广泛的优先权，包括订立行政协议的决定权、监督指导权、单方变更权、处罚权、强制执行权、单方解除权等，以确保有效实现公共目的。但该权力的行使必须遵守依法行政的原则并接受司法审查，以防止行政机关利用私法形式遁入法外之地。在目前我国对行政协议优先权的司法审查过程中，存在着对“公共利益”的解释简单模糊、单方解除权与法定解除权混淆不清、程序性审查认知不足，补救措施不明确、审理方式单一等问题。为此，应当提高“公共利益”解释的明确性，区分单方解除权与法定解除权、加强程序性审查、明确具体补救措施、善用调解解决纠纷等，以强化对行政协议优先权的司法审查，平衡公共利益和协议相对方、第三人的合法权益，确保行政机关合法行使行政协议优先权。

关键词：行政协议　行政优先权　司法审查

在现代社会治理过程中，为实现公共利益，行政机关不断探索多种行为形式，以实现公共利益。一般来说，在法律没有禁止性规定的情况下，行政机关得享行为形式之选择自由，可以行政协议的方式作为替代行政命令的方式开展行政活动。行政协议作为协商治理的一种方式，越来越得到广泛应用。不同于传统单方命令之行政手段，行政机关在运用行政协议开展行政活动时，更多地与相对方展开协商对话；不同于传统民事协议之平等协商，行政机关在行政协

* 山西大学法学院副教授、法学博士，主要研究方向为行政法学。
** 山西大学法学院宪法学与行政法学专业硕士研究生，主要研究方向为行政法学。

议的订立、履行、变更、解除过程中享有各种优先权，在行政协议法律关系中，行政机关享有高于协议相对方的权力。这使得行政协议成为一项既不同于行政命令又不同于民事协议的独特法律制度。本文聚焦行政协议中行政机关的优先权及其司法审查，希冀通过对行政协议过程中行政机关优先权的梳理，对行政协议司法审查过程中存在的问题进行剖析，进而对如何完善我国的行政协议司法审查制度提出建议。

一、行政协议优先权的内涵及外延

为确保行政机关有效地行使职权，切实履行职责，圆满实现公共利益的目标，行政机关被依法赋予各种职务上或物质上的优益条件，即行政优益权。其中，职务上的优益条件属行政优先权，物质上的优益条件属行政受益权。行政优先权意味着行政权与其他社会组织及公民个人的权利在同一领域或同一范围内相遇时，行政权具有优先行使和实现的效力，主要包括先行处置权、获得社会协助权以及行政行为的公定力。① 行政优先权是所有行政活动中行政机关均享有的权力。在行政协议中，行政机关同样享有优先权，其内容主要包括订立行政协议的决定权、监督指导权、单方变更权、处罚权、强制执行权、单方解除权等。

（一）订立行政协议的决定权

一般来说，除非法律明确禁止行政机关缔结行政协议，或者法律虽未明确排除，但从立法目的来看，行政协议并不适合于某类或者某项具体的行政活动，否则，行政机关有权选择以行政协议的方式实现其公共目的。② 在行政协议订立阶段，行政机关依法享有对行政协议相对方的选择权。例如，《基础设施和公用事业特许经营管理办法》第十七条即赋予实施机关在公平的基础上择优选择特许经营者的权力。

---

① 罗豪才：《行政法学》，北京大学出版社1994年版，第54—56页。

② ［德］哈特穆特·毛雷尔：《行政法学总论》，高家伟译，法律出版社2002年版，第363页。

（二）监督指导权

在公共治理过程中，为了实现公共利益目的，行政机关对相对方均负有监督指导的职责，并不受限于其行为方式。不论行政机关采取的是单方命令的行为方式，还是双方协议的方式，行政机关均不得放弃其监督指导的职责。该监督指导职责并不以协议约定为限，不论是否予以约定，或者约定是否全面完整，在履行协议过程中，行政机关拥有对相对方履约情况进行全面监督和指导的权力。“从本质上讲，监督、指导是基于行政主体身份而享有的一项笼统的行政权力，广义上还包括了提供协助等一切协议履行辅助行为。这种权力不因协议的约定而存在，协议本身也不能排斥行政机关的监督指导权”。① 这同时意味着，行政机关未能履行监督指导权的，应承担相应的法律责任。例如，《基础设施和公用事业特许经营管理办法》明确授予特许经营的实施机构以监督指导权。该办法规定，实施机构应当根据特许经营协议，定期对特许经营项目建设运营情况进行监测分析，会同有关部门进行绩效评价，并建立根据绩效评价结果、按照特许经营协议约定对价格或财政补贴进行调整的机制，保障所提供的公共产品或公共服务的质量和效率。

（三）单方变更权

在履行行政协议过程中，行政机关为了避免可能出现严重损害国家利益、社会公共利益的情况发生，有权单方变更协议的内容。《最高人民法院关于审理行政协议案件若干问题的规定》（以下简称《行政协议司法解释》）亦承认其合法变更的权力。在行政协议履行过程中，如果出现了不可抗力等情况，而协议继续履行会导致公共利益受到损害，当对公共利益的损害达到一定程度时，行政机关有权不经过相对方的同意变更行政协议的内容。但是，行政机关此项权力的行使应当受到严格的限制：只有在行政协议的现有条款不能够继续履行或会严重损害公共利益时，并且行政机关在变更行政协议后必须足额补偿相对方因单方变更权的行使而遭受的损失，这种损失既包括当下的损失也包括之后增加的履约成本。

---

① 李颖轶：《法国行政合同优先权重述》，载《求是学刊》2015 年第 4 期。

（四）处罚权

协议相对方违反协议，不按照协议履行所约定的义务时，行政机关有权对其进行行政处罚，而不论在协议中是否有约定。行政处罚的目的，一方面在于惩戒协议相对方，另一方面在于确保订立行政协议所欲求的目的能够得以实现。一般情况下，行政机关应先作出要求相对方履行义务的命令，再根据相对方履行情况对其进行处罚，处罚的手段包括警告、罚款、解除合同等。例如，1990年《城镇国有土地使用权出让和转让暂行条例》明确规定了土地管理部门对出让土地使用者的处罚权。根据该条例第十七条的规定，土地使用者“未按合同规定的期限和条件开发、利用土地的，市、县人民政府土地管理部门应当予以纠正，并根据情节可以给予警告、罚款直至无偿收回土地使用权的处罚”。

（五）强制执行权

为确保协议相对方能够全面履行行政协议，以达到订立行政协议所追求的目的，行政机关不仅享有事后对违约行为进行惩戒的权力，同时也享有在履行过程中强制相对方履行协议的权力。在我国实定法未作规定的情况下，最高人民法院以司法解释的方式对此作了明确规定。《行政协议司法解释》第二十四条第一款规定：“公民、法人或者其他组织未按照行政协议约定履行义务，经催告后不履行，行政机关可以作出要求其履行协议的书面决定。公民、法人或者其他组织收到书面决定后在法定期限内未申请行政复议或者提起行政诉讼，且仍不履行，协议内容具有可执行性的，行政机关可以向人民法院申请强制执行。”

（六）单方解除权

在行政协议的履行中，如果行政机关行使单方变更权已经不能阻止公共利益受到严重损害，可以单方解除行政协议。该权力如果行使不当，将严重侵害相对方权益，甚至公共利益。因此，行政机关在行使单方解除权时应受必要的约束，首先，必须以公共利益为目的；其次，行政机关行必须遵守严格的程序；最后，要对相对方的损失进行足额补偿。需要说明的是，单方解除权与处罚权中的解约处罚有本质的区别：处罚权行使的目的在于要求有过错的协议相对方承担违约责任，无需对其进行补偿；单方解除权则是为了维护公共利益的需要而使相对方权益受到损害，相对方并没有过错，所以要对其进行足额补偿。

二、我国行政协议优先权的司法审查现状

正因为行政协议中，行政机关享有为数众多的优先权，使得法院在对行政协议进行审查的过程中需要区分行政优先权与其他合同权利，并适用不同的规则进行审查。对于前者，应适用行政法规则对其进行审查，确保行政机关依法行政，防止行政机关借用私法的手段逃避法的控制；对于后者，则适用合同法的规则进行审查。目前，在我国对行政协议优先权进行司法审查的实践中，存在诸多问题，需要加以剖析并进一步完善。

（一）对“公共利益”的解释简单模糊

在行政活动中，公共利益无处不在，但其内涵与外延，需要借助具体的情境加以确定。在行政协议中亦是如此，例如，根据《行政协议司法解释》第十六条的规定，“在履行行政协议过程中，可能出现严重损害国家利益、社会公共利益的情形”时，行政机关可以变更或解除协议。该条款中的“国家利益”“社会公共利益”成为判断行政机关变更、解除权是否合法的标准。然而，由于“国家利益、社会公共利益”概念的不确定性，给行政机关滥用变更、解除权提供了极大的可能性。在司法实践中，行政机关抗辩其变更或解除协议的合法性，通常都会主张是为了维护国家和社会公共利益，而法院亦难从规范层面判定行政机关是否为了“公共利益”行使权力，只要行政机关的理由具有合理性，法院都会予以尊重，除非行政机关的解释明显牵强。① 特别是在一些周期性较长的协议中，公共利益往往不是一成不变的，这就会使行政机关的解释更加任性。

在童某清、贵州省铜仁市碧江区人民政府再审审查与审判监督案中，铜仁市中级人民法院、贵州省高级人民法院以及最高人民法院一致认为，本案中签

---

① 张鲁萍：《行政协议优益权行使的司法审查——基于对部分司法判决书的实证分析》，载《西南政法大学学报》2018 年第 5 期。

订的《房屋搬迁补偿安置协议书》合法有效，当事人本应当按照约定全面履行自己的义务。但2011年11月，国务院下发国函〔2011〕131号文件，撤销铜仁地区建制，设立地级铜仁市。新的铜仁市政府为了统筹经济社会的发展，加快城市建设，提升城市品位和形象，调整和重新制定了市域城镇体系规划和城市整体规划，案涉《房屋搬迁补偿安置协议书》约定的安置宅基地的土地规划已变更，该市规划区范围内禁止私人建房。碧江区政府据此于2012年11月22日作出的碧府办发〔2012〕272号《通知》，“对原协议的安置方式进行变更，取消用宅基地进行安置的方式，实行参与式开发建设安置”。据此，该变更行为是为了公共利益的需要，碧江区人民政府的单方变更行为合法。① 可见，本案中从法条抽象的“公共利益”到具体案件中“公共利益”的认定，似乎并没有很明确的说明理由的过程，行政机关对于案件是否涉及公共利益的解释，主观性较强。②

（二）单方解除权与法定解除权混淆不清

行政协议具有行政性和协议性的双重特征，行政机关作为行政协议一方当事人不仅享有单方解除权，同时享有合同解除权。合同解除权与作为行政优先权的单方解除权虽同为解除权，但性质迥异，其审查标准、法律适用截然不同。如果行政机关基于合同解除权解除协议，那么应当适用原《合同法》的相关规定；如果行政机关基于行政优先权单方解除行政协议，此时应当根据行政管理的需要以及公共利益的考量依法进行，但实践中这两种解除权常常被混淆。如有的法院在判决中一方面认定协议相对方的行为符合协议约定的解除条件，另一方面又认可行政机关基于行政优先权做出的单方解除行为，这在一定程度上也表明对行政优先权的理解存在误区。即便在法律规定了行政优先权的情形下，也有法院认为，行政机关不得以行使行政优先权为由随意解除合同，解除合同的前提必须是出于维护社会公共利益，否则应当尊重合同的效力，严格遵守合

---

① 参见《童某清、贵州省铜仁市碧江区人民政府再审审查与审判监督行政裁定书》，最高人民法院（2017）最高法行申4594号行政裁定书。

② 沈广明：《行政协议单方变更或解除权行使条件的司法认定》，载《行政法学研究》2018年第3期。

同约定。[①]

（三）对程序性审查认知不足

行政协议履行过程中，行政机关在行使行政优先权时，其应遵守何种程序，尚未形成统一的规则，只零星散见于单行法规范之中。例如，《基础设施和公用事业特许经营管理办法》第五十一条规定，特许经营者认为行政机关作出的具体行政行为侵犯其合法权益的，有陈述、申辩的权利，并可以依法提起行政复议或者行政诉讼。该规定尽管是设定在“争议解决”章，但从具体内容上来看，赋予了行政协议相对方陈述、申辩等程序性权利。从行政法治原则出发，不论法律有无规定，行政机关在作出不利于相对人的行政决定时，均应遵守正当程序，受正当程序的拘束。由于我国目前尚未形成统一的行政程序法，行政协议在订立、履行、变更、解除的过程中应当遵循的程序没有可以直接适用的法律规范，虽然《行政协议司法解释》明确规定了人民法院在对行政优先权进行合法性审查时，即应对“是否遵守法定程序”进行审查，但由于尚未形成成熟的程序制度，在行政活动中难免导致行政机关的程序性义务与实体性权力严重失衡，行政协议相对方的程序性权利难以得到保障。在我国司法实践中，有的法院甚至认为行政优先权的行使不需要遵守陈述、申辩等程序。在长春鼎燃煤气有限公司与农安住建局城建行政决定及行政协议案中，二审法院认为，案涉行政行为是单方解除特许经营协议的行为，不属于撤销或注销行政许可行为，根据《行政许可法》第七条规定，上诉人提出的被上诉人剥夺其陈述、申辩权利的主张不成立。[②] 由此可以看出，法院对于程序性审查的认知还存在很大误区。

（四）具体补救措施不明确

由于行政优先权的存在，相对方的权利极有可能受到损害，对此，应对相对方损害进行补偿或者赔偿，以此平衡公共利益与私人利益之间的冲突。法国

---

① 参见《唐某国诉贵州省关岭布依族苗族自治县人民政府变更房屋征收补偿协议案行政裁定书》，最高人民法院（2018）最高法行申 8980 号行政裁定书。

② 参见《长春鼎燃煤气有限公司与农安住建局城建行政决定及行政协议二审行政判决书》，吉林省高级人民法院（2017）吉 01 行终 218 号行政判决书。

行政合同制度中确立了财务平衡原则，主张不应为了实现合同单方修改权而使相对方遭受经济上的损失。“所有合同的本质都是寻找和实现，承诺给相对方的利益和强加给相对方的负担之间的平衡的可能方式；所有行政合同都包含相对方获益和损失的实际平衡。这就是我们所谓的财务和商事平衡，特许合同的财务平衡”。[①] 在我国有关特定行政协议的相关制度中，也有类似规定。例如：《基础设施和公用事业特许经营管理办法》第三十六条规定：“因法律、行政法规修改，或者政策调整损害特许经营者预期利益，或者根据公共利益需要，要求特许经营者提供协议约定以外的产品或服务的，应当给予特许经营者相应补偿。”《城镇国有土地使用权出让和转让暂行条例》第四十二条规定：“国家对土地使用者依法取得的土地使用权不提前收回。在特殊情况下，根据社会公共利益的需要，国家可以依照法律程序提前收回，并根据土地使用者已使用的年限和开发、利用土地的实际情况给予相应的补偿。”由此可以看出，行政协议的变更要考虑财务平衡关系的维持，要在相对方的预期利益和实际损失之间寻求平衡进行补偿。一方面，协议约定的预期收益不能少，额外的支出和负担需要追加报酬，另一方面，行政机关造成的损失要进行足额赔偿。需要指出的是，这种财务平衡是一种动态意义上的平衡，在个案中的运用还需要考虑多种因素具体分析。但在实践中，由于行政补偿制度并不完备，在实践中的可操作性较差。例如，在前述童某清、贵州省铜仁市碧江区人民政府再审审查与审判监督案中，法院责令被告对原告房屋征收补偿安置采取补救措施，但具体是何种措施，判决书中并不明确。实际上，法院将如何补救的裁量权交给了行政机关，看似保障了相对方的合法权益，实则为新的纠纷埋下了隐患。

（五）纠纷解决机制具有单一性

目前，由行政协议优先权的行使而引发的纠纷解决机制比较单一，主要是通过行政诉讼予以解决，但是如果所有的行政协议案件都通过诉讼进行解决，无疑会增加争讼成本，协议双方当事人也会长期处于一种针锋相对的对抗状态。2014 年修订后的《行政诉讼法》承认了行政诉讼调解的合法性及其适用范围，

---

① Vidal Laurent：Lèquilibre financier du contrat dans la jurisprudence administrative，Bruylant，2005。转引自李颖轶：《法国行政合同优先权重述》，载《求是学刊》2015 年第 4 期。

明确规定对涉及“行政赔偿、补偿以及行政机关行使法律、法规规定的自由裁量权的案件可以调解”。由于行政协议优先权引发的纠纷涉及行政机关职权的行使，行政机关又是公共利益的法定维护者，适用调解可能会以牺牲公共利益为代价，故在实践中行政诉讼调解的适用并不广泛。

三、完善我国行政协议优先权司法审查制度的建议

行政协议制度的建立与发展必须以行政法治为前提，否则行政协议优先权将沦为行政的法外之地。这就意味着对行政协议优先权的司法审查必须依循行政法治的基本理念、基本原则及基本制度进行。

（一）提高“公共利益”解释的明确性

行政机关行使行政优先权的行为是否符合公共利益，是法院判断行政优先权是否合法的要素之一。法院对该问题的判断，应根据案件的具体情况，仔细甄别是否构成“严重损害国家利益、社会公共利益”，审查是否存在借公共利益之虚行滥用行政优先权之实的情形、行使权力的直接主体是否混淆了个人利益与公共利益或者利用职权进行寻租等现象。行政机关应当具有足够的理由说明其行使优先权行为是基于保障国家利益和社会公共利益，同时，法院必须在判决中进行详细且明确的说理，审查行政机关在做出行政行为时是否充分结合相关因素，让相对方信服，以彻底解决纠纷。

（二）区分单方解除权与法定解除权

原《合同法》第九十四条规定了合同当事人的法定解除权，即在符合法定情形时，当事人有权单方解除合同。《民法典》第五百六十三条也作了类似规定。法定解除权作为一项民事权利，合同双方当事人均可行使；而单方解除权是一种权力，只能由行政机关行使。如果出现原《合同法》第九十四条规定的法定情形使得协议的目的无法实现，那么行政机关可以依照原《合同法》的规定行使合同的法定解除权，其并没有行使行政优先权的必要。如果在行政协议履行过程中，双方无法就情势变更之下行政协议的继续履行、变更或者解除达成一致的，行政机关基于公共利益的考量，必须行使单方变更、解除权，而相

对方应予以遵守。

（三）加强对行政协议优先权的程序审查

行政协议优先权的司法审查要严格遵循合法性审查原则。合法性审查既要从实体层面进行，亦要从程序层面进行。虽然我国目前没有统一的行政程序法典，但是可以从正当程序的立场来判定行政优先权的行为是否合法。作为对行政相对方影响较大的行政行为，应考虑通过听证会或听取意见的形式来控制该权力的行使，通过赋予行政协议相对方陈述、申辩的权利，加强理性选择，将行政决定建立在准确的事实认定之上。如果涉及相对方的重大利益，可以要求行政机关必须举行听证。行政机关应当对相对方积极履行告知义务，做到说明事实和理由具体充分，在此，可以借鉴德国的制度，通过书面形式进行行使行政优先权行为的事实和理由的阐述，督促行政机关谨慎作出决定。在作出不利于相对方的行政决定后，还应当及时告知其救济途径。

（四）明确具体补救措施

出于对行政协议相对方补偿请求权的保护，法院在作出具有给付内容的补救判决时，应当明确具体。基于行政机关享有裁量权，人民法院的判决不能取代行政机关的判断，但是也不能模糊地判决“责令采取相应补救措施”。行政诉讼应当以解决争议为主，如果一个判决无法明确，则很有可能会导致下一个行政争议的出现。因此，可以考虑在时机适当的情形下，直接判决行政机关做出补救的具体措施，这在一定程度上也起到了预防行政机关违法行为的作用。具体来说，为了保护相对方的受损权益，法院可以在判决中指明行政机关应当对谁补偿，为什么要补偿以及如何补偿，以保证补救措施能够真正得到实施，从而限制行政机关的自由裁量权，发挥司法机关对公权力行使的监管作用，实现行政优先权与相对方合法权益之间的平衡。同时，此项建议依然离不开立法层面的制度保障，可以考虑就行政补偿的原则、范围、标准、程序等作出明确规定。

（五）善于运用诉讼调解方式

《行政协议司法解释》第二十三条规定，审理行政协议案件，人民法院可以依法进行调解。调解是双方当事人基于真实意思达成一致形成新的协议，这与行政协议的合意性相符，所以调解在行政协议中具有可适用性。调解应当遵循自愿、合法的原则。合法原则，要求调解必须在法律规定的范围内，保证程序和实体上的合法，并且不损害国家和社会公共利益及第三人的合法权益。自愿原则，要求双方当事人协商一致，不存在胁迫的行为或者违背当事人意志的情况。但是，不是所有关于行政协议的争议都能适用诉讼调解的，例如，对于行政协议优先权行使的行为之合法性判断，或者其行使是否符合公共利益等。调解只能适用于双方当事人对自身权利的处分，当行政机关行使优先权给相对方造成损失时，数额上的赔偿或补偿法院可以进行调解。诉讼调解成本低，效率高，能够通过双方当事人的协商有效减少不必要的事后争议，通过正确运用诉讼调解，能够迅速彻底地解决争议，提高人民法院工作效率，节约司法资源，避免行政协议优先权的滥用。

四、结语

行政协议具有行政性和合意性的双重属性。该行政性体现为行政机关在行政协议的订立、履行、变更、解除等过程中享有行政优先权，这一特征使得行政协议与民事合同区别开来，也能够确保行政协议作为实现公共利益的目的得以实现。对行政协议优先权的司法审查作为一项事后审查机制，既可以监督行政机关依法行使行政优先权，亦能够为行政机关在此后合法行使行政协议优先权提供指引。

商事习惯的司法适用

乔路辉[*]　刘丽萍[**]

摘　要：本文阐述了商事习惯国内适用的法理和法律依据，从实质要件和形式要件角度分析了商事习惯的认定标准，按法院适用商事习惯的情形可将商事习惯的司法适用分为在实体法意义上法院用商事习惯来确定案件裁判所需要的规则和程序法意义上法院用商事习惯来解决一些事实判断上的问题，对商事习惯司法适用的不同情形下顺位进行分析。

关键词：商事习惯　司法适用　法律渊源

原《民法总则》颁布以前，尽管成文法上并未将商事习惯规定为法律渊源，但法院依据原《合同法》及其司法解释规定和一些程序法规则已将商事习惯引入商事裁判。商事惯例在我国司法审判中仍存在很多问题，作为说理手段的多，作为判决依据和证据的少。民事习惯运用得多，商事惯例运用得少。原《民法总则》第十条规定，处理民事纠纷，应当依照法律；法律没有规定的，可以适用习惯，但是不得违背公序良俗。在民商合一大背景下，商事习惯自然也涵盖其中。原《民法总则》实施之后，法院适用商事习惯的行为应予规范。国内学界对于商事习惯司法适用的研究并不多见，现有研究要么将其作用限定在合同法领域，要么浅尝辄止。因此，本文针对商事惯例司法适用的理论依据和认定标准，特别是商事惯例司法适用的顺位进行研究，以期对我国商事法理论和商事司法实践完善有所裨益。

---

* 山西大学法学院法律硕士研究生。

** 山西大学法学院副教授，主要研究方向为民商法学。

一、商事习惯司法适用的依据

商事习惯是适用于商事活动的调整商人间权利义务的具有一定规范性的规则。商事习惯司法适用为司法实践提供了重要的规则来源，其司法适用不仅有法理依据，还有充分的法律依据。

（一）商事习惯司法适用的法理依据

1. 私法自治理论是商事习惯的司法适用的理论基础

私法自治理论来源于早期的自由市场经济理论。该理论主张市场在“无形之手”之下，商人自由竞争从而提高交易效率。受自由市场经济理论影响，商人为提高交易效率，对交易方式的选择具有自主性，从而产生了私法自治理论。受私法自治理论影响，商事主体对于实践中产生的具有典型性的交易方式主动反复适用，从而在制度上形成了商事习惯这一自发的秩序。随着商事交易内容的丰富完善，商事习惯从个别调整，逐渐发展为对商事活动自我调整、商事纠纷的自我解决、商事秩序的自我构建的自我规范。商事习惯的司法适用恰是在尊重商人的自主选择，维护私法自治。

同时，商事习惯孕育于私法自治。商事习惯是商人自主选择的交易活动准则，其自治性是不断演进且一以贯之的。商事习惯可追溯至西欧中世纪的商人法，在自由的社会环境下，商人经商活动呈现出行业化的倾向，组成自治团体——商人行会，在行会的推动下，在商事交易活动中浸已成俗的惯例逐渐演变为习惯法，在这一过程中维护商人阶层的自治利益是商事习惯产生和发展的初衷和归宿。林彬教授在《商事惯例初论》一文中所述：不通过书面合同，仅凭电话和报码单就可以成立契约①。这一适例表明现代商人之间交易方式仍然具有自治性。

在大陆法系国家商事习惯的自治性得到立法者的关注。如《日本商法典》第 1 条第 2 款规定：与商事相关的法律没有规定的事项适用商事习惯，没有商事习惯时，适用民法的规定，而且判例也依职权主动适用商事习惯中关于契约

---

① 周林彬、王佩佩：《商事惯例初论——以立法构建为视角》，载《中国商法年刊》2007 年。

的履行期、履行场所、标的物的品质等方面的习惯①。在英美法系，习惯特别是商事习惯是重要的法源，可以说普通法是以判决形式存在的统一习惯法，英国商法发展历程是将商人习惯法吸收进普通法形成统一商人习惯法的过程，理论上也认为商事习惯是不断运用和实践而产生效力，习惯也产生于合意基础之上②。

2. 利益最大化是商事习惯适用的价值取向

法经济学认为法律需要以最小的成本来追求结果的最大化，商事交易以营利为目的，精于计算资本利润以增加收益。商事习惯是否在经济上具有合理性，即商事习惯能否促进当事人经济利益增长，至少是促进一方当事人经济利益的增长，并且另一方的损失小于增长的范围，或者能促进行业或领域整体经济利益的增长。商事习惯作为商人的行为准则，一方面，通过社会网络为商人所熟知，节省了了解法律的成本，此外商事习惯以私人利益和实用主义为导向，其运作有赖于商业组织而非公法主体的介入从而减少制度执行成本；另一方面，商事习惯通过"从行为到行为"的模式指导商事行为，使得商业交往中信号传递更加简便，并使信号模糊性最小化，减少信息成本③。司法实践中商事习惯的适用也具有效率性，在诉讼过程中商事调解员制度的引入取得了良好的法律效果和社会效果。在商事纠纷中，商事习惯司法适用符合法经济学的理论。

首先，商事习惯本身为效率导向。商事习惯是商人自发而后自觉地创设并发展的活动准则，制度的选择与完善都是在效率导向下进行的。商事习惯就是基于经济人的理性而形成，包含了商人长期实践积累的智慧。如果商事习惯运用的结果导致经济损失大于经济收益，则该商事习惯为不合理之习惯，会被商人完善或淘汰。商人基于提高交易效率的需要选择商事交易的模式，舍弃不具有交易成本优势的商事习惯，使得商事习惯能够适应灵活多变的商事活动，实现自身的发展完善。

其次，不仅商事习惯本身为效率导向，商事习惯的适用也具有效率性。社会网络和声誉机制理论为商事习惯适用的效率性提供理论支持。市场本身就是社会网络，而社会网络是商事交易的基础，在商事主体之间构成了交织紧密的群体。将商事习惯引入司法实践，使商事习惯有了自己的实践场所，借助社会

① ［日］西原宽一：《商行为法》，有斐阁1975年版，第43页。
② 姜世波：《英美法中的习惯法渊源》，载《山东警官学院学报》2011年第2期。
③ 周林彬、王佩佩：《商事惯例初论——以立法构建为视角》，载《中国商法年刊》2007年。

网络的功用，使商事习惯的拘束力内嵌于社会网络中，激励商事主体彼此之间建立互惠关系，抑制欺诈行为，从而提高效率①；在充分竞争的市场中，违反商事习惯通常会带来商誉的破坏，甚至失去在本行业或地区继续从事商事活动的机会。因此，商人慑于声誉机制而自觉履行合同，能够减少诉讼或者仲裁，从而减少边际风险，提高效率②。

（二）商事习惯司法适用的法律依据

1. 实体法上的依据

商事习惯在实体法上存在不同的适用方式，包括事实认定和法律适用。就事实认定而言，原《民法总则》第一百四十二条、原《合同法》第一百二十五条,③ 两条将“习惯”纳入法律行为解释依据与其他依据并行规定，在相应的司法解释中进一步将“交易习惯”与商业往来④加以区分。在合同解释意义下，商事习惯可纳入“交易习惯”的范畴，商事习惯作为合同解释依据而加以适用；对于合同补充，为原《合同法》第六十一条和第六十二条，当事人约定不明的，可以适用商事习惯与行业标准确定。对于合同修正，法律虽然没有明确规定，但是通过变更权的规定可以窥知一二，《最高人民法院关于适用〈中华人民共和国合同法〉若干问题的解释（二）》第二十六条规定了情势变更下法院可以“根据公平原则，并结合实际情况”变更合同，商事习惯反映商事公平，当然可以作为合同修正的依据。

就法律适用而言，原《民法总则》第十条赋予习惯以补充性法源的地位，与大陆法系其他国家的法律规定基本一致。

2. 程序法上的依据

商事习惯在程序法上的适用包括三方面：从证明责任分配的角度来看为《最高人民法院关于民事诉讼证据的若干规定》第七条，当法律和其他司法解

---

① 董淳锷：《商业行规法律适用的实证研究》，法律出版社2020年版，第70—84页。

② 马恩斯：《商事习惯的优先适用条款加入民法典的法经济学分析》，载《社会科学家》2017年第6期。

③ 《合同法》第一百二十五条第一款：当事人对合同条款的理解有争议的，应当按照合同所使用的词句、合同的有关条款、合同的目的、交易习惯以及诚实信用原则，确定该条款的真实意思。

④ 许中缘：《论商事习惯与我国民法典》，载《交大法学》2017年第3期。

释无法确定举证责任承担，依据“公平原则和诚实信用原则”确定举证责任承担，相较于较为抽象的原则，商事习惯作为规则能够用于分配证明责任。从事实推定的角度来看为《最高人民法院关于适用〈中华人民共和国民事诉讼法〉的解释》第九十三条和《最高人民法院关于民事诉讼证据的若干规定》第九条，这两条均规定了“众所周知的事实”和“日常经验推定出的另一事实”可以推定为存在。从评价证据的角度来看为《最高人民法院关于适用〈中华人民共和国民事诉讼法〉的解释》第一百零五条，该条要求法院依据“日常经验”审核证据，《最高人民法院关于民事诉讼证据的若干规定》第六十四条也有类似规定。

二、商事习惯的认定标准

（一）实质要件

1. 商事性

商事习惯需要具备商事性这一实质要件，因此对“商事”范围的界定直接影响商事习惯的认定。学界对于商事的概念主要包括“形式主义说”“商法色彩说”和“企业相关法说”①，本文认为“企业相关法说”更加符合商事的内涵，既不会使商事习惯受制于法律规范，出现因果倒置的现象，也不会使商事的范围仅限定在交易行为。一方面，能够反映商事的营利性，可以区分于民事习惯主体的一般性；另一方面，以企业相关的概念相称，也不会过于限制商事习惯的范围。交易习惯的效力具有相对性，其仅适用于商人之间。这里要注意的是当事人的身份，虽然我们称其为“企业相关”，但商事习惯的适用应扩张到所有商主体，这里的商主体并不限于商法人，商合伙、商个人也是商人，并且不应以是否登记为依据来确定商人身份。因为商事习惯的适用目标在于解决当事人之间的纠纷。

2. 合法性

（1）不得违反法律

商事习惯不得违反法律中“法律”的范围需要探讨，对于商事习惯违反强

① ［日］石井照久：《商法总则》，劲草书房1967年版，第7—12页。

制性规范与任意性规范能否得到适用的问题，关系到商事习惯在事实认定与法律适用中的顺位问题，在后文会专门展开论述，此处主要从制定主体的角度讨论“法律”的范围。理论和实务界通常认为应当以“法律、行政法规的效力性强制性规定”作为评价标准，认定法律行为的效力，而不包括司法解释、行政规章、地方法规。这一观点具有合理性，商法是被“发现”的而非被“创造”的，它只是商人的交易规则的概括，若以过多的规则否定商事习惯的效力，则无异于“以规则的外形凌辱社会生活的实际”，不利于商法和商事习惯的良性互动，相互增权。从法律体系的角度来看，若法律行为和商事习惯的认定标准不统一，可能出现评价冲突。

（2）不得违反公序良俗

原《民法总则》第十条规定了但书条款，即习惯的适用不得违反公序良俗。因此，商事习惯不得违反公序良俗也是题中之义。公序良俗作为概括条款，虽然具有较强的包容性和开放性，能够使法律顺应价值理念的变迁，但是也具有不易涵摄的弊端，可能会造成对于法官的过度授权而不利于商事习惯的适用。因此，只有对原《民法总则》第十条中“公序良俗”概念进行解释，才能使本条款的适用更加具有说服力。“公序良俗”概念通常理解为“公共秩序”与“善良风俗”。善良风俗理解大抵相同，均认为是社会一般道德观念①，但是对于“公共秩序”存在不同的理解。本文认为，结合“公序良俗”的立法目的以及我国法律的文意，该条款可以理解为商事习惯不得违反国家社会一般利益，具有“社会妥当性”②。从公序良俗的立法目的出发，该条款旨在限制近代以来契约自由原则，避免企业滥用控制权造成的实质不平等。因此，公序良俗制度从诞生之日起就是在矫正个人利益（尤其是企业利益）的绝对化，保护国家社会一般利益不受他人侵害，所以，公序良俗在商事习惯的语境下，解释为不得损害一般利益并无不妥。但是公序良俗作为一个开放的概念，即使解释为“公共秩序或社会一般利益”，依然无法明确哪些商事习惯违背公序良俗，法官需要在个案中结合商事习惯的内容、适用商事习惯可能造成的一般公共利益的影响

---

① 王泽鉴：《民法总则》，作者自版2014年2月版，第326页；朱庆育：《民法总论》，北京大学出版社2016年版，第300—301页；［日］我妻荣：《新订民法总则》，岩波书店1965年版，第270页。

② ［日］我妻荣：《新订民法总则》，岩波书店1965年版，第271页。

等相关因素综合考虑，才能对公序良俗正确地解释适用。

（二）形式要件

商事习惯需要具备“法的外观”，即基于平等对待原则的要求，商事习惯对于商人生活关系进行类型化，并对于同一类型原则上作相同的处理，平等对待，而具有普遍的规则性①。商事习惯首先在形式上具有规则性，是调整商事活动条件、方式、效果的具有普遍拘束力的社会规范，能够协调商事活动预期，可以说商事习惯是商人心目中的“活法”。商事活动随着社会经济的发展，不仅内容日趋完善，范围也更加广泛，不仅包括商事交易还包括商会的组织和商事纠纷的解决机制，因此需要涵盖企业生活秩序各方面的规则，如前所述，商事习惯是商人的自主实施机制，其内容从商事关系的自我调整，包括关于契约履行期、履行场所、标的物的品质等方面，到商事纠纷的自我解决如商会的调解、和解以及 ADR 等商事纠纷解决机制，构建起具有内在联系的规则体系。正是由于商事习惯具有普遍的规则性，才能够为商事主体提供确定的预期，使商事习惯与合同或法律原则相区分。商事习惯是社会规范，虽然不似法律的拘束力以统一集中的国家强制力为后盾②，但是商事习惯基于商人默示合意仍然能够自我实施，在于其自发渐进形成，内容的合理性和确定性，效力的可预见性。

1. 确定性

商事习惯从“行为模式”发展为“惯例”再通过商事法院形成“判例”最终通过城市国家的汇编和系统化成为“习惯”，就是一个商人自发地将个别调整的惯例确定为具有普遍共识的商事习惯的过程。随着商事活动的范围不断扩大，一些商人组织逐渐把既有的商事习惯逐渐推广为世界各国通用的系统规则；如《国际贸易术语解释通则》《跟单信用证统一惯例》《国际商事合同通则》等均是适例。商事贸易无国界，贸易范围的扩展也是商事习惯不断确定的过程。如何判定商事习惯具有确定性，从形式上来看，可以从有无成文商事习惯来判断；从实质上来看，还要判断商事习惯的条款是否能够如同法律般指引商人行动，调节权利义务。若形式与实质上都符合，则具备确定性要件。

---

① 陈清秀：《法理学》，元照出版有限公司 2018 年版，第 15—16 页。

② 董淳锷：《商业行规法律适用的实证研究》，法律出版社 2020 年版，第 129—137 页。

2. 可预见性

商事习惯司法适用固然有利于商事习惯自治性的尊重，但是若商事习惯不能为商事主体提供清晰的指引，不能为法官提供裁判规则，那么商事习惯的适用反而可能产生消极结果，因此商事习惯需具备可预见性。商事习惯在调整商事交易关系方面发挥着同法律相近的功能。法律需具备可预见性，商事习惯同样需为一般商人所熟知。商事习惯作为一种“行为指南”，如果不为人知或无法为人所知，那么就会成为一纸空话①。但是，商事习惯具有地域性、行业性。商事习惯可预见性的判断标准应当以某地域或某行业一般商主体的理性认知为基础。若能够为一般商主体所认知，则商事习惯具备可预见性。这里的一般商主体并不限于某个案件的双方当事人，如同合同的客观性解释系为了保护相对方免受不可预见的损害，商事习惯以理性的商主体为准据也是为了保障商主体能够稳定地交易。因此，在某一案件中认定商事习惯不能由一方当事人单方主张，而应当由一方当事人指定该地区或行业的商人作为专家辅助人来判断商事习惯的可预见性。

三、商事习惯司法适用的情形

前述论证将商事习惯司法适用的法律依据分为实体法上的依据和程序法上的依据，依此商事习惯司法适用的情形也可分为实体法意义上商事习惯的适用和程序法意义上商事习惯的适用。

（一）实体法意义上商事习惯的适用

实体法意义上商事习惯的适用是指法院用商事习惯确定案件裁判所需要的规则，具体包括法律、合同和公司章程三个方面。本文仅以合同的解释、补充和修正为例予以论述。

1. 商事习惯解释合同

商事习惯用于解释合同，在法律上存有明文，但是商事习惯作为合同解释

---

① ［美］E. 博登海默：《法理学法律哲学与法律方法》，邓正来译，中国政法大学出版社 2017 年版，第 341—342 页。

的方式如何与当前的合同解释理论相契合是一个需要研究的问题。

合同解释目标通常分为“意思主义”“表示主义”和“折中主义”，商事习惯与这些目标大体契合。意思主义以“探寻表意人主观意思”为目标，商事习惯是商人自觉创设的活动准则，蕴含着商人的主观意愿，合同条款特别是商事合同，大多沿袭商事习惯，合同当事人的主观意愿大多是商事习惯的具体化，因此，商事习惯作为合同解释的方式有利于还原当事人真意。表示主义以“保护相对人信赖利益为目标”，在双方当事人均为商人的商事合同中，由于商事习惯为通常商人所遵循，在商人预期中具有重要地位，因此一般理性的商人在相对方的判断应当以商事习惯这一通常意义加以把握，商事习惯有利于探求相对方的信赖利益。“折中主义”的学说兼顾表意人与受领人意志，寻求客观规范意义①。综上，商事习惯在各种解释目标下均可以作为合同解释依据加以适用。

2. 商事习惯补充合同

合同补充的理论大体包括大陆法系的“推定合意”和英美法系的“默示条款”，前者的目标在于重构当事人可能有的“真实意愿”，后者的目标在于探求当事人“隐含的合意”，无论是推定合意还是默示条款都建立在推定当事人合意的逻辑基础之上，并在此基础上构建补充方法。

就推定合意而言，商事习惯作为合同补充方法，符合商事契约缔约人的特殊考虑，商事合同的缔约人大多是老练的经济人，具有较强谈判能力，缔结合同大多较为复杂，通常难以被一般的任意性规范所涵盖，无法体现商事合同的风险管控分配的经济实质②。而商事习惯是商人自治的“典型契约”，以商事习惯作为合同补充方法能够探求当事人真意所在，对契约上的危险做合理分配，补当事人意思之不备。对默示条款理论而言，习惯的默示条款具有重要地位，商事习惯对于商人的默示效力是不言而喻的，商人之所以不将该条款附加到书面合同中是出于交易效率的需要。商事习惯作为默示条款可以使内容不全面的合同清晰化，保证当事人获得商业期望利益③。总之，商事习惯能够探求当事

① 朱庆育：《民法总论》，北京大学出版社2016年版，第225页。

② 王文宇：《商事契约的解释——模拟推理与经济分析》，载《中外法学》2014年第5期。

③ 马妍妍：《论契约法中的默示条款》，载《长安大学学报》2004年第2期。

人的推定合意，在广为应用的商事技术上承担了补充漏洞的功能①。

3. 商事习惯修正合同

合同修正通常认为是基于一定基准否定契约条款并对因之而空白的内容进行合理补充的作业②。我国立法对于合同修正并没有规定，合同变更作为合同修正的表现在合同法解释中有规定，而对于合同变更，学者们对其正当性也存在争议，有些学者认为变更权可以提高效率使双方各得其所，达到实质公平③；有些学者从当事人自治角度出发反对赋予变更权而造成对他人意思强制，造成新的利益失衡④。

一方面，以商事习惯修正合同消除了抽象的公平原则的不确定性，为法官变更合同提供更加充分的理由，商事习惯本身包含平等对待意义上的公平性因素，又经过公序良俗原则的检验，有利于保障实质公平。另一方面，以商事习惯修正合同可以保障双方的意思自治，相较于以任意性规范修正合同，商事习惯代表了商人通过意思表示对法律的变更，蕴含了商人的“合意”，通过商事习惯修正合同并不违反私法自治的理念。

原《民法总则》第十条规定商事习惯用于法律适用，与前文不同，本条文系将商事习惯纳入法律渊源。对于法律渊源，理论上通常认为是法律适用范畴中为法律适用提供规则的权威性来源⑤。法律渊源是一个动态的概念，其强调“适用中的法”而非静态的法，这一过程正是司法适用中寻找“大前提”的过程。商事习惯在法源意义上的适用实际上是商事习惯如何被援用、在何种程度上被援用以及与其他制度的关系问题。

（二）程序法意义上商事习惯的适用

商事习惯作为经验法则蕴含着公平原则和诚实信用，作为“事实判断的因素而存在”⑥，是分配证明责任、事实推定和评价证据的法官自由裁量的重要指向。

---

① 陈彦晶：《商事习惯之司法功能》，载《清华法学》2018 年第 1 期。

② ［日］四宫和夫、能见善久：《民法总则》，弘文堂 2002 年版，第 191 页。

③ 崔建远：《合同效力规则之完善》，载《吉林大学社会科学学报》2018 年第 1 期。

④ 朱庆育：《民法总论》，北京大学出版社 2016 年版，第 327 页。

⑤ 彭中礼：《法律渊源论》，山东大学 2012 年博士学位论文，第 40—51 页。

⑥ 陈彦晶：《商事习惯之司法功能》，载《清华法学》2018 年第 1 期。

1. 商事习惯用于分配证明责任

证明责任分配过程中，立法者不可能预见到所有情况，总是滞后于司法实践，此时就法律未规定的事项，由法官自由裁量综合考虑各种因素以分配证明责任①。此外，证明责任的分配与当事人在实体法上的权利义务相关，若依据法律规定将导致不合理结果时，法院需要发挥能动作用确定应当适用的规则②，补充法律规定的不足。商事习惯可以用于分配证明责任，商事习惯作为具体的规则具有确定性和可预见性，能够限制法官的自由裁量权，为法官判断提供足够的规则依据和切实理由，避免法官对案件事实的主观臆断。同时，商事习惯作为证明责任配置规则经过长期实践已相对成熟，在商事案件中商人可以对“法院分配证明责任活动形成有效的监督，也可以避免人们以抽象地公平理念取代一般规则”。③

2. 商事习惯用于事实推定

事实推定作为证明对象中无需证明的事实为诉讼法所承认，为提高诉讼效率，在民事诉讼中并非所有的争议事实都需要当事人举证证明，出于减轻当事人证明负担的考虑而设置的制度，使众所周知即一定范围内为人们所知晓的事实免予证明；使推定的事实免予证明系经验法则已经反映了已知事实和推定事实高度盖然性的联系④。商事习惯一方面在事实推定中被视为“案件事实”，在一定范围内为人所知晓；同时商事习惯作为经验法则，能够充当“推定前提与推定事实的桥梁”，能够使法官发挥主观能动性，积极构建推理前提以便推出需要认定的事实。

3. 商事习惯用于评价证据

认证活动是法官或合议庭就所出示的证据材料，经质证后对其能否作为认定案件事实的证据，围绕其客观性、关联性与合法性进行认定的活动⑤。评价证据与认证大体相同，既包括对单一证据的审核也包括对案件全部证据审查认

---

① 宋朝武：《民事诉讼法学》，中国政法大学出版社 2015 年版，第 206 页；张卫平：《民事诉讼法》，法律出版社 2016 年版，第 240 页。

② 张榕：《事实认定中的法官自由裁量权》，载《法律科学》2009 年第 4 期。

③ 霍海红：《证明责任裁量权之反思》，载《法学研究》2010 年第 1 期。

④ 张卫平：《民事诉讼法》，法律出版社 2016 年版，第 229—230 页。

⑤ 江伟、刘敏：《论民事诉讼中的认证》，载《诉讼法论丛》第 1 卷，法律出版社 1998 年版，第 351 页。

定。认证规则的研究学界普遍认为我国当前虽然未采取比较法上的自由心证原则，但是借鉴了自由心证制度的诸多合理之处，并在此基础上遵循一定的证据规则以规范法官的认证行为。就商事习惯与认证，从认证方法的一般原则上来看，法院用商事习惯确定证据证明力充当着日常经验的角色，助力法官认定证据；也可纳入事实认定的说理范畴，是判断当事人诉讼主张及证据是否可采纳的一个标准①。同时，与分配证明责任一样，商事习惯用于评价证据有利于心证公开，使商人对法院的活动形成有效监督。

四、商事习惯司法适用的顺位

商事习惯在实体法与程序法意义上均可适用，且商事习惯在这些适用领域不是唯一规则来源，那么商事习惯与其他规则在适用中的关系是什么？商事习惯与其他规则在适用中的顺位是什么？

（一）程序法意义上商事习惯适用的顺位

首先，当法律和司法解释没有规定时，法院依据公平和诚信原则，综合举证能力等因素而分配证明责任。证明责任制度的目的在于公平分配要件事实因证明不能而产生的风险。《最高人民法院关于民事诉讼证据的若干规定》对法官分配证明责任的考虑因素是并列的而无先后顺位，商事习惯作为商人之间利益的平衡机制，也能够为法官分配证明责任提供更加明确的规则。但是法官仅凭商事习惯就对一方当事人科以较重的证明责任也未尽合理，因此，法官需要综合商事习惯与其他因素公平确定证明责任的承担。

其次，司法活动之所以依据某一事实或者经验法则推知另一事实，是由于该经验法则反映了已知事实和推定事实之间的高度盖然性联系，因此，商事习惯在司法适用中通常在缺乏证据的情况下，可以用于推定某一事实是否存在。但是，若案件事实仅仅符合商事习惯而不足以推定案件事实的存在，商事习惯作为认定案件事实所需要考虑的因素，与其他因素共同作用于查明事实，这也

---

① 董淳锷：《商业行规法律适用的实证研究》，法律出版社2020年版，第129—137页。

是司法实务中的通行做法。因此，商事习惯作为推定事实的因素，与其他因素相结合而没有适用的先后顺位。

最后，认证的目的是公正裁判，因此认证必须遵循基本要求避免主观随意。通常认证的原则性规范要求法官客观全面地评价证据，运用逻辑推理和经验法则判断证据的可采性。实务中，法官也大多倾向于综合认定案件证据。因此，商事习惯虽然可以作为法官认证的理论来源但是若只通过商事习惯认定证据，仍然有理由不充分之嫌，因此商事习惯作为商人的经验法则，必须与其他规则相结合才能全面认证，而不应当片面强调商事习惯的优先性。

（二）实体法意义上的商事习惯适用的顺位

1. 商事习惯用于事实认定的顺位

首先，就合同解释而言，无论是基于“意思主义”探求表意者的真意，还是基于“表示主义”注重信赖利益，都是在一定目标的指引下安排解释方法，虽然有学者认为各种解释方法之间是一种灵活的相互补充的关系。没有先后位阶，应结合合同的具体情况来确定。但是，各种解释方法都有各自的特点，存在一定的顺位规律。就商事习惯而言，通常认为相较于任意法规解释，商事习惯基于默示合意更加符合表意人的真实意思，尊重相对人的信赖利益，因此商事习惯应当优先于任意法规解释合同；相较于较为抽象的目的解释和诚信解释，商事习惯较为具体，能够为法官解释合同提供确定的指引；但是，由于文意解释最具事实性，因此是其他解释方法的前提。

其次，就合同补充而言，通常认为当事人补充协议居于优先地位，这是贯彻意思自治的必然要求，应当探求当事人共同的意愿。就商事习惯与任意规范的顺位，如同合同解释，由于习惯相较于任意规定更加贴近当事人的行动准则，习惯优先于任意规定①，在商事合同中任意规定通常无法反映商事契约的目的功能和商业考虑，无法对商人的推定合意进行适切解释，因此商事习惯优先于任意规范；就商事习惯与合同有关条款补充的关系，由于合同有关条款能够更加契合特定交易中当事人的预期，实现当事人的特定目的，而商事习惯相对具有抽象性，似乎应当在补充的合同解释之后，从默示条款理论来看，也能得出

① ［日］四宫和夫、能见善久：《民法总则》，弘文堂2002年版，第191页。

类似结论[①]。

最后，就合同修正而言，理论上对于合同修正方法的研究远不及合同解释和补充，比较法上有学者认为对于需要修正的部分，有任意性规范的从任意性规范，没有任意性规范的，可以援用条理和诚信原则[②]。这一观点是由于在民法中，任意性规范合乎事理公平，对当事人各方利益有公平考量，但是这种公平考量对于商事主体而言并不具有普遍适用性，并不尽然符合双方所期望的利益平衡，因此这种公平考量相较于商事习惯具有补充性。

2. 商事习惯用于法律适用的顺位

法律渊源的顺位是案件大前提的发现过程及获取规则的途径，若大前提的选择没有确定的规则，那么法律适用的结果——法律效果也会具有任意性，这不利于当事人（尤其是商人）在稳定的预期下从事交往，因此商事习惯作为法源适用存在顺位问题在学术界并无争议。但是本条系民事法律渊源的规定，商事习惯在商法法源中的顺位如何，是否有特殊性在学术界众说纷纭。

首先，商事习惯与商事强制性规范的顺位，通说认为商事习惯不得违反强制性规范，但是新近学说通过对商事强制性规范进行价值分析和规范类型化研究，对这一观点进行细化。商事习惯不仅对民法诚实信用和公序良俗基本原则予以继受，也体现了商法的效率原则和商事交易的安全原则，还融合了公法的价值——秩序价值、社会公共利益。自始完全无效的强制性规范是基于公序良俗原则的商法强制性规范；仅产生公法上效力的强制性规范一般是违反维护市场安全、社会公共利益公法属性的强制性规范；只产生私法上无效的是基于效率原则和交易安全原则的商法强制性规范[③]。商事习惯违反这些强制性规范并不必然否定其效力，还需要对强制性规范进行识别后判断顺位。

其次，商事习惯与商事任意性规范的顺位，学说有“优先说”[④]“约定优先

---

① 汪渊智、李洁：《两大法系合同漏洞补充规则的探讨》，载《山西大学学报》2004年第5期。

② ［日］四宫和夫、能见善久：《民法总则》，弘文堂2002年版，第194页。

③ 张强：《商法强制性规范研究》，复旦大学2012年博士学位论文。

④ 许中缘：《论商事习惯与我国民法典——以商事主体私人实施机制为视角》，载《交大法学》2017年第3期。

说"①"补充说"②和"折中说"③，这些学说各有侧重，以求商事习惯与商事任意性规范的适用关系，均有一定的说服力。本文认为"优先说"更具有说服力，首先，商事习惯具有自治性和商事性，适用具有效率性，这些相较于任意性规范更具有优势。商事习惯本身蕴含当事人推定的合意无需当事人选择而具有优先适用地位，这恰是商事习惯效率的体现，若以当事人约定作为优先适用的条件，则会片面强调自由而忽视效率。其次，商事习惯优先于任意性规范适用也具有可行性，原《民法总则》第十条虽然只赋予习惯以补充性法源的地位，但是该规则具有原则性，对于商事案件应当适用"法律规则优于法律原则"而例外地承认其优先效力。

最后，商事习惯与民事规范的顺位，由于商事法是特别私法，而民事规范是一般私法，通常认为特别法优先于一般法，因此，商事习惯作为特别法应当优先于民事规范。我国有学者进一步主张商事习惯不得违反公序良俗和效力性强制规定。但是商事习惯违反民法上公序良俗的现象较为罕见而不具有讨论的必要。商事习惯若违反效力性强制规定会导致自相矛盾的现象出现，为了维护法律秩序的无矛盾性，商事习惯不得违反效力性强制规定。

---

① 董淳锷：《商事自治规范司法适用的类型研究》，载《中山大学学报》2011年第6期。

② 陈彦晶：《商事习惯之司法功能》，载《清华法学》2018年第1期。

③ 艾围利：《商事习惯研究》，武汉大学2012年博士学位论文。

法学各科专论

◎ 消费者无理由退货权制度实施研究
◎ 贾谊法律思想中的犯罪学理念探析
◎ 法治乡村建设中的“三治融合”理念与方式
◎ 公共法律服务模式比较与山西借鉴
◎ 论网络时代下公民隐私权的宪法保护
◎ 监护人处分未成年人财产效力研究
◎ 我国预重整制度的完善
◎ 我国商业银行理财产品销售实践的法律分析
◎ 关于反对浪费粮食食品的法律调整问题
◎ 美国对中资银行长臂管辖的法律分析及对策研究
◎ “一带一路”国际技术合作的绿色保障机制构建研究
◎ 网络小说抄袭的证明问题研究

◎ 人工智能介入司法裁判的两面性思考
◎《未成年人保护法》“学生欺凌”概念解读
◎ 论我国未成年人犯罪记录封存制度
◎ 民营企业家刑事诉讼涉案财物处置研究
◎ 论认罪认罚案件中的证据开示制度

消费者无理由退货权制度实施研究

武继华 *

摘　要： 消费者无理由退货权是消费者的一项重要权利。该权利对于充分保障网络购物、电视购物、电话购物、邮购等非现场购物情形下的消费者的知情权和自主选择权无疑具有重要作用，但在实施中，已经出现了消费者无理由退货权除外商品范围不够确定、消费者无理由退货权的行权期限不好确定、退回商品的运费由消费者承担在特定情形下不够合理、"另有约定从其约定"的民商法规定模式在消费者权益保障法中也不够适宜、消费者无理由退货权可能被消费者滥用或被经营者竞争对手恶意利用等突出问题。因此应通过实施细则予以具化，增强可操作性。

关键词： 消费者　消费者无理由退货权　实施

当前，互联网深刻影响和改变着人们的消费模式，网络购物正以其方便快捷、高效率、低成本的特点成为人们选择的新消费模式。截至 2018 年 12 月，中国网民规模达 6.18 亿人，其中网络购物用户规模达 3.02 亿人，使用率达到 48.9%①。国家统计局最新发布的数据显示，2018 年上半年，全国网上零售额 11375 亿元，同比增长 48.3%。而在网络消费的环境下，因为交易的非现场性、信息的不对称性、规则制定的单方性，使得经营者和消费者的传统强弱地位格局进一步被拉大，变得强者更强，弱者更弱。而 1993 年颁布的《消费者权益保护法》（以下简称《消法》）显然远远落后于社会实践的发展趋势，因此在 2013

* 山西大学法学院讲师，在读博士，主要研究方向为经济法学研究。

① 数据采自中国互联网络信息中心 2019 年 1 月发布的《中国互联网络发展状况统计报告》，为该组织自 1997 年以来发布的第 34 次报告。

年10月，全国人大对《消法》作出了大幅度的修改，以应对消费者权益保护所面临的挑战。其中，为衡平网络购物、电视购物、电话购物、邮购等非现场购物环境下消费者的弱势地位，借鉴西方国家的制度经验，增加规定网络购物等非现场购物的消费者拥有无理由退货权的制度。在《消法》的实施中，消费者无理由退货权制度上出现了不少新的问题，针对这些问题，笔者拟进行深入的分析探讨，并试图提出有效的解决办法，以使该制度更好地实施，落到实处。

一、消费者无理由退货权制度解析

（一）消费者无理由退货权制度概念

消费者无理由退货权制度，也称消费者冷静期制度（Cooling - off period），是指消费者在购买符合法律规定的某类商品或服务之后，依照法定的期限和程序，享有无条件退货或退出服务的权利的制度①。我国立法只是规定特定商品可以适用消费者无理由退货权，而服务不在退货范围之内。

（二）我国的立法规定

《消法》第二十五条②规定了“消费者无理由退货权制度”。从这一制度规定可以总结出其具体内容包括：

1. 消费者无理由退货权的权利主体和义务主体

权利主体毫无疑问是消费者，而且是通过网络、电视、电话、邮购等方式购买商品的消费者。义务主体具有对应性，是指通过网络、电视、电话、邮购等方式销售提供商品的经营者。权利主体和义务主体特定为消费者对经营者所享有无理由退货权，体现了《消法》通过权利和义务的分配，衡平消费者和经

① 米新丽：《确立消费者后悔权制度的思考》，载《消费经济》2012年第5期。

② 《消费者权益保护法》第二十五条规定：“经营者采用网络、电视、电话、邮购等方式销售商品，消费者有权自收到商品之日起七日内退货，且无需说明理由，但下列商品除外：（一）消费者定作的；（二）鲜活易腐的；（三）在线下载或者消费者拆封的音像制品、计算机软件等数字化商品；（四）交付的报纸、期刊。除前款所列商品外，其他根据商品性质并经消费者在购买时确认不宜退货的商品，不适用无理由退货。消费者退货的商品应当完好。经营者应当自收到退回商品之日起七日内返还消费者支付的商品价款。退回商品的运费由消费者承担；经营者和消费者另有约定的，按照约定。”

营者之间强弱地位的根本特点。这里排除了经营者对经营者以及消费者对消费者之间的交易行为，因为经营者对经营者之间以及消费者对消费者之间并不存在强弱地位的区分。

2. 消费者无理由退货权的客体

消费者无理由退货权的客体，即消费者无理由退货权的商品范围，具体包括消费者通过网络、电视、电话、邮购等方式购买的且在购买后保持完好的商品，这里仅限于商品，不包括服务①，但下列商品除外：（1）消费者定作的，如消费者定作的家具、工艺品等；（2）鲜活易腐的，如水果等；（3）在线下载或者消费者拆封的音像制品、计算机软件等数字化商品；（4）交付的报纸、期刊；（5）除前四类所列商品外，其他根据商品性质并经消费者在购买时确认不宜退货的商品；（6）消费者退货时未能保存完好的商品，包括退货时未能保存完好的前五类商品。前四类除外商品范围比较明确，而第五类、第六类除外商品范围不够确定。第五类除外商品得依赖于两个标准来判定，一个是“商品性质”，另一个是“经消费者在购买时确认不宜退货的商品”。第六类除外商品范围得依赖消费者退货时商品是否“完好”来判定。

3. 消费者无理由退货权的权利内容和经营者的义务内容

在法律规定的特定期限内无理由退还商品。无理由简单地理解就是不需要任何理由，有学者认为无理由就是不喜欢，笔者认为无理由连不喜欢都不需要，就是不想要。经营者应当自收到退回商品之日起七日内返还消费者支付的商品价款。

4. 消费者无理由退货权的行权期限

自收到商品之日起七日内退货。

5. 消费者行使无理由退货权需承担的义务

消费者应保持退货商品完好的义务。同时，退回商品的运费由消费者承担；经营者和消费者另有约定的，按照约定。

---

① 但学者中有争议，有两种观点，一种认为消费者无理由退货权的客体包括商品和服务，另一种认为消费者无理由退货权的客体仅包括商品而不包括服务，笔者也赞同后一种观点，因为严格从现行法来看，新消法在其他条款中都将商品和服务相并列，唯独在第二十五条没有提到服务，因此“后悔权”不应适用于服务。关于两种观点的分歧可具体参见高翼飞：《消费者的“后悔权”修法亮点还需落地》，载《法庭内外》2014 年第 5 期。

（三）消费者无理由退货权和消费者基于商品质量问题而退货应严格区分

消费者无理由退货权主要解决的是消费者通过网络、电视、电话、邮购等方式购买商品，只能通过网络视频图片或商家口头描述了解商品，而无法也不能在现场直接亲身感受商品状况，甚至在商家通过技术手段修改图片或实施其他欺诈情形下更无法了解商品，使消费者的知情权和自主选择权无法得到充分保障的问题。其前提是消费者收货时商品并无质量问题，品质完好、品相完好。如果消费者收取商品时，商品质量有问题，消费者直接基于商品质量问题而退货就不是适用消费者无理由退货权。只有在商品质量完好的情况下，消费者才有进一步适用无理由退货权的必要。当然，消费者要进一步适用无理由退货权也有义务继续保持商品完好，以不影响退货后商家对商品的二次销售。

二、消费者无理由退货权制度实施中存在的问题

修改后的《消法》经过几年的实施，在消费者无理由退货权制度上，在实践之中暴露出来的问题主要有：

（一）消费者无理由退货权除外商品范围不够确定

由于除外商品范围不够确定，所以适用时存在争议。从前文可见，除外商品范围中的第五类、第六类不够确定。第五类除外商品得依赖于两个标准来判定，一个是“商品性质”，另一个是“经消费者在购买时确认不宜退货的商品”。其中，第一个“商品性质”的判定标准比较抽象，实践中难以把握，主要由商家单方确定，消费者几乎无权提出任何认定的意见，因此，需要进一步明确其认定的具体标准。第二个“经消费者在购买时确认不宜退货的商品”，一般商家在消费者购货时会先行要求消费者确认，要么也无法购买，消费者确认的权利也无法得到保障，除非不购买喜欢的商品。第六类除外商品范围得依赖消费者退货时商品是否“完好”来判定。“完好”以不影响二次销售来认定，还是保持消费者收货时的商品状况，还是商家收到退货时商品完好，如消费者退货时完好，商家收到退货时却不完好又如何来证明责任归属（是消费者还是物流方抑或是商家自身造成），商品完好是商品本身完好就足矣，还是同时包括

包装的完好，商品附带标签标识的完好，也需要明确，否则商家会扯皮。

（二）消费者无理由退货权的行权期限不好确定

消费者有权自收到商品之日起七日内退货，这里的七日的起点和终点该如何计算呢？经营者一般会认为七天冷静期是自然日的七天，也就是收到货物的当天为第一天，依次计算七天，但法律上的期间并不是这样计算的。按照民法一般原则，民法所称的期间按照公历年、月、日、小时计算。规定按照日、月、年计算期间的，开始的当天不算入，从下一天开始计算。期间的最后一天为星期日或者其他法定休假日的，以休假日的次日为期间的最后一天。期间的最后一天的截止时间为24时。有业务时间的，到停止业务活动的时间截止。因此，自然日的七日连续计算法和民法通则的期间计算法有明显差异，究竟采取哪一种计算显然有争议。按自然日连续计算对经营者有利，而按民法通则的期间计算法对消费者有利①。

对于允许退货的商品，消费者需自收到商品之日起七日内退货。“收到商品之日起七日内”，其中“收到”是以物流系统显示的签收日期为准，还是以消费者实际拿到的时间为准？对于经常出差在外，包裹都由保安室代收，如果出差十天才回来，早就过了七天退货期，这如何维权？对于更特殊的“门把手签收”“门缝签收”，如此代收货产生纠纷，怎么判断？也有买家担心，如果货物的物流延迟，如何判定七天的有效期？

对何为“退货”也有争议，“自收到商品之日起七日内退货”是要求消费者在七日内将商品实际退还经营者，还是七日内通过网络交易平台、电话、信函、传真、电子邮件等发出退货通知即可？实践中也会产生争议。笔者认为，“七日内退货”应当是指收到商品后七日内将商品实际退还经营者，如果消费者在七日内仅发出退货通知的，则必须经过经营者的同意。如果消费者是以邮寄或快递方式退货的，是要求退回商品在七日内投递或寄送，还是必须在七日内到达经营者处？笔者认为，从有利于消费者的角度，只要消费者自收到商品之日起七日内将商品寄回即为退货，退货商品在七日后送达经营者处，不影响

① 高翼飞：《消费者的“后悔权”修法亮点还需落地》，载《法庭内外》2014年第5期。

消费者无理由退货权的行使。

（三）退回商品的运费由消费者承担在特定情形下不够合理；“另有约定从其约定”的民商法规定模式在消费者权益保障法中也不够适宜

《消法》规定，退回商品的运费由消费者承担；经营者和消费者另有约定的，按照约定。比如在多次退货的情形下，如果来回的运费都由消费者承担显然也不甚合理。前款已经规定“退回商品的运费由消费者承担”，而后款再规定“经营者和消费者另有约定的，按照约定”，显然经营者一般都不会和消费者另有约定，但凡另有约定，肯定会对消费者有利，而对经营者不利。“另有约定从其约定”的民商法规定模式在消费者权益保护法中也不够适宜，毕竟消费者处于弱势地位，尽量应该由法律强制性规定好消费者和经营者之间的权利和义务，而非由双方去约定，但凡提平等约定必定对消费者不利，因为二者地位本身就很悬殊，约定的话语权主要掌控在经营者手中。

（四）消费者无理由退货权可能被消费者滥用或被经营者竞争对手恶意利用

消费者无理由退货权一方面有利于维护消费者的权益，但另一方面也存在被消费者滥用或被经营者的竞争对手恶意利用的后果，因此可能成为“双刃剑”。如何来限制该权利被滥用或非法利用将会成为很重要的问题，而遍观现行《消法》并无相应规定。

三、消费者无理由退货权制度实施中存在问题的解决途径

（一）通过颁布配套法规来明确消费者无理由退货权除外商品范围

前文所述的第五类除外适用的商品范围“其他根据商品性质并经消费者在购买时确认不宜退货的商品”，其中“商品性质”显然很抽象，应进一步规定明确其判定的标准，否则一旦商品性质的认定由经营者自行决定（实践中基本如此），后面对经营者限制的“消费者在购买时确认不宜退货的商品”条款将流于形式。

如何认定“商品保存完好”？按照经营者的一般习惯，消费者一旦拆下商品的外包装或者剪掉商品标签，就不能退货。但是，商品的完好性应当是指商

品自身而言，消费者购买商品后必须拆封才能了解商品的情况，以确定商品与经营者的描述和网上的照片是否一致，是否是自己需要的商品。因此，对于普通商品拆封包装并不影响商品的完好性，除非包装的作用是为了保持商品的品质或者卫生条件，如食品、药品、纱布、婴儿的纸尿裤等，均适用“拆封不退”的交易习惯。应当说，由于不同类型的商品所具有的不同特性，因此，关于“完好性”不能有完全统一的判定标准。如有的商品要求不得拆封；有的商品要求在退货前未经使用，如贴身穿着的内衣内裤等；有的商品则要求退货后不影响投入二次销售即可，需要具体问题具体分析。另外，“商品保存完好”是要求商品在消费者处保存完好，还是要求商品在送达经营者前保存完好，有必要作出进一步的解释。由于网络购物、电视购物、电话购物、邮购等商品，其销售者大多在外地，消费者退货一般要通过邮寄或者快递的方式运输。如果商品在消费者手里是完好的，但由于快递、物流等环节的问题在运输途中发生损坏的，这种运输风险应当由谁来承担？笔者认为，为公平起见，除经营者亲自取回货物或者由经营者委托的物流公司上门取货外，无理由退货的运输风险应由消费者承担。当经营者收到退货商品后发现商品损坏的，不论是由于何种原因致损，均有权拒绝退款，但是商品是可分物，发生部分损坏的，经营者应当退还未损坏的商品部分价款。消费者退货的商品在运输途中发生毁损的，消费者可以依据运输合同、邮寄合同、快递服务合同向承运人追偿损失①。

（二）配套法规中应明确消费者无理由退货权的行权期限的计算方法

对于收到商品的七日之内的行权期限计算方法建议七日的起点从消费者收到商品的次日起计算，而非当日开始计算，在起点上采取民法通则时效的计算方法，以有利于对消费者的利益保护；同时为综合平衡对经营者利益，“七日”应连续计算，不考虑节假日等因素，因为网络等非现场经营活动的经营者其经营活动是不分节假日的，也不分营业时间的，这七日的计算从消费者收到商品之日起的次日开始连续计算至第七日的24时止。

（三）配套法规中应明确退回商品的运费具体的承担方式

应摒除“另有约定从其约定”的民商法规定模式，运用强制法的规范对退

① 高翼飞：《消费者的“后悔权”修法亮点还需落地》，载《法庭内外》2014年第5期。

回商品运费的具体承担模式作出规定。当然，应综合考虑经营者和消费者的利益。对于无理由退货一次的，由消费者自行承担退货的费用；对于无理由退货两次以上或者由于路途遥远运费较高（如西藏到内地的物流耗时、耗费就远高于内地）的，运费由消费者和经营者按一定比例承担，综合平衡消费者和经营者利益。

（四）配套法规应增加关于防止消费者或经营者恶意利用“无理由退货权”的制度设计

如果消费者滥用无理由退货权，进行恶意退货，必将损害经营者的合法权益，严重违反诚实信用原则。实践中关于滥用无理由退货权的情形主要有，有的人因结婚或者参加社交、演出活动需要短期租用婚纱、礼服、演出服，其从网上购买相关服装后，待婚礼或者活动结束后，向经营者主张无理由退货权；有的人在网上购买贵重商品，如珠宝、首饰、数码产品，对贵重商品进行挑换、拆装、盗取内件后再退货的，这些都属于典型的恶意退货。司法实践中，应当对正当行使退货权利和恶意退货进行甄别，明确恶意退货行为的特征、要件及法律责任，以杜绝此类行为的发生，维护经营者的合法权益。对恶意退货甚至恶意诉讼的行为，应当出台相应的制裁措施，如有关部门和法院可以给予罚款处罚，并将其恶意退货的行为计入个人不良信用档案①。消费者无理由退货权也可能被与经营者有竞争关系的其他经营者利用，在商战中给经营者造成损失。这种行为应列为不正当竞争行为之一，予以严厉惩处。

《消法》对消费者无理由退货权的制度规定虽已实施了几年，但距离完备还尚远，实践中已经出现了如前文所述的不少阻碍其真正发挥作用的问题，期望本文的研究能有助于对这些问题的解决，有助于我国在未来出台配套的更加完备的实施细则或配套法规，以进一步保障这一制度，使之成为消费者维权的法宝。

---

① 高翼飞：《消费者的“后悔权”修法亮点还需落地》，载《法庭内外》2014年第5期。

贾谊法律思想中的犯罪学理念探析*

江 丽** 段知壮***

摘 要：贾谊在儒、法、道等学说的影响下，形成了自己独特的犯罪学思想。从应对手段方面，贾谊提出了“教善惩恶以达道”的礼法观，认为礼与法都是治理国家的手段。从犯罪主体差异方面，贾谊既主张“爱民恤刑”又主张“刑不上大夫”，体现了民本思想和等级制度的融合。贾谊从主观和客观角度分析犯罪原因，提出犯罪预防措施。研究贾谊的犯罪学思想，不仅可以了解当时汉朝政治、经济、法律发展的面貌，而且可以感受到贾谊的政治理想和人文情怀。

关键词：贾谊 礼法观 民主主义 犯罪预防

贾谊（公元前200—前168年），洛阳人，世称贾生。贾生20余岁即被“文帝召为博士”，后又“超迁，一岁中至太中大夫”，待文帝“议以为贾生任公卿之位”时最终引发了灌婴等权臣的抵制，落了个“专欲擅权，纷乱诸事”的罪名，谪为长沙王太傅，几年后复被召回长安，文帝“拜贾生为梁怀王太傅”。贾谊年轻时饱读儒家经典，尤其推崇荀子的思想，主张大一统、尊天子、行孝顺、守礼仪。入仕后又深受法家思想的影响，认为在以儒家仁义礼治国的同时，必须辅之以刑罚手段来解决最激烈的社会矛盾。同时，贾谊在《道术》等文章中阐述了自己对“道”的理解，认为“道”是事物发展的本源和归宿。

---

* 本文是天津社会科学院重点课题“中国犯罪学学说通史（秦汉卷）”［16YZD-06］的阶段性研究成果。

** 浙江师范大学行知学院讲师，主要研究方向为法律史。

*** 浙江师范大学行知学院讲师，法学博士，主要研究方向为法律史。

正是在融合多元思想的基础上，贾谊形成了自己的思想体系，该体系通常被认为是“上承荀子，下启董仲舒”。

一、“教善惩恶以达道”的礼法观

与陆贾等人一样，贾谊也同样将秦失天下的原因归纳为不行仁义，“坏宗庙与民，更始作阿房之宫，繁刑严诛，吏治刻深；赏罚不当，赋敛无度”①。贾谊把“礼”提到了一个很高的位置，即“礼者，所以固国家，定社稷，使君无失其民者也。”② 在礼的背后是一整套社会秩序，更为准确地说，“礼”背后的社会伦理秩序乃是其从抽象到具体的一种自然延伸，而社会实践中对伦理的僭越便可以和另一意义下的“罪”相连接，这也是贾谊所要重点讨论的现实问题。

商君违礼义，弃伦理，并心于进去，行之二岁，秦俗日败。……蹶六国，兼天下，求得矣，然不知反廉耻之节、仁义之厚，信并兼之法，遂进取之业，凡十三岁而社稷为墟，不知守成之数、得失之术也，悲夫！③

可见在贾谊的论述当中，家庭伦理虽然是礼治的一种微观展现，但其背后是与宏观意义下的国家治理相关联的，比如秦政中对仁义的忽视便是其二世而亡的主要原因之一，那么此时在贾谊的思想体系中，“罪”便勾连了违反伦理秩序与国家治理不当两个层面的意义，这也更好地将礼治的内涵进行了外向的扩展。

从社会层面，贾谊强调礼应该是切实可行的治理手段，能够帮助统治者有效地解决社会矛盾，如其在《治安策》中详细地分析了文帝统治时期所面临的主要社会矛盾，包括诸侯僭越、匈奴侵犯、风气腐化等，而这些表征背后的根源就是原有社会关系被破坏。贾谊希望通过“礼”来化解社会矛盾，恢复社会关系，进而实现社会长治久安。比如贾谊认为诸侯僭越和风气腐化这些社会问

① （汉）贾谊撰：《新书校注》卷一《过秦下》，阎振益、钟夏校注，中华书局2000年版，第15页。

② （汉）贾谊撰：《新书校注》卷六《礼》，阎振益、钟夏校注，中华书局2000年版，第214页。

③ （汉）贾谊撰：《新书校注》卷三《时变》，阎振益、钟夏校注，中华书局2000年版，第97—98页。

题是引发犯罪现象的主要原因，“诸侯犹且人恣而不制也，至其相与，持之以纵横之约相亲耳”①，“汰流、淫佚、侈靡之俗日以长，是天下之大祟也”②。但如果想解决这些犯罪现象则需要根据其发生的原因，有针对性地发挥“礼”教化于民的作用。换言之，在贾谊的理想设计中，礼不仅仅是某种具体的行为指引，而且是在众多社会现象背后抽象出来的社会运行理论，这种理论可以反过来广泛地用于解决具体问题，这些观点充分体现了贾谊思想中的历史发展观和实用主义哲学。

贾谊认同礼与法一样都是国家治理的重要手段且具有一定的共通之处，但礼较之于法明显更具备宏观意义上的纲领性。因此贾谊提出了“以礼为主，以法为辅”的礼法结合模式，希望通过礼法并用，发挥它们“教善”“惩恶”的作用，最终实现治国之“道”，教善惩恶以达道。首先，贾谊强调礼具有政治和伦理两大作用。其中政治作用强调礼既是巩固国家、安定社稷的关键，又是确定尊卑等级关系的准则；伦理作用则强调人们的言行要符合仁、忠、慈、孝、爱、敬、和、柔、听等要求，从而达到礼的最高境界。其次贾谊认为礼的政治与伦理两大作用相互统一，伦理作用是政治作用的基础，“定亲疏”是“明等级”的基础，反之伦理作用也服务于政治作用，政治作用的终极目标就是建立一个互敬互爱、和谐美好的社会关系。

贾谊虽然将“繁刑严诛”总结为秦朝灭亡的原因之一，但并不否定“法”在国家治理中的重要性，甚至认为在处理一些社会矛盾或紧急情况时“法”比“礼”更加及时、有效。贾谊通过“屠牛”故事，形象地说明了“法”是不可或缺的。贾谊把诸侯比喻为屠牛过程中最大的障碍即“髋髀”，分别用“芒刃”和“斤斧”来形容“礼”和“法”，认为在处理诸侯僭越问题时，放弃“法”的制约，而以“礼”来感化，是无济于事的，如同用“芒刃”切“髋髀”，结果只能是“刃”出现缺口，或者折断。可见贾谊对“法”的态度比较偏向于中庸思想中的过犹不及，法固然有用，但过度使用则适得其反，因此如何把握其中的“度”这对统治者而言无疑是一个巨大的挑战。

① （汉）贾谊撰：《新书校注》卷一《益壤》，阎振益、钟夏校注，中华书局2000年版，第56—57页。

② （汉）贾谊撰：《新书校注》卷四《无蓄》，阎振益、钟夏校注，中华书局2000年版，第163页。

对犯罪的处理上，在贾谊看来虽然“礼”和“法”都很重要，但两者的作用却有巨大差异。比如在发生的时间和侧重点上，贾谊认为“礼者禁于将然之前，而法者禁于已然之后”；在产生的效果上，贾谊认为“礼”的功用在于“劝善”而“法”的功用在于“惩恶”。

这种笼统性的描述显然未完全脱离历史中儒法之争的理论桎梏，贾谊如果想要在礼法关系上有更为翔实的阐述，就必须深入到当时的社会现实之中。比如贾谊认为汉初的“君臣相冒”“侈靡相竞”等社会问题均是源于“制度疏阔”。以诸侯僭越为例，贾谊认为君主和诸侯之间应该有严格的等级划分，只有这样才能确保君主在权力体系中的核心地位。但是由于各项制度的不完备，汉初出现君主和诸侯“等齐”的现象。针对这一问题，贾谊向汉文帝提出了“定经制”的建议，强调“经制一定，宗室子孙虑莫不王。制定之后，下无倍背之心，上无诛伐之志，上下欢亲，诸侯顺附，故天下咸知陛下之仁”。[①] 贾谊主张通过制度来明确君主与诸侯之间的等级差异，以实现礼的政治作用，明确尊卑等级，稳固国家政权。“天子如堂，群臣如陛，众庶如地，此其辟也。”[②] 一方面，把贵族官僚阶层划分为公、卿、大夫、士，与君主一起组成权力体系，强调君主的核心地位，“是以高下异，则名号异，则权力异，则事势异……”[③] 另一方面，明确君主在礼仪、服饰、车马、器皿，以及名号、官制、礼仪等方面的使用标准，诸侯不得擅用，否则“上僭则诛”。

在此基础上，贾谊提出将礼法思想外化为制度，这是其礼法观的一大特点，既有助于礼法思想体系的稳定，不会因为统治者个人意志而朝令夕改，也有助于礼法思想体系的实施，遵守制度就是循礼守法，违反制度就是越礼违法。

二、民本思想和等级制度的融合

贾谊重视民的力量和作用，“故夫士民者，国家之所树而诸侯之本也，不可

① （汉）贾谊撰：《新书校注》卷二《五美》，阎振益、钟夏校注，中华书局2000年版，第67页。

② （汉）贾谊撰：《新书校注》卷二《阶级》，阎振益、钟夏校注，中华书局2000年版，第79页。

③ （汉）贾谊撰：《新书校注》卷一《服疑》，阎振益、钟夏校注，中华书局2000年版，第53页。

轻也”,[1] 强调“是以爱亲于天下之人，而归乐于天下之民”,[2] 如果说陆贾的民本思想主要是针对民在秦亡汉兴过程中的作用而发，那么贾谊的民本思想已经超越了秦亡汉兴这一具体的历史过程，是在对民与历代兴衰治乱的关系进行审视和反思的基础上进行理论总结，这种理论总结将民本思想上升到一个新的层次。[3]

贾谊强调“民”是国家统治的根本，其在《过秦论》中指出秦的兴起就是源于符合民意，“今秦南面而王天下，是上有天子也。既元元之民冀得安其性命，莫不虚心而仰上”。[4] 此外在《新书·春秋》中，贾谊通过卫懿公、楚怀王和齐桓公、晋文公等大量事例重点说明统治者体恤民众的重要性，进而得出“故自古至于今，与民为仇者，有迟有速，而民必胜之”[5] 的结论。贾谊在某种意义上构建了“君”“吏”“民”三者所组成的社会等级结构，其中“民”是等级结构的根基，“吏”之于“民”就产生了良善管理的责任，“故夫民者虽愚也，明上选吏焉，必使民与焉”。[6] 而当官吏无法完成这种以“民”为本的责任时，“罪”就开始浮现，“以富乐民为功，以贫苦民为罪”。[7] 因此贾谊劝诫统治者要爱民、惠民和恤民。贾谊指出“爱民”是统治者的明智选择，因为“王者有易政而无易国，有易吏而无易民”[8]。贾谊指出只有民众生活富足了，国家才能稳固，所以劝诫统治者要“惠民”，“故君子之贵也，与民以福，故士民贵

① （汉）贾谊撰：《新书校注》卷九《大政上》，阎振益、钟夏校注，中华书局 2000 年版，第 342 页。

② （汉）贾谊撰：《新书校注》卷九《修政语上》，阎振益、钟夏校注，中华书局 2000 年版，第 361 页。

③ 庞天佑：《秦汉历史哲学思想研究》，中国社会科学出版社 2002 年版，第 173—174 页。

④ （汉）贾谊撰：《新书校注》卷一《过秦下》，阎振益、钟夏校注，中华书局 2000 年版，第 13—14 页。

⑤ （汉）贾谊撰：《新书校注》卷九《大政上》，阎振益、钟夏校注，中华书局 2000 年版，第 339 页。

⑥ （汉）贾谊撰：《新书校注》卷九《大政下》，阎振益、钟夏校注，中华书局 2000 年版，第 349 页。

⑦ （汉）贾谊撰：《新书校注》卷九《大政上》，阎振益、钟夏校注，中华书局 2000 年版，第 340 页。

⑧ （汉）贾谊撰：《新书校注》卷九《大政下》，阎振益、钟夏校注，中华书局 2000 年版，第 348 页。

之；故君子之富也，与民以财，故士民乐之”①。其一方面鼓励农业生产，使民众获得充足的粮食以解决温饱问题；另一方面强调要轻徭薄赋，使民众拥有足够的积贮以应对天灾人祸。贾谊还告诫统治者要“恤民”，“故曰刑罚不可以慈民，简泄不可以得士。故欲以刑罚慈民，辟其犹以鞭狎狗也，虽久弗亲矣”②。

正是在民本思想的影响下，贾谊形成了从“恤民”到“慎刑”的犯罪学思想。贾谊所处的汉朝初期虽然刑罚有所缓和，但整体上仍然沿袭秦律，奉行“法严刑酷”，正是在这样的时代背景下，贾谊提出了“约法省刑，以持其后，使天下之人皆得自新，更节循行，各慎其身”。③“约法省刑”的主张不仅符合贾谊的礼法观，而且反映了贾谊“爱民”“恤民”的民本思想。具体而言，贾谊首先主张立法要简约，废除繁杂严苛的法令。以铸钱为例，“法使天下公得顾租铸钱，敢杂以铅铁为它巧者，其罪黥。然铸钱之情，非殽铅铁及杂铜也，不可得赢；而殽之甚微，又易为，无异盐羹之之易，而其利甚厚。张法虽公铸铜锡，而铸者情必奸伪也。名曰顾租公铸，法也，而实皆黥罪也。有法若此，上将何赖焉?”④ 贾谊认为这样不仁不义的法令是在引诱民众犯罪，即使统治者对此进行严厉打击也很难从根源上消除这一现象。其次主张行刑要谨慎，反对滥用刑罚，“是以一罪疑则弗遂诛也，故不肖得改也；故一功疑则必弗倍也，故愚民可劝也”⑤。贾谊认为设置刑罚的目的是教育和感化民众，如果民众一有过错就施以惩罚，那么他们就失去了改正的机会。因此，贾谊建议减少刑罚种类，比如“去收孥污秽之罪”，这是对秦朝盛行的连坐制度的很好反思。另外，他还建议行刑时要体现统治者的仁爱，比如“报囚之日，人主不举乐”⑥，行刑之

① （汉）贾谊撰：《新书校注》卷九《大政上》，阎振益、钟夏校注，中华书局2000年版，第340页。

② （汉）贾谊撰：《新书校注》卷九《大政下》，阎振益、钟夏校注，中华书局2000年版，第347页。

③ （汉）贾谊撰：《新书校注》卷一《过秦下》，阎振益、钟夏校注，中华书局2000年版，第14页。

④ （汉）贾谊撰：《新书校注》卷四《铸钱》，阎振益、钟夏校注，中华书局2000年版，第167页。

⑤ （汉）贾谊撰：《新书校注》卷九《大政上》，阎振益、钟夏校注，中华书局2000年版，第338页。

⑥ （汉）贾谊撰：《新书校注》卷六《礼》，阎振益、钟夏校注，中华书局2000年版，第216页。

日，有人失去了至亲，陷于痛苦之中，旁人却在举乐欢庆，非常不合时宜，也有违人伦道德。

在贾谊“约法省刑”思想的影响下，汉文帝进行了一系列的刑制改革，包括立法上废除诽读妖言罪、部分肉刑、连坐法，“孝文二年，又招丞相、太尉、御史：‘法者，治之正，所以禁暴而卫善人也。今犯法者已论，而使无罪之父母妻子同产坐之及收，朕甚弗取。其议’”①，行刑时要根据犯罪情节轻重来量刑，并规定刑期，期满即可获得自由。

在贾谊的“慎刑”思想中，最有代表性的便是提出“与其杀不辜，宁失于有罪”的主张。“诛赏之慎焉，故与其杀不辜也，宁失于有罪也。”② 该主张包括两层含义，一是强调刑罚要慎重，不可让无辜之人遭受刑难。贾谊指出对有罪之人处以刑罚，即使是斩杀三军也无可非议，但诛杀无辜之人，即使只有一人也是天理不容，因此刑罚必须慎重。二是当案件出现疑问无法判断时，应以无罪处理，与其错杀一个无辜之人，不如放过一个有罪之人。贾谊在《新书·连语》中讲了这样一个故事，“梁尝有疑狱，群臣半以为当罪，半以为不当，虽梁王亦疑”。故梁王请来“有奇智”的陶朱公询问，陶朱公回答道：“臣鄙人也，不知当狱，然臣家有二白璧，其色相如也，其径相如也，其泽相如也。然其价也，一者千金，一者五百金。”梁王不解，问道：“径与色泽皆相如也，一者千金，一者五百金。何也?”陶朱公答：“侧而视之，其一者厚倍之，是以千金。”梁王大悟，从此，便“故狱疑则从去，赏疑则从予”。贾谊通过这个故事强调事物的两面性就像玉有薄厚之分一样，刑罚也有严缓的区别。因此，贾谊劝诫统治者应该厚待民众，遇到疑难案件时要从轻发落。

不过需要指出的是，贾谊的民本思想除了体现“恤民”“慎刑”的核心内涵外，还融合了“民贱君尊”的等级思想，这就导致贾谊所提倡的“恤民”“慎刑”主张在很大程度上源于功利性的需求和考量。一方面，贾谊认为统治者之所以“爱民”不是因为民众可爱，而是因为民众可怕，一旦民多势众就容

① （汉）班固：《汉书》卷二十三《刑法志》，中华书局2007年版，第1104页。
② （汉）贾谊撰：《新书校注》卷九《大政上》，阎振益、钟夏校注，中华书局2000年版，第339页。

易构成对统治者的威胁，“故夫民者，至贱而不可简也，至愚而不可欺也”①。另一方面，贾谊认为民众本身具有劣根性，“至贱”“至愚”，只靠统治者的爱护和体恤是无法消除这些劣根性所带来的危害，必须对他们加以控制和引导。

“闻之于政也，民无不为本也。国以为本，君以为本，吏以为本，故国以民为安危，君以民为威侮，吏以民为贵贱。此之谓民无不为本也……闻之于政也，民无不为功也，故国以为功，君以为功，吏以为功。国以民为兴坏，君以民为弱强，吏以民为能不能。此之谓民无不为功也。”

也就是说，贾谊虽然从宏观视角上强调民之重要，但是这种重要更多的还是将集体的民与个体的君进行价值意义上的比较，而并没有把分散意义上的老百姓提到权利层面。

此外，汉文帝时期发生的周勃案也给了贾谊很大的触动。周勃入狱后遭到狱卒的欺凌和侮辱，“吾尝将百万屋军，然安知狱吏之贵乎！”② 令人唏嘘不已。贾谊借用“投鼠忌器”的故事告诫君主在对士大夫用刑之前一定要三思，否则可能会激起士大夫的反抗，最终威胁到君主的统治。有鉴于此，贾谊非常强调“刑不上大夫”，首先，其认为不可对士大夫施以肉刑和侮辱刑，“廉耻礼节以治君子，故有赐死而无戮辱”。③ 士大夫阶级即使犯了罪仍然享受“尊尊”，对他们“今而有过，令废之可也，退之可也，赐之死可也”④，但不可辱之。否则不仅会破坏尊卑有别的等级制度，影响社会关系的稳定，而且会引发士大夫阶级对君主的不满。其次，贾谊认为应该让士大夫根据犯罪行为的轻重来自我惩罚，“故其在大谴大何之域者，闻谴何则白冠氂缨，盘水加剑，造请室而请其罪耳，上弗使执缚系引而行也。其中罪者，闻命而自弛，上不使人颈盭而加也。其有大罪者，闻令则北面再拜，跪而自裁”⑤。这样士大夫会感激君主的仁慈和

① （汉）贾谊撰：《新书校注》卷九《大政上》，阎振益、钟夏校注，中华书局2000年版，第339页。

② （汉）班固：《史记》卷五十七《绛侯周勃世家》，中华书局2007年版，第2073页。

③ （汉）贾谊撰：《新书校注》卷二《阶级》，阎振益、钟夏校注，中华书局2000年版，第80页。

④ （汉）贾谊撰：《新书校注》卷二《阶级》，阎振益、钟夏校注，中华书局2000年版，第80页。

⑤ （汉）贾谊撰：《新书校注》卷二《阶级》，阎振益、钟夏校注，中华书局2000年版，第81—82页。

宽宥，从而洁身自好，操守有节。最后，贾谊建议对士大夫所犯罪名进行委婉的表述，以此来区分士大夫阶级与庶人阶级的不同，“古者大臣有坐不廉而废者，不谓曰不廉，曰‘簠簋不饰’；坐秽污姑妇姊姨母，男女无别者，不谓污秽，曰‘帷箔不修’；坐罢软不胜任者，不谓罢软，曰‘下官不职’”。[①] 这些罪名表述，不仅隐晦、委婉，而且有一定的文学性，很好地顾全了士大夫们的颜面，维持了士大夫们的骄傲。

三、主客观相结合的犯罪预防论

先秦思想家从主观和客观两个方面来研究犯罪行为的发生原因。主观方面的原因比较统一，认为好利、贪婪是人的本性，无法消除，人为了获利、满足欲望，彼此之间很容易发生争斗，进而引发犯罪。客观方面的原因就比较复杂了，思想家们总结的原因有：贫穷、礼教不兴、横征暴敛、严刑酷法等。贾谊在分析犯罪原因的过程中，借鉴了前人的思想也从主观和客观两个方面进行探究。

首先，在犯罪的主观方面，贾谊虽然被称为荀子的再传弟子，但是他并不赞同荀子的性恶论。他在总结秦亡教训时，指出胡亥之所以草菅人命，不是因为他本性中的恶，而是因为受到了当时秦国严酷刑罚的影响，不是斩首、割鼻，就是诛灭三族。“岂胡亥之性恶哉？其所以习道之者非理故也。”[②] 贾谊提出人性有善有恶的观点，并把人性分为上、中、下三等。上主者人性是善的，比如尧舜，遇到贤人志士时，就给予他们机会，一同实现政治理想，反之，遇到奸佞小人时，则果决地诛杀，不给他们可乘之机。中主者人性可善可恶，后天的环境因素是善恶形成的关键，以齐桓公为例，如果得到贤人志士的辅佐，就可以成为明君，成为春秋霸主，反之，如果被奸佞小人所利用，就可能成为昏君，不得善终。下主者人性是恶的，外部环境因素也无法改变其本性，比如桀纣，即使有贤人志士辅佐，也无法成就帝王之业，诛杀贤人志士，被民众所唾弃，

---

① （汉）贾谊撰：《新书校注》卷二《阶级》，阎振益、钟夏校注，中华书局2000年版，第81页。

② （汉）贾谊撰：《新书校注》卷五《保傅》，阎振益、钟夏校注，中华书局2000年版，第185页。

这一切都归咎于其本性中的恶。

贾谊赞同孔子“性相近”的观点，指出“人性非甚相远也”。贾谊的这一观点看似与“人性有上、中、下三等”之间存在矛盾，事实上无论是孔子的“性相近”，还是贾谊的“人性非甚相远也”，他们论述的侧重点并非人性的相似，而是强调后天环境因素对人性形成的重要性。比如，贾谊谈到“殷为天子二十余世而周受之，周为天于三十余世而秦受之，秦为天子二世而亡。人性非甚相远也，何殷周之君有道之长，而秦无道之暴也？其故可知也”①。为什么会有如此大的差距？不是因为天子之间的“人性”差异，而是因为不同的社会环境造就了不同的结果。此外，贾谊在分析人性分为上、中、下三等时，还特别强调上主者因为本性为善，无需担忧，下主者因为本性为恶，担忧也无济于事，真正需要担忧的是中主者，因为他们可善可恶，近朱者赤近墨者黑，在恶劣环境的影响之下，可能会走上犯罪之路。比如在社会风气上，“今世以侈靡相竞，而上亡制度，弃礼谊，捐廉耻，日甚，可谓月异而岁不同矣”②。民众为了追求利益，或盗窃君主的宗庙，犯下十恶不赦的重罪，或光天化日之下抢劫官吏，挑战统治阶级的权威，或诈骗得手之后周游列国，公然炫耀自己的犯罪成果，甚至为了利益不惜杀害自己的父亲和兄弟，犯罪行径到了不可复加的地步。而民众之所以“弃礼谊，捐廉耻”，主要原因在于礼教不兴，四维不张。因此，为他们创造良好的社会环境就显得特别重要。

其次，在犯罪的客观方面，则有明确的位阶区分，为了维护统治利益，历朝历代的君主都把政治犯罪视为重罪，列为重点打击对象。汉朝规定了一系列的危害皇权罪，比如针对诸侯的事国人过律罪、逾制罪，针对官吏的不敬罪、矫制罪，针对普通民众的谋反大逆罪、通行饮食罪等。汉朝之所以特别关注政治犯罪的惩处，与当时社会僭越严重现象密不可分。贾谊对此有许多细微的观察和描述，其中最突出就是对诸侯僭越现象的分析。

“诸侯王所在之宫卫，织履蹲夷，以皇帝所在宫法论之；郎中、谒者受谒取告，以官皇帝之法予之；事诸侯王或不廉洁平端，以事皇帝之法罪之。曰一用汉法，事诸侯王乃事皇帝也。谁是则诸侯之王乃将至尊也。然则，天子之与诸

---

① （汉）贾谊撰：《新书校注》卷五《保傅》，阎振益、钟夏校注，中华书局2000年版，第183页。

② （汉）班固：《汉书》卷四十八《贾谊传》，中华书局2007年版，第2244页。

侯，臣之与下，宜撰然齐等若是乎？①”

贾谊认为，诸侯僭越现象出现的根源在于等级制度的缺失，如果君主与诸侯无论是大到权力、地位，还是小到服饰、用具都没有区别，那么就无法凸显君主的权力核心地位和尊贵等级地位，君主对诸侯的凝聚力将大打折扣，诸侯很容易滋生离心、分裂、反叛的想法。

如前文所述，贾谊虽然认为“礼”与“法”的作用不同，但是强调两者结合才是国家治理的最佳方案，贾谊的这一思路同样适用于犯罪预防措施。“礼”是其中的第一重保障，即通过长期的礼仪教化使民众形成犯罪是可耻的意识，从而耻于犯罪，最终“绝恶于未萌”。“法”是其中的第二重保障，即通过对犯罪者予以惩戒，一方面可以限制和剥夺犯罪者再次犯罪的可能性，另一方面可以有效地威慑其他民众，最终减少犯罪案件的发生。“礼”与“法”，一前一后，一弛一张，共同构成了贾谊犯罪预防措施体系的核心。

首先，贾谊从人性和思想的角度，提出教化是培养良善人性的关键，也是国家长治久安的根本。“夫民者，诸侯之本也。教者，政之本也；道者，教之本也。”② 而所谓的教化，包括两个方面：一是礼仪教化，二是学习教育。礼仪教化的作用前文在介绍贾谊的礼法观时已有论述，此处就不再赘述。贾谊强调后天的学习教育对人性善恶的养成具有重大的影响，“习与正人居之，不能无正也，犹生长于楚，不能不楚言也。故择其所嗜，必先受业，乃得尝之；择其所乐，必先有习，乃得为之”③。因此他鼓励和提倡通过学习教育来有效地预防犯罪的发生。

一方面，贾谊指出教育的对象既包括太子，“太子正而天下定矣”④，也包

---

① （汉）贾谊撰：《新书校注》卷一《等齐》，阎振益、钟夏校注，中华书局2000年版，第46页。

② （汉）贾谊撰：《新书校注》卷九《大政下》，阎振益、钟夏校注，中华书局2000年版，第349页。

③ （汉）贾谊撰：《新书校注》卷五《保傅》，阎振益、钟夏校注，中华书局2000年版，第184页。

④ （汉）贾谊撰：《新书校注》卷五《保傅》，阎振益、钟夏校注，中华书局2000年版，第186页。

括普通民众，“学者勉之乎！天禄不重”①。贾谊认为太子作为未来的统治者，必须系统地学习和掌握礼仪思想，“此五学”，即指礼仪思想中的仁、信、德、贤、道，太子只有掌握了这些，才能得治道，辑万民。贾谊认为还应对太子进行道德教育，努力将其培养成为圣贤的君主。一国之君就好比大树的根基，如果本身道德品质败坏，穷奢极欲，滥杀无辜，那么底下的官吏、民众就如同大树上的枝叶、果实，也会因受到侵蚀而腐败枯萎，巧取豪夺、草菅人命，各种犯罪滋生，整个社会处于混乱状态。所以，加强对太子的教育，就是希望从根源上消除国家自上而下地陷入犯罪泥潭的可能性。

另一方面，贾谊主张教育应该贯穿人的一生，幼儿教育、青少年教育和成人教育均十分重要。此外值得注意的是，贾谊被认为是我国历史上第一个明确提出胎教思想的人，② 贾谊的胎教思想包括两个部分：其一，父母的个人素质直接影响胎儿的发育和成长，所以选择婚配对象很重要，“素成，谨为子孙婚妻嫁女，必择孝悌世世有行义者”。③ 其二，胎儿在母体内应该接受调教，母亲的喜怒哀乐会影响胎儿的情绪，“周妃后娠成王于身，立而不跛，坐而不蹉，独处不倨，虽怒不骂，胎教之谓也”。④ 在缺乏生物科学知识的汉代，贾谊能够提出在今天看来都较为科学、合理的胎教思想，足见他的观察力和思考力优于一般人。

其次，贾谊根据犯罪的客观原因，从政治、经济、法律等方面提出了预防犯罪的构想。在政治方面，贾谊指出预防犯罪的最佳方法就是让民众安居乐业，如果人人都能过上衣食无忧、平安喜乐的生活，谁还甘冒风险，走上犯罪的不归路呢？“安民可与行义，而危民易与为非。”⑤ 贾谊认为要想让民众安居乐业，

---

① （汉）贾谊撰：《新书校注》卷八《劝学》，阎振益、钟夏校注，中华书局 2000 年版，第 297 页。

② 梁安和：《贾谊思想研究》，三秦出版社 2007 年版，第 250 页。

③ （汉）贾谊撰：《新书校注》卷十《胎教》，阎振益、钟夏校注，中华书局 2000 年版，第 390 页。

④ （汉）贾谊撰：《新书校注》卷十《胎教》，阎振益、钟夏校注，中华书局 2000 年版，第 391 页。

⑤ （汉）贾谊撰：《新书校注》卷一《过秦下》，阎振益、钟夏校注，中华书局 2000 年版，第 15 页。

对内需要统治者施以仁政，维护社会稳定，“政莫大于信，治莫大于仁”①；对外需要统治者处理好外族侵扰的问题，确保国家安全，据此贾谊向统治者提出了“建三表”“设五饵”的具体建议。无论是安内，还是攘外，都是以维护等级制度为出发点的。在“安内”方面，贾谊明确提出建立“君”“吏”“民”的社会等级结构，并以礼定经制，从根源上消除诸侯僭越的基础。在“攘外”方面，贾谊认为虽然“蛮夷皆属汉”，但一个是“首”，一个是“足”，带有明显的“汉尊夷卑”的色彩，“足反居上，首顾居下，倒悬如此，莫之能解，犹为国有人乎”②。此外在经济方面，贾谊深感“天下无蓄若此，甚极也。其在王法谓之何？必须困至乃虑，穷至乃图，不亦晚乎？”③ 所以向汉文帝建议应该趋民归农，生产更多的粮食，同时还应该轻徭薄赋，减轻民众的负担，从而确保民众丰衣足食，不会为了生存铤而走险，为非犯禁。汉文帝在贾谊的影响下，曾五次下诏劝民务农，并将汉高祖时期的“十五税一”改成了“三十税一”。

贾谊作为汉代著名的思想家、文学家，给后世留下了丰富、精彩的文字作品，综观这些作品，我们不仅能够欣赏到其文洁体清、做论似赋的文风，更加能够领略到其礼治天下、以民为本的政治思想。贾谊以汉朝社会现实为背景，不断总结秦亡教训，融合儒法道等多元思想，形成了自成一家的犯罪学思想。无论是“教善惩恶以达道”的礼法观，还是主客观相结合的犯罪预防论，不仅对当时的君主而言是很好的建言献策，而且对今天的犯罪学研究也有一定的借鉴意义。

---

① （汉）贾谊撰：《新书校注》卷九《修政语上》，阎振益、钟夏校注，中华书局2000年版，第360页。

② （汉）班固：《汉书》卷四十八《贾谊传》，中华书局2007年版，第2240页。

③ （汉）贾谊撰：《新书校注》卷三《忧民》，阎振益、钟夏校注，中华书局2000年版，第124页。

法治乡村建设中的“三治融合”理念与方式

史凤林[*]　李怡凡[**]

摘　要：自治、法治与德治相结合既是法治乡村建设的基本原则，也是法治乡村建设的基本治理结构模式。自治、法治与德治是“三治融合”的基本要素，《自治章程》、法律与道德是三治融合的具体依据，自律是“三治融合”的协同方式，他律及其限度是“三治融合”应保持的基本界限。因此，在厘清自治、法治与德治内涵和对立统一关系的基础上，结合法治乡村建设经验，总结探索“三治融合”的方式具有重要的理论和实践价值。

关键词：三治融合　理念　方式

一、“三治融合”的理念

费孝通先生著文述：“从基层上看去，中国社会是具有乡土性的。”“我们不妨先集中注意那些被称为土头土脑的乡下人，他们才是中国社会的基层。”[①]中国问题集中在农村，核心问题也在农村，“三农”问题自提出以来始终是社会各界的关注焦点。中国是农业大国，农民万万亿，解决好农村问题，推动农村的现代化进程，加强农村法治建设，促进农村持续发展，成为关乎国家的命运、社会走向的一项重大工程。2013 年，源起于浙江桐乡的“三治合一”乡村

---

* 山西大学法学院教授、博士生导师，主要研究方向为法理学与法学教育。

** 山西大学法学院法理学专业硕士研究生，主要研究方向为法理学。

① 费孝通：《乡土中国》，人民出版社 2008 年版，第 1 页。

治理模式，以其将自治、法治、德治的有机结合，成为我国乡村建设的一面旗帜。2017 年 10 月，习近平总书记在党的十九大报告中提出："加强农村基层基础工作，健全自治、法治、德治相结合的乡村治理体系"①，将这一来自基层的经验实践上升为国家顶层设计，由此确立三治融合建设法治乡村的新模式，成为我国农村建设的新风向标。而在中央深化改革委员会印发的《关于加强法治乡村建设的意见》中将自治、法治与德治相结合作为法治乡村建设的基本原则。学术界习惯将自治、法治与德治相结合概括为"三治结合"或"三治融合"，并将其表述为法治乡村建设的模式。自治、德治、法治是"三治融合"的基本要素；也是三种属性不同的治理模式，它们在治理原则和治理取向上相互区别；在治理实践中，三治既可能相互补充与促进，也可能互相制约和冲突②，因此，"三治融合"的重点和精髓在于"融合"，如何融合以及融合方式研究成为学界探讨的热点。因此，深入探寻和挖掘"三治"背后的机理和特性，找寻相融契合点，通过此探索"三治融合"的方式，实现"三治"高度融合，激发乡村建设活力，推动乡村法治建设。

（一）"三治"的内涵及其相互关系

"三治"是自治、法治、德治的简称，厘清自治、法治、德治的内涵及其相互关系，对于探寻"三治融合"的方式有着十分重要的意义。

党的十一届三中全会后，实行家庭联产承包责任制使农民成为自主经营的主体，农民自主空间都得到空前解放，村民自治制度在这一背景下发端于中国农村自发的民主实践；③ 1998 年，全国人大常委会通过《村民委员会组织法》正式建立"基层群众性自治制度"。"自治"不是随性的自我治理，而是有着一定的约束和限制；主要是在他律约束之下的自律治理④。自律是指道德通过潜

---

① 习近平：《决胜全面建成小康社会 夺取新时代中国特色社会主义伟大胜利——在中国共产党第十九次全国代表大会上的报告》，人民出版社 2017 年版。

② 陈于后、张发平：《新时代乡村"自治、法治、德治"融合治理体系研究》，载《云南行政学院学报》2019 年第 6 期。

③ 俞可平、徐秀丽：《中国农村治理的历史与现状——以定县、邹平和江宁为例的比较分析》，载《经济社会体制比较》2004 年第 2 期。

④ 陈涛、李华胤：《"箱式治理"：自治、法治与德治的作用边界与实践效应——以湖北省京山市乡村振兴探索为例》，载《探索》2019 年第 5 期。

移默化，润物无声的影响，成为自治的内生柔软约束力；他律是指法律通过设定规则，构建框架，明确自治的范围和边界，成为自治的外部强制约束力。我国的乡村自治主要是指村民在村委会的领导下，在法律、道德的双重约束下，以《自治章程》为具体依据的自我治理。

关于"法治"，亚里士多德在《政治学》中对于"法治"的概念作过精辟的论述："法治应该包含两重含义：已成立的法律获得普遍的服从，而大家所服从的法律本身又应该是制订的良好的法律。"① 因此，法治的内容简要而言包含两重含义，一是良法，二是善治；法律通过制定规则、程序等强制约束和规范人们的行为、解决社会纠纷，从而获取"普遍的服从"，达到"善治"。现代意义上的"法治"主要指法律主治②，意味着法律至高无上，人人皆受法律统治而不受任性统治，任何人和任何组织都无僭越法律之权③。法律平等地适用于每一个人，并以其公平正义的本质保障每一个公民的权利和社会的稳定。

关于"德治"，其也是一种社会治理模式。儒家主张"为政以德"，自汉唐以来，"德主刑辅"成为治理社会的主流思想，德治和道德的作用在不同时代都一直被强调；不同于传统中国社会中的儒家道德，现代意义上的"德治"作为一种"软约束"，主要是指以道德规范来约束人们的行为从而形成社会秩序的治理观念和方式④；人们借助道德的力量和作用对社会进行调节和控制，以期达到良好的社会治理效果，维护社会的稳定。

总之，自治、德治、法治是不同的社会治理模式，体现出不同的约束规则和治理方式；但是三者之间也可以相互联系，相互作用；法律是最低限度的道德，法治通过规则之治，设定自治范围，明确自治边界，规范自治行为；德治通过人们内心的内生约束力，自发调整、约束自己的行为，成为法治、自治未涉领域的补充和基础；自治是乡村治理的基本模式，是法治和德治发挥作用的前提条件和载体。由此看来，自治是法治和德治的核心，法治是自治和德治保

---

① ［古希腊］亚里士多德：《政治学》，吴寿彭译，商务印书馆1997年版。

② 郁建兴、任杰：《中国基层社会治理中的自治、法治与德治》，载《学术月刊》2018年第12期。

③ 夏勇：《法治是什么——渊源、规诫与价值》，载《中国社会科学》1999年第4期。

④ 郁建兴、任杰：《中国基层社会治理中的自治、法治与德治》，载《学术月刊》2018年第12期。

障，德治是自治和法治的基础。

（二）“三治融合”的内涵解析

“三治”是自治、法治、德治的简称，而“三治融合”是自治、法治和德治结构和功能有机协同的治理体系。① “三治融合”并不是指自治、法治、德治这三种社会治理模式各走各的阳关道，互不相交；也不是指“三治”的齐头并进，互不相让；更不是指自治、法治、德治这三种治理模式的僵硬化叠加；而是指三种治理模式深刻地融会贯通，是一种“你中有我，我中有你”的新型治理模式。通俗来讲，三治融合是在法治强制力和德治软约束双重限制下，以他律作为基本界限，在自律的教化下，通过自治章程和村规民约实现自我管理，自我教育、自我服务。

二、“三治融合”的法理基础与现实可能性

（一）“三治融合”方式的法理基础

“三治融合”这一来自基层的乡村治理经验在党的十九大报告中上升为国家战略顶层设计，为以“三治融合”方式进行乡村法治建设提供强有力的政策保障。法治乡村建设中“三治融合”方式的实现，是不断加强乡村法治建设的重要举措，也是实施乡村振兴战略和推进国家法治建设的重要基石，为当前有效破解我国乡村法治建设困境提供了新的思路。“三治融合”方式具有深刻的法理基础。

1. 人民主权学说

人民主权学说是我国法治乡村建设中“三治融合”的重要理论基础。我国是人民当家作主的社会主义国家，国家的一切权力属于人民，这是我国对人民主权理论的典型适用和精辟概括。人民主权理论强调国家的一切权利来源于人民的授予；人民是一切国家权力的最终拥有者；公民的权利与自由受国家的尊

---

① 张明皓：《新时代“三治融合”乡村治理体系的理论逻辑与实践机制》，载《西北农林科技大学学报（社会科学版）》2019 年第 5 期。

重与保障；国家权力受人民监督①。人民是权利的主体和享有者，在我国的建设实践中，“以人民为中心”“一切为了人民”“发展成果由人民共享”等论调都体现了这一理论；“自治”成为这一理论在我国乡村法治建设中的具体体现；在乡村法治建设中，村民是主体，由村民当家做主，通过民主管理、民主监督、民主选举、民主决策实现村民自我治理，促进乡村持续发展。

2. 民主协商理论

党的十八大报告首次提出“社会主义协商民主是我国人民民主的重要形式”。协商民主是中国特色实践，是中国经过长期探索建立起来的符合本国国情的中国特色社会主义民主政治制度。实践证明，社会主义协商民主行之有效，具有巨大优越性，在整合社会关系、促进民主监督、提升决策效率等方面展现出独特优势，有力促进了中国经济健康发展、社会和谐稳定和人民生活改善。协商民主强调在社会现实背景下，通过普通的公民参与，就决策和立法达成共识，其核心要素是协商与共识。“三治融合”其实质上就是通过村民的积极参与，共同协商，从而对村务进行共同管理、共同决策；干部发挥其领导、指挥作用，为决策事项指明方向，交由全体村民进行协商决策；这也是“三治融合”独特的理论基础。

3. 德法并治的中国特色理论

习近平总书记指出，中国特色社会主义法治道路的一个鲜明特点，“就是坚持依法治国和以德治国相结合，强调法治和德治两手抓、两手都要硬。这既是历史经验的总结，也是对治国理政规律的深刻把握”。党的十八届四中全会提出，“坚持依法治国和以德治国相结合”是实现全面推进依法治国总目标必须坚持的重要原则。依法治国和以德治国相结合的原则为“三治融合”中德治和法治的融合提供了指引，使德治和法治相融合在理论上成为可能。在法治乡村建设中德治“柔约束”和法治“强约束”相融成为三治融合中最为重要的一环。

（二）“三治融合”方式的现实可能性

中国特色的基层社会治理逻辑与中国文化独特的基因为“三治”的“融

① 王丹：《自治、法治、德治“三治合一”乡村治理体系建设研究》，载《内蒙古大学学报》2019年第6期。

合”创造了现实可能。法治乡村建设为“三治融合”方式的运用和实现提供了载体，也为“三治融合”方式的具体应用提供了现实可能。

1.“三治融合”方式符合中国特色基层治理逻辑

（1）中国传统社会国家法与习惯法并存、礼法并治的治理逻辑。中国传统社会治理过程中便形成了一种“皇权不下县，县下皆宗族，宗族皆自治，自治靠伦理，伦理造乡绅”[①]的基层社会治理模式。伴随着“皇权不下县，宗族皆自治”而来的便是“国法不下乡，自治靠伦理”，国家法律只能作为一种制度外壳将乡村社会包裹起来，而没有延伸到乡村社会内部[②]。在传统中国社会中国家法与习惯法并存已成为一种社会治理常态；由于“法治”难以渗透乡村社会，因此，乡村社会的治理与规范主要依靠“礼治”（即已经成型的风俗习惯）的约束；“礼治”在乡村治理过程中形成普遍约束力，成为与“国家法”并列的管控社会的方式。

（2）中国传统社会以农为主的“乡土”社会治理逻辑。什么是“乡土社会”？费孝通作了经典论述，“从基层上看去，中国社会是乡土性的，乡下人离不了泥土；以农为生的人，世代定居是常态；农民聚村而居，富于地方性；乡土社会是有机的团结，是熟人社会、礼俗社会”，不流动造成了以村为基本单位的孤立和隔膜；礼俗社会、熟人社会是农村传统治理模式的起点——构成了“礼治秩序、无讼、长老统治、无为政治”这些基层治理方式；这些治理方式成为维持我国乡村治理和发展的重要支撑。

（3）改革开放以来农村社会转型中的村民自治的治理逻辑（德法兼治）。随着中国国力不断增强，教育不断普及，国民素质不断提升，改革开放后，德法兼治成为村民自治的主要方式。“德法兼治”是指德治和法治在具体的治理实践中相互结合，相互补充，以达到良好的社会治理效果。党的十五大明确提出“依法治国”基本方略，1998 年全国人大常委会通过的《村民委员会组织法》为村民实现自治提供了法律依据。党的十八届四中全会“坚持依法治国和以德治国相结合”的原则为德法兼治的实现提供了可能。村民自治是在法治和德治的双重约束下实现农村转型发展的基本道路。

---

① 秦晖：《传统十论》，复旦大学出版社 2003 年版，第 107 页。

② 郁建兴、任杰：《中国基层社会治理中的自治、法治与德治》，载《学术月刊》2018 年第 12 期。

（4）新时代中国解决“三农”问题的乡村治理逻辑（三治结合）。乡村是社会治理中最基本的单位，乡村自治是乡村治理的核心，其目标是达到乡村“善治”；健全自治、法治、德治相结合的乡村治理体系的论断为新中国解决“三农”问题、建设法治乡村提供了明确指引，“三治融合”成为达到乡村善治的重要方式与手段，是实现乡村“善治”的必然要求。自治、法治和德治如何实现融合？这就需要以自治为载体，使其与德治和法治做到有效结合。自治是法治乡村建设的治理方式基础，法治是法治乡村建设的治理方式保障，德治是法治乡村建设的治理目标导向。简单来说，以自治为基础，为乡村治理和“三农”问题的解决确定主体；以法治为保障，为乡村治理和“三农”问题的解决确定依据；以德治为目标导向，为乡村治理和“三农”问题的解决提供指引。

2.“三治融合”方式具有中国文化的独特基因

（1）“和谐文化”基因。“和谐”是我国传统文化的精髓，也是中华民族传统的思维模式和心理惯性，在我国历史上产生过许多关于和谐思想、和谐文化的论述，如儒家倡导“和为贵”，墨子提出“兼相爱，交相利”，康有为《大同书》中载文道“人人相亲，人人平等、天下为公”等都体现了和谐文化的思想；和谐是中国社会的发展目标，“以人为本”是和谐文化、和谐思想的精神所在。现代与意义上的和谐是指以人为核心的两种以上不同要素的协调、结合、融合与发展①；我国在社会治理过程中，也充分体现了“以人为本”这一理念；中国传统社会倡导的和谐文化以及现代和谐社会的构建，为自治、法治、德治融合和谐发展提供了可能性。

（2）“德治文化”基因。历数各朝各代，遍翻史书典籍，我们不难发现，中华民族是一个崇尚德治的民族，德治为几千年来民族的稳定和发展作出了突出贡献。德治建立在中国优秀传统文化的基础之上，在五千年文明长河中熠熠生辉；儒家倡导“为政以德”，重视对民众的道德教化，要求充分发挥道德教化的作用，《唐律》最终确定了“德礼为政教之本，刑罚为政教之用”的治国方略，“德主刑辅”成为主流思想；随着社会的发展，儒家德治思想也成为统治者治国理政的重要方法。当然，今下所倡导的“德治”同儒家“为政以德”也有许多不同，但是自古以来，道德产生潜移默化、润物无声的影响，渗透进

① 白晓燕：《中国和谐文化的内涵及现代意义》，载《中国教育研究论丛》2006年刊。

中国人行为、处事的方方面面，影响着社会的发展。因此，“德治文化”的奠基为“三治融合”的实现提供了可能性。

（3）“道教文化”基因（道法自然）。“道法自然”是道家的核心哲学思想，老子崇尚自然，反对人为，提倡“自然无为”。围绕这一中心展开的“君人南面之术——无为而治”，是老子为统治者设计的最好的治国之略。老子强调“我无为而民自化，我好静而民自正，我无事而民自富，我无欲而民自朴”。庄子也强调“无欲而天下足，无为而万物化，渊静而百姓定”。老子一再强调统治者对百姓的管理应做到“法自然”，主张君不扰民，民众自生自化，从而实现民众自我管理、自我教育、自我发展，人民的生活方可得到安宁，社会方可趋于安定。可以说，“自治”这一思想贯穿无为而治的始终。同样，老子也强调以德化民，“和大怨必有余怨，安可以为善？”这实际上是老子“以德化民”思想的具体体现，道家思想同当今社会“三治融合”理念不谋而合，中国传统社会中的“道法自然”为三治融合提供了可能性。

三、“三治融合”的基本方式与操作化方法

（一）“三治融合”的基本方式

“三治融合”的精髓在于“融合”，难点也在于“融合”，如何构建“三治融合”，使其可操作化地运用于乡村法治建设中，成为这一论题的难点。

学界有不少学者从不同的角度分析“三治融合”体系中自治、德治、法治三者之间的相互关系，理论意义、建设路径等；对“三治融合”的基本方式提出不同的看法。邓大才在《走向善治之路：自治、法治与德治的选择与组合》中写道：“自治、法治、德治是三种不同的治理方式，三者有不同的功能和作用，有各自的优势和劣势。总体来看，三者不是同一层面的治理方式，自治是核心，法治是保障，德治是基础。三种治理方式在一定的条件下各自可以实现善治，两两组合、三者组合也可以实现善治。”① 郁建兴、任杰在《中国基层社会治理中的自治、法治与德治》中载文述：“德治是‘先发机制’，自治是‘常

---

① 邓大才：《走向善治之路：自治、法治与德治的选择与组合——以乡村治理体系为研究对象》，载《社会科学研究》2018年第4期。

态机制’，法治是‘保障机制’；‘三治融合’是一个有机整体，但‘三治’各有侧重，有优先次序，但更需要同时发力、交织前进，以便发挥‘三治’结合的‘乘数效应’”① 等论调。

笔者认为，“三治融合”的基本方式应当遵循唯物辩证法的对立统一规律进行架构。首先应明确“三治”的内涵及其功能的侧重点，即自治是自治共同体依据法律和自治章程进行自我服务、自我管理、自我教育、自我提高的自律方式。自治功能侧重于自律，反对非必要的他律。法治是社会主体依据法律自觉守法，并凭借国家强制力的最终约束得以施行的他律方式。法治功能侧重于他律，但不反对自律。德治是社会共同体依据主流或理想道德进行自律的方式。德治的功能是倡导自律，也希望获得他律。其次应理性促进“三治融合”，即自律是“三治融合”的协同方式，他律及其限度是“三治融合”应保持的基本界限。最后是妥善处理三治关系，即自治是法治乡村建设的治理方式基础，法治是法治乡村建设的治理方式保障，德治是法治乡村建设的治理目标导向。

（二）“三治融合”的操作化方法

1. 法治乡村建设应以自治为常态，以乡村共同体为治理范围，以自律为协调机制促进和谐共治

村民自治是乡村治理的核心。1998 年《村民委员会组织法》规定“三个自我”和“四个民主”，确定村民是自治主体，切实实现人民当家作主这一目标，同时，我国村民自治通过“四个民主”激发村民参与村务管理的热情，唤醒村民的主人翁意识，提升村民参与村务管理的质量和水平；引导村民通过“四个民主”民主管理、民主决策、民主监督、民主选举以实现自我服务、自我教育、自我管理和自我发展。自治成为乡村治理中的常态机制，我们应当在自治的基础上，以德治为引导，促进法治乡村建设，达到乡村和谐共治。

2. 法治乡村建设应以法治为必要约束，以主权国家为治理范围，以他律为约束机制促进合法善治

“国不可无法，有法者不善与无法等”，“奉法者强则国强”，法治是推动国

---

① 郁建兴、任杰：《中国基层社会治理中的自治、法治与德治》，载《学术月刊》2018 年第 12 期。

家治理体系和治理能力现代化、维持社会稳定、促进社会长治久安的重要法宝。同样，法治是乡村法治建设的重要保障，法律为法治乡村建设提供了基本依据。自治、德治在乡村治理和乡村建设中有着不可磨灭的作用，但不可否认的是现今法治乡村建设中法治因素越来越强大。在法治乡村建设中，法治是村民获得自治权利、依法行使自治权利的重要依据，自治章程成为法治乡村建设中“法治”实现的重要载体。2018 年 12 月修正《村民委员会组织法》，2019 年《山西省实施〈中华人民共和国村民委员会组织法〉办法》为村民自治的实施和自治章程的制定指明了方向。在法治乡村建设中应以法律为必要约束，树立民众法律信仰，培育民众知法守法用法，以法治强化乡村治理。

3. 法治乡村建设应以德治为目标导向，以社会共同体为治理范围，以自律为激励机制促进合理善治

德治在我国的基层社会治理中有着悠久的历史，“乡绅政治”“乡贤政治”都是德治在我国乡村治理中的具体体现。人们依照约定俗成的习惯和“礼治”来规范自身行为，维持社会秩序；“德治”成为乡村治理的主要手段。当今，在法治乡村建设中，我们要以德治为目标导向，为乡村“善治”指引方向；以德治为内在支撑，不断提升人们对道德规范的认识，强化民众的道德素养；同时，以德治为基，滋养法治乡村建设。“德治”成为我国新时期法治乡村建设中应坚持的目标导向，我们要充分发挥道德的引领作用，培育良好的法治乡村建设氛围，增强人民对德治的情感认同，使德治因素充分融入村规民约内容中，从而实现乡村合理善治。

4. 法治乡村建设中“三治融合”的边界是自治应在法治范围内促进共治和德治，法治为自治和德治提供合法保障，德治为自治和法治提供价值目标

目前，我国大力推进法治乡村建设，“三治融合”新方式是实现乡村规范化治理和促进乡村法治建设的有效途径。2018 年《中共中央国务院关于实施乡村振兴战略的意见》明确提出建设法治乡村的重大任务；2020 年《关于加强法治乡村建设的意见》对法治乡村建设提出明确要求，并再次强调，坚持法治与自治、德治相结合，以自治增活力、法治强保障、德治扬正气，促进法治与自治、德治相辅相成、相得益彰。在法治乡村建设中，应坚持以自治为常态机制，法治为保障机制，德治为目标导向，自治、法治和德治是相互联系、相互补充、相互作用的，三治的共同结合，甚至是融合为法治乡村的建设提供了有效路径；

但同时，我们应当注意“三治”在融合中的边界，自治应在法治范围内促进共治和德治，法治为自治和德治提供合法保障，德治则为自治和法治提供价值目标，在乡村法治建设中，应以“三治融合”为抓手，不遗余力地推进法治建设，培养农民守法用法的理念，“以法治定分止争”；充分彰显新乡贤的价值，着重发挥传统道德等乡土文化的感召作用，借此约束农民的行为，以“德治春风化雨”；丰富完善乡村自治工作，注重提升农民主人翁意识，使其主动参与乡村建设发展，化解干群矛盾，以“自治消化矛盾”①；通过法治、德治的作用和功能促进自治，以自治为依托实现乡村的发展，以达到乡村“善治”的终极目标。

综上所述，我们要充分理解“三治融合”的相关理念，深入分析自治、法治和德治三者之间的关系，恰当利用“三治融合”基本方式，促进乡村和谐共治，合理、合法善治，从而促进国家治理体系、治理能力现代化和乡村建设的法治化。

---

① 张明皓：《新时代“三治融合”乡村治理体系的理论逻辑与实践机制》，载《西北农林科技大学学报（社会科学版）》2019 年第 5 期。

公共法律服务模式比较与山西借鉴

史翰青*

摘　要： 公共法律服务模式既是公共法律服务要素结构的有机组合，也是公共法律服务资源的最佳配置方式，它不仅具有多元化、区域化特点，同时具有高科技化、特色化特点。因此，比较分析国内不同公共法律服务模式之利弊，结合山西省公共法律服务需求和公共法律服务工作的实际，合理借鉴并创新公共法律服务模式对提升山西省公共法律服务水平具有重要的意义。

关键词： 公共法律服务模式　比较　借鉴

一、公共法律服务模式的内涵

公共法律服务模式是指公共法律服务的服务主体、服务对象、服务内容、服务手段、服务体制机制等结构要素的有规律的、稳定联系的、可复制的分类组合方式与有效互动机理。要准确理解公共法律服务模式内涵应从四个方面作具体把握。

1. 公共法律服务模式是公共法律服务要素的有机组合

众所周知，公共法律服务至少包括服务主体、服务对象、服务内容、服务手段、服务体制机制五方面的要素，而公共法律服务模式是上述要素的有机组合。如在服务对象和服务内容相同的情况下，根据服务主体、服务手段、服务体制不同，可以形成“有偿公益和无偿私益”两种性质截然不同的公共法律服

* 澳大利亚国立大学法学院在读法律博士，主要研究方向为比较法学。

务模式。同样，我们在其他四个要素不变的情况下，重点根据公共法律服务手段的不同分为“互联网＋人工智能服务”、纯人工服务、混合服务三种公共法律服务模式。

2. 公共法律服务模式是公共法律服务工作可重复、可复制、可推广应用的典型化、样本化服务方式

公共法律服务模式与公共法律服务方式的主要区别在于，前者是典型化、样本化、可复制的服务方式，而后者仅仅是指公共法律服务的手段和工具。所以，如果一种公共法律服务方式没有典型化、样板化、可重复、可复制、可推广应用价值，就不能称其为公共法律服务模式。如我国最早的太仓均等化公共法律服务模式，不仅是我国最早的公共法律服务方式的探索实践，也具有典型化、样板化、可重复、可复制、可推广的服务方式。

3. 公共法律服务模式是公共法律服务结构要素有规律、稳定联系、有效互动的机理

公共法律服务模式之所以能够作为一种典型化、样板化、可重复、可复制、可推广应用的服务方式，还在于它揭示了公共法律服务要素之间的稳定联系，实现了互动目的，并且有规律可循。反之，如果公共法律服务要素之间的联系不稳定、缺乏有效互动、没有规律可循自然也不符合服务模式的定性。如目前我国普遍推行的“互联网＋人工智能服务”，不仅具有智能化、网络化、数据化的高科技特点，而且具备信息量大、服务方式便捷、服务效率高等特点，最主要的是它有规律可循，能够实现节约资源、提供便捷高效服务目的。

4. 公共法律服务模式应当是公共法律服务资源的最佳配置方式

从应然的角度或理想角度，公共法律服务模式应当是公共法律服务的人力资源、物力资源、财力资源、制度体系资源、科技信息资源、现代科技技术资源的最佳配置方式，否则不能成为服务模式。

二、国内典型公共法律服务模式比较分析

（一）“立体式”公共法律服务模式

所谓“立体式”公共法律服务模式是指服务方式从单一的实体平台转化为网络服务平台与12348热线服务平台以及官方微信、官方微博平台线下和线上

联合融通的服务模式。我国许多地区近年来均采用此种公共法律服务模式。

"立体式"公共法律服务模式有三个特点和优势：（1）公共法律服务三大平台一体化运营服务。一般而言，"立体式"公共法律服务模式首先是法律服务的实体平台，包括公共法律服务中心、所（站）、室、语音热线平台（12348服务平台），官方微信和官方微博同时运营，形成了立体化的服务网络系统。（2）公共法律服务实现线上线下联合融通服务。"立体化"公共法律服务模式，一方面对通过热线服务平台可以解决的问题，通过热线平台进行法律咨询、机构查询、问题咨询、业务办法咨询提供公共法律服务；另一方面对通过热线平台难以解决或难以彻底解决的问题，实体平台提供公共法律服务。（3）公共法律服务时空立体化。一般而言，"立体式"公共法律服务模式所提供的服务，一方面能够实现时间上的24小时全天服务不间断，另一方面还能够实现服务空间的全覆盖，不受地域远近的限制。

但是，"立体式"公共法律服务模式也有局限或不足：（1）服务平台设计缺陷。"立体式"公共法律服务模式主要是通过网络平台设计完成的，因此，难免有设计板块缺失、设计内容展示不直观、服务标准缺失、客服分流机制缺失等缺陷。（2）服务运行单一化。"立体式"公共法律服务模式主要是由政府设计、建设提供服务平台，与社会服务平台难以形成互动合作，存在运行服务单一化的缺陷。（3）服务对象能力制约。"立体式"公共法律服务模式主要是通过网络、微信和微博等形式，对中老年服务群体难免存在知悉度低、操作困难等缺陷。

（二）"纵横贯通"公共法律服务模式

所谓"纵横贯通"公共法律服务模式是指纵向以省、设区市、县区、乡镇、村居委五级公共法律服务资源有效配置，横向以政府、社会、市场三者公共法律服务资源统筹，形成纵横贯通式的公共法律网络服务模式。江苏太仓市公共法律服务模式属于此类，它们被称为"四纵三横"法律服务模式①。

"纵横贯通"公共法律服务模式有三大特点和优势：（1）构建纵向多层级

---

① 顾潇军：《新时代公共法律服务均等化"太仓模式"改革与发展前瞻》，载《中国司法》2018年第5期。

公共法律服务网络，自上而下贯通到底。从而实现省、市、县区、乡镇、村居委多层级三大公共法律服务网络彻底贯通，服务到户服务到人。（2）构建横向多向度公共法律服务网络，统筹政府、社会、市场三者参与的法律服务资源。政府层面，强化政府统筹能力、积极协调各部门共同参与保障的公共法律服务体系；社会层面，践行社会协同机制，积极培育各类社会组织壮大社会协同力量；市场层面，充分发挥专业法律服务机构人员的作用，为公共法律服务提供专业支持。（3）推进“互联网+”战略，实现快捷便利的法律服务。具体而言，就是在推进实体平台建设的同时，升级网络服务空间，开辟掌上法律服务平台、设置自主法律服务终端，实现远程服务、微信服务、智能服务，形成立体化、多层次的公共法律服务体系。

当然，“纵横贯通”公共法律服务模式也存在两方面的局限或不足：（1）“纵横贯通”公共法律服务模式运营成本较大，需要地方政府配置充足的公共法律服务资源，形成有效的协同保障机制和强大的协同保障能力，否则无法有效运营；（2）“纵横贯通”公共法律服务模式的监控评价体系和标准必须完善并可操作，否则影响运行效果。

（三）“模块化和套餐式”公共法律服务模式

所谓“模块化和套餐式”公共法律服务模式是指针对群众“一案多诉、一案多程序”的公共法律服务需求，利用智能化、信息化手段，一是以实体问题为导向，梳理形成问题信息模块；二是以程序问题为导向，梳理形成问题解决步骤信息模块；三是以解决问题部门机构为导向，梳理形成问题解决机关信息模块，最后通过人工智能平台，为群众提供“模块化和套餐式”的公共法律服务模式。

“模块化和套餐式”公共法律服务模式通常具有两大特点和优势：（1）服务需求多元化和多程序化，即该种法律服务模式主要针对群众“一案多诉、一案多程序”的公共法律服务需求，若采取其他简单的“立体化”“一站式”法律服务模式很难满足服务对象需求，通过该种服务有利于满足服务对象多元化、复杂化的服务需求。（2）服务手段的高度智能化，即该种法律服务模式充分利用人工智能、大数据、云计算等现代信息网络资源，针对群众特殊、疑难的公共法律服务需求，进行信息分类、智能引导、客服分流，最后形成类型化、智能化的服务。

“模块化和套餐式”公共法律服务模式也存在两方面的局限或不足：（1）法律服务对象能力制约，即该种服务模式主要是通过网络、微信和微博等手段，操作程序复杂，因此对中老年服务群体而言，难免存在知悉度低、操作困难等缺陷，即便是年轻服务对象也往往受制于服务终端复杂的操作程序。（2）服务设计难度较大，即该种服务模式比起“立体式”的服务模式设计难度更大，特别是对于设计者而言由于法律专业知识欠缺，往往导致设计程序、信息模块、服务分流方案不合理，以及出现服务信息处于盲区或真空的情况。

（四）“跨区域协作”公共法律服务模式

所谓“跨区域协作”公共法律服务模式是指在欠发达地区、贫困地区公共法律服务资源严重不足、公共法律服务需求较大、政府、社会、市场相应的服务能力不足或严重超负荷的情形下，与发达地区建立跨区域协作服务机制或平台，通过对口援建、挂职锻炼、交流培训、远程智能服务等方式开展公共法律服务的模式。一般而言，欠发达地区特别是革命老区、民族地区、边疆地区、贫困地区均可采取此种法律服务模式。山东五莲县作为国家级贫困县就与福建省某公司通过建立远程网络法律服务终端，按照年内打包服务费，形成了跨区域协作服务且运行良好。

“跨区域协作”公共法律服务模式一般具有三大特色和优势：（1）服务方式具有超时空性。该种法律服务模式通常是在不同区域服务者与服务对象之间进行的，因此，服务要素跨区域组合、跨区域协作，通过对口援建、挂职锻炼、交流培训、远程智能服务等方式开展公共法律服务。（2）服务资源利用效率高。该种法律服务模式通常聚集和运用发达地区最优厚的公共法律服务资源，通过发达地区专业化标准化的法律服务，让欠发达地区和贫困地区的群众享受了在自己区域原本无法享有的法律服务，实现了服务资源的最佳配置和利用效率的极大提高。（3）服务质量可保障。该种法律服务模式的实现主要通过跨区域协作保障机制得以进行，协作双方一般通过合作协议建立合作关系，通过协议中的权利义务、权力责任等具体规定使得跨区域法律服务利益具有坚实的法律保障机制。

“跨区域协作”公共法律服务模式存在两方面的局限或不足：（1）协作开

展法律服务平台建设较难，且对运行效果保证、运行质量监控评价具有一定的难度，这些问题的解决不仅需要较高科技含量的技术服务，而且需要合作双方诚信恒久的合作愿望和条件。（2）如果协作开展跨区域公共法律服务的体制机制不健全，这种法律服务模式不仅难以建立，维系和运行也十分困难。

三、公共法律服务模式的山西借鉴

（一）山西公共法律服务模式选择应主要考量的因素

山西是我国资源型经济转型的综合改革试验区，选择山西地方公共法律服务模式必须适应转型发展的要求。

1. 山西资源型经济转型发展要求

山西是我国典型的资源型地区，是我国重要的能源和原材料供应基地，长期以来为国家能源供应和现代化建设作出了突出贡献，但由于过分依赖煤炭资源开发，发展方式粗放，导致产业结构单一、生态环境恶化、资源浪费严重、生产事故频发等一系列问题长期困扰着山西改革发展。2011 年 11 月国务院批准山西作为国家资源型经济转型综合配套改革试验区，希望通过深化改革和体制机制创新，推动山西经济结构战略性调整，破解长期积累的深层次矛盾，促进经济法治方式转变，为国家探索资源型经济转型发展的新路子。

所谓资源型经济转型是指从资源依赖型的经济形态向创新驱动型的经济形态转变，具体包括产业结构转型、生产要素结构转变、经济发展方式转变、资源利用方式转变四个方面①。而能否真正实现从资源依赖型的经济形态向创新驱动型的经济形态转变不仅决定山西的生死存亡，更关乎山西改革发展大局。因此，顺应资源型经济转型发展要求、促进健康快速转型是山西目前最大的特

---

① 资源型经济转型四个方面的内涵分别是：（1）产业结构转型，即通过传统产业升级、新兴产业与接续替代产业发展、产业组织形态转变，推动产业结构多元化、高级化、合理化。（2）生产要素结构转变，即从主要依赖资源、资本等传统要素向主要依赖人力资本、知识资源、技术创新等高级要素转变。（3）经济发展方式转变，经济发展从主要依赖第一产业、第二产业，向主要依赖第三产业、高新产业，同时促进第一、第二产业、第三产业的协调发展。（4）资源利用方式转变，即从主要依赖煤炭等资源转向主要依赖新型清洁能源资源，实现循环经济、清洁生产，推动资源集约节约利用与生态环境保护。郭泽光主编：《历史选择与改革探索》，中国财经出版社 2012 年版，第 17—18 页。

色，必须作为公共法律服务模式选择的首要因素认真考量。

2. 山西经济社会发展现实需求

改革开放三十余年来，山西经济社会建设都取得了长足的发展，但也面临着改革发展的难题。山西各地地理环境、资源禀赋不同，文化传统和风俗习惯不同，生产力发展水平、经济社会发展的需求不同，制约地方改革发展的关键环节与体制机制也不同。因此，各个地区对公共法律服务模式选择必须从地方实际出发，找出“新问题”、找准“真问题”，聚焦“热点问题”、围绕“瓶颈问题”，深入开展调查研究，针对问题进行专门分析研究，进而选择适合山西和本地区实际的公共法律服务模式。

3. 山西改革创新与文化传承关系

公共法律服务模式选择和完善的本质就是改革创新，山西省以及所有地市现代化建设的根本出路也在于改革创新。但是山西作为中华文明（主要是指黄河流域的华夏文明）发祥地之一，有着厚重的文化积淀，代表着优秀的传统文化。因此，如何处理好建设与保护关系、改革创新与文化传承关系、借鉴西方文明与发扬本土文化关系、地方局部利益和国家整体利益关系，这都是地方公共法律服务制度设计者必须面对的价值权衡和现实选择。

（二）山西公共法律服务模式的完善与创新

目前，山西省各个地区虽也因地制宜打造了许多公共法律服务模式，但能真正体现山西特色、代表山西版本的模式还很欠缺。因此，为了提高山西省公共法律服务的整体水平，必须着力打造突出山西特色、具有山西服务文化品牌的公共法律服务模式。

1. 立足山西城乡区域经济社会发展不平衡实际，打造以“人工智能+”为主的基层公共法律服务模式

山西省长期以来城乡之间和区域之间经济社会发展严重不平衡，由此也就导致公共法律服务资源配置、公共法律服务水平在城乡之间和区域之间严重不平衡，特别是县区、乡镇、村居委三级基层地区公共法律服务资源严重不足。因此，针对山西省公共法律服务需求大、需求多样化，而服务资源严重不足的实际情况，必须立足山西经济社会发展不平衡的实际，打造以“人工智能+”为主的基层公共法律服务模式。

（1）构建完善“一网通”基层公共法律服务模式。全面推进三大平台建设，利用信息化手段汇聚实体、热线、网络平台的法律服务需求、法律知识资源和智力成果，整合法律服务领域的有关政策法律法规的实体性规定、服务程序性规定、典型案例等信息，提供人工智能平台为基层广大群众提供“一网通”公共法律服务。

（2）构建完善“模块化”公共法律服务模式。针对不同群体、不同地域、不同部门群众的特殊法律服务需求，一方面，通过类型化方式系统梳理相关的法律问题及其办事程序，形成不同的法律服务主题；另一方面，通过法律服务部门联动，整合法律咨询、法律援助、纠纷调解、司法鉴定、公证、仲裁等相关法律服务资源，形成不同主题的网络链接，为群众提供“主题式、专题式”公共法律服务模式。

（3）构建“套餐式”公共法律服务模式。针对群众“一案多诉、一案多程序”的公共法律服务需求，利用智能化、信息化手段，一是以实体问题为导向，梳理形成问题信息模块；二是以程序问题为导向，梳理形成问题解决步骤信息模块；三是以解决问题部门机构为导向，梳理形成问题解决机关信息模块，最后通过人工智能平台，为群众提供“套餐式”公共法律服务。

2. 立足山西特殊公共法律服务需求，打造契合山西转型发展特色的公共法律服务模式

基于山西转型发展的特殊公共法律服务需求，在循环经济建设、清洁能源建设、生态环境改善、旅游产业发展、乡村振兴战略实施、脱贫攻坚战略实施、新型产业建设、开放型经济建设、新型城镇化建设、民生改善和人居环境改善等方面，山西省公共法律服务需求整体上必然呈现特殊需求，而人民群众在上述方面的特殊公共法律需求也必然凸显。因此，立足于山西省特殊公共法律服务需求，必须打造契合山西转型发展特色化的公共法律服务模式。

（1）构建契合山西转型发展多元化需求的“专题式”公共法律服务模式。山西资源型经济转型的基本要求是促进循环经济建设、清洁能源建设、生态环境改善、人居环境改善、新型产业建设、开放型经济建设等，与此相适应山西省公共法律服务需求必然随之产生多元化的特殊需求。因此，基于山西省资源型经济转型发展中存在的多元化特殊公共法律服务需求，必须构建以“循环经济建设、清洁能源建设、生态环境改善、人居环境改善、新型产业建设、开放

型经济建设”为基本内容的“专题式”公共法律服务模式。

（2）构建契合山西特殊需求的“专题式”公共法律服务模式。近年来，山西省出现了一些其他省市自治区基本不存在的问题，如由于煤炭资源整合政策实施所引发的问题和纠纷，具体包括兼并主体与政府、兼并主体与被兼并主体、政府与被兼并主体之间的纠纷，这类纠纷涉及土地拆迁、退耕还林、征地补偿、塌陷区改造、资源税转付、矿难伤残职工救济、煤矿职工社保费清欠、工资拖欠等方面。因此，必须构建契合山西省特殊群体需求的“专题式”公共法律服务模式。

（3）构建山西省欠发达地区“跨区域协作”公共法律服务模式。山西是革命老区，有着光荣的革命传统，这些老区同时又是欠发达地区和贫困地区。虽然山西省 58 个贫困县区基本脱贫，但其经济社会发展还相对落后，与发达地区相比，公共法律服务体系和水平建设均存在较大的差距。因此，这些革命老区和贫困地区应当选择构建“跨区域协作”公共法律服务模式，通过与发达地区签订跨区域协作开展公共法律服务协议，充分借助发达地区优厚充足的公共法律服务资源，形成对口援建、挂职锻炼、交流培训、远程智能服务等协作形式，提升山西整体公共法律服务能力和水平。

论网络时代下公民隐私权的宪法保护

何建华[*]　张　晟[**]

摘　要： 随着信息技术的迅速发展，网络已经广泛应用到了社会的各个领域，深刻影响着社会的发展与人们的生活。信息技术的发展在为人们带来便利的同时，大量的个人隐私和信息数据被非法收集和利用，加强公民的隐私权保护具有重要的现实意义。建议在宪法上明确规定公民的隐私权为一项基本人权，为各部门法对网络时代下公民隐私权保护的立法提供宪法依据，建立起以宪法保护为龙头的公民隐私权法律保护体系。

关键词： 网络时代　公民隐私权　宪法保护

随着当今网络化时代的到来，侵犯公民隐私权的问题越发严峻。街上随处可见的摄像头，下载手机软件需要提供个人定位、通话记录信息等行为使公民毫无“隐私”可言。而规制国家公权力侵犯公民隐私权的公法制度极其稀少，尤其是公民隐私权的宪法保护一直处于缺位状态，我国宪法并没有将公民隐私权作为一项基本权利。与此同时，随着中国法治化建设的不断完善，公民对人格尊严的理解越来越深刻，对个人隐私也越来越重视。因此，规范政府机构和社会网络公司对公民信息的收集、使用等行为，加强并完善对公民隐私权的宪法保护，是我们尊重宪法尊严、维护宪法权威、建设中国特色社会主义法治国家必须要面临的重要问题。

* 山西大学法学院副教授，主要研究方向为宪法学与行政法学。

** 山西大学法学院宪法学与行政法学专业硕士研究生，主要从事研究方向为宪法学与行政法学。

一、网络时代下公民隐私权的内涵

（一）网络时代下公民隐私权的概念

互联网和大数据技术的发展使传统隐私权已经不能适应时代的需求与变化，网络时代下公民隐私权的概念逐渐产生并传播开来。有观点认为，网络时代下的公民隐私权是指人们对通过网络传播的个人信息享有不受他人非法侵扰、知悉、收集、利用和公开的一种权利。① 也有观点认为，网络时代下的公民隐私权是指自然人在网上享有私人生活安宁和私人信息受到法律保护，不被他人非法侵犯、知悉、收集、复制、利用和公开的一种人格权；也指禁止在网上泄露某些相关的敏感信息，包括事实、图像以及诽谤的意见等。② 无论从哪种观点来看，网络时代下的公民隐私权与传统隐私权之间都有着深刻的联系，毕竟从保护的法益来说，二者是相同的，都是对基本人格权的保护，但完全将网络时代下的公民隐私权与传统的隐私权画等号的观点有失偏颇。权利内容方面，网络时代下的公民隐私权与传统的隐私权相类似，隐私的保有、控制、支配、处分和利用等权能皆在此列，但在互联网这个大空间中，公民隐私权具备了网络时代所独有的权利特性与内涵。本文认为网络时代下的公民隐私权可以界定为："自然人在网络环境下享有的对其个人的私人信息和私人领域进行支配的权利。"

（二）网络时代下的公民隐私权与传统意义上的公民隐私权的区别

网络时代下的公民隐私权本质上是传统意义上的公民隐私权在网络领域的延伸，但其与传统意义上的公民隐私权相比较具有不同的特点。

1. 权能属性更加丰富

传统意义上的公民隐私权是以"隐"为核心，强调的是保护个人有独处而不受侵扰的权利，侧重的是消极权能。从这一角度看，消极防御是传统隐私权的基本权利效力，是对国家权力活动的限制拘束，要求国家不能随意侵犯、打

---

① 蒋志培：《网络电子商务法》，法律出版社2005年版，第3页。

② 赵华明：《论网络隐私权的法律保护》，载《北京大学学报》2002年第165期。

扰、剥夺个人的私人生活，政府权力的行使要给个人独处留有空间，确保个人能自主处理自己的私人事务，保持国家权力进入私人领域的谦抑的态度，要求国家对隐私权承认、尊重和不干扰。而在科学技术迅速发展的情况下，隐私权只要求独处与不受侵扰不能达到宪法保护的目的，网络时代下公民隐私权的保护应当依托积极权能的行使。在现代社会，政府在为人们提供基本生活保障的同时，要求个人交出自己一些隐私是必要的，然而借助于网络科技，政府对私人事务的管理已经到达事无巨细的程度，通过建立数据库，政府掌握着大量的个人信息，网络信息社会中，对个人数据进行收集、处理、利用变得非常迅速和便捷。在这种情况下，公民隐私权的保护不仅仅要求政府消极地不干预，而且要求公民隐私权受到国家的积极保护，国家应当通过立法和行政手段甚至是刑罚制裁来保护网络时代下的公民隐私权。

2. 保护的范围不断扩大

网络时代下的公民隐私权的保护范围较传统意义上的公民隐私权更加广泛。在网络空间中，出现了数据库、个人的电子邮箱、个人主页等新技术产物，人们通过网络进行的购物、网站浏览、聊天交友等都应受到保护。

3. 侵权更加严重

通过利用网络高新技术，对网络时代下公民隐私权的侵害越加轻易，侵害的手段越发多样和隐蔽，造成的危害越发严重，保护也越发困难。传统意义上公民隐私权遭到侵害时，我们通常能确定是何人以何种方式侵犯了公民隐私，控制其损害后果也相对简单。但是在网络世界中，只需要一台电脑或者一部手机，任何人或机构都可以顷刻间对公民隐私进行侵害，这种侵害成为一种“隐形的侵害”，很可能既找不到侵害的人，也找不到侵害的现场，甚至有时我们还不知道自己的隐私已经遭受了侵害，而公民的隐私一旦在网上泄露就会被无休止地复制、转载和利用，造成的后果极为严重。

二、网络时代下公民隐私权的法律保护现状

（一）现行的法律法规对网络时代下公民隐私权的保护

1. 宪法中关于公民隐私权的规定

宪法中没有“公民隐私权”或者“网络时代下公民隐私权”的明确规定。

《宪法》第三十七条第一款规定："中华人民共和国公民的人身自由不受侵犯。"第三十八条规定："中华人民共和国公民的人格尊严不受侵犯。"第四十条规定"中华人民共和国公民的通信自由和通信秘密受法律的保护。"从《宪法》第三十七条第一款、第三十八条、第四十条的条文中涉及的"人格尊严、人身自由、通信自由和通信秘密"的表述中可以看出其间接规定了隐私权的内容，为网络时代下公民隐私权的保护提供了原则性的指引。

2. 一般法律规范中关于网络时代下公民隐私权的规定

原《侵权责任法》第二条明确确定了隐私权作为保护的范围，并在法律中首次将隐私权作为一项独立的民事权利加以确立，但该条没有对隐私权的概念进行阐述和界定。原《侵权责任法》第三十六条第一款规定了网络侵权的主体为网络用户和网络服务提供者。第二款和第三款规定了对利用网络侵害他人权益的网络用户、网络服务提供者行为的规制方式及其所应承担的侵权责任。该条规定也成为网络环境下用户维权的依据。但该法条的规定有些笼统，对于网络时代下侵犯公民隐私权的定义、范围、保护的原则等没有作出具体的规定。《民法典》人格权编中将隐私界定为自然人的私人生活安宁和不愿为他人知晓的私密空间、私密活动、私密信息。

在2018年修正的《广告法》第九条中明确规定了广告不得泄露个人隐私；在《刑法》中则通过第二百五十二条规定的侵犯通信自由罪；第二百五十三条规定的私自开拆、隐匿、毁弃邮件、电报罪；第二百五十三条之一规定的侵犯公民个人信息罪的方式对侵犯隐私权的行为进行刑事上的处罚，通常是根据严重程度分别处以三年以下有期徒刑、拘役或处一年以下有期徒刑或者拘役或是处以二年以下有期徒刑或者拘役等不同的处罚。2015年出台的《刑法修正案（九）》第十七条也规定了向他人出售或者提供公民个人信息情节严重的，窃取或者以其他方法非法获取公民个人信息的，处三年以下有期徒刑或者拘役等刑罚。在2016年出台的《网络安全法》第十二条中明确规定了不得利用网络侵害他人的名誉、隐私等合法权益，在第四章第四十条至第五十条更是专章规定了信息安全的内容，要求网络运营者对用户的信息、隐私和商业秘密进行严格的保密，确保信息安全，防止泄露、毁损、丢失。在2012年出台的《全国人民代表大会常务委员会关于加强网络信息保护的决定》中规定对于泄露、散布个人隐私等的网络信息，公民有权要求网络服务提供者删除有关信息。在2016年出台的规范性文件《国务院关于加快推进“互联网 + 政务服务”工作的指导意见》中也强调加大对涉及商业秘密及个人隐私等重要数据信息的保护力度。另外就是建立我国互联网行业自律机制，规范从业者的行为，依法促进和保障互联网行业健康发展。

（二）网络时代下公民隐私权的法律保护存在的问题

1. 立法保护缺乏系统性，且无网络时代下公民隐私权保护专项立法

我国关于保护网络时代下公民隐私权的法律并未形成系统的、完整的法律规范体系，有关公民隐私的数据从收集、存储、公开、利用等各个环节都没有制定全面、系统的规定。对网络时代下公民隐私权保护的规定散见于各部门法的法律法规规章中，且相互之间缺乏有效衔接和统一。现有的网络时代下公民隐私权保护的法律规定不能有效规制网络出现的新问题。这就导致对网络时代下公民隐私权进行保护时在法律适用上产生矛盾。而且由于相关法律对公民隐私权保护缺乏有效的衔接，以致在这个过程中出现相应的漏洞。

2. 司法间接保护模式不到位

我国司法上一贯是通过间接保护的方式来处理隐私权纠纷的，通常是以名誉权被侵害来处理。但是很多隐私权案件并没有很明显地损害当事人的名誉权，那么对于此类案件的当事人，通常权利是没办法得到救济的。近年来，隐私侵权现象越来越多，司法机关也不得不加大保护力度，当事人可以就隐私被侵害直接提起诉讼。但是，在具体处理这类案件的时候，尤其当遇到比较新颖有争议的网络隐私案件时，司法机关更多的时候表现出了偏重调解的倾向，而不愿以判决的方式为这类隐私侵权纠纷的处理提供一个明确的指引。

3. 执法保护职能不到位

一方面，面对网络时代的诸多新问题和日益严重的隐私侵权现象，行政机关也体现出极大的保守性，往往显得无所适从，消极行使其所掌握的公权力，不能对信息社会的秩序进行有效的维护。另一方面，由于缺乏隐私保护意识，行政机关在执法的过程中容易侵害到公民隐私权。

三、域外网络时代下公民隐私权保护的经验借鉴

（一）美国通过行业自律模式保护互联网中公民的隐私权

在确认公民隐私权是一项基本人权的前提下，行业自律模式是美国采用的保障互联网中公民隐私权益的主要方式。该种模式主要依靠网络服务商或者是互联网产品的开发者自己制定其所从事领域的行为规范，并对保障互联网中个人隐私问题明确自己的态度，同时制定切实可行的保障措施，利用其自己制定的行为规范去约束网络运营商的行为以保障网络用户的个人隐私。① 虽然美国是互联网技术和产业最发达的国家，但是美国的民众并不希望依靠政府的立法来保护个人网络隐私，这是由于法律往往具有滞后性，很难做到与发展迅速的网络技术步调一致。在崇尚自由的思想引导下，人们认为政府不宜过多地干涉、约束互联网行业的发展。

在行业自律模式之下，美国主要通过以下几种方式对个人隐私进行保护：一是建议性的行业指引。建议性的行业指引是指由从事网络业务的主导企业或自律组织建立本行业内的联盟，制定一些保护隐私权的政策性指引和行为指导原则，并声明本行业对个人隐私的保护，从而为网络时代下隐私权的保护提供一个广为接受的范本，但其并不涉及具体的实施细则。② 建议性的行业指引主要起到建议和指导的作用，这种方式对行业成员的遵守情况不进行监督，对违反行业指导的行为也不予以制裁。

二是网络隐私认证计划。网络隐私认证计划是私人的行业实体或机构致力于对网络时代下隐私权的保护而自发形成的一种自律形式。与建议性的行业指引主要适用于同一行业的内部不同的是，网络隐私认证计划主要适用于跨行业的联盟，它要求张贴隐私认证标志的网络运营商要遵守其制定的保障个人隐私的行为规则，而且还要允许其采用多种形式的监督与管理方式，其主要目的是让使用者和网络服务商更加重视对网络隐私的保护。互联网网页显示隐私认证

---

① 向淑君：《敞开与遮蔽——新媒介时代的隐私问题研究》，知识产权出版社 2011 年版，第 112 页。

② 张鸿霞、郑宁：《网络环境下隐私权的法律保护研究》，中国政法大学出版社 2013 年版，第 286 页。

标志一方面有利于使用者快速辨别其保护个人隐私信息的状况，另一方面也有利于显示网络服务商自身遵守规则的情况，在一定程度上也可以提高网站的商业信誉。

三是技术保护。技术保护模式也称自我防御模式，即该模式对消费者隐私的保护主要依托于消费者自身的选择，网络用户在访问网站时利用某些具有保护隐私作用的软件来保护自己的隐私信息。用户在登录网站时，技术软件与用户的浏览程序同时进行，该技术软件会提醒网络使用者哪方面的个人隐私将会被网站获取，由使用者自主选择是否要继续访问网页或者其预先设定允许网站收集特定的隐私信息，通过反制技术，可阻止网站对个人隐私信息的滥用，实现个人隐私的有效保护。

（二）欧盟通过立法规制模式保护网络时代下的公民隐私权

欧盟对网络时代下公民隐私权的保护主要采用立法规制模式，认为成员国公民的隐私权是人的基本权利，因此，需要采用立法的方式予以规范与保障。① 立法规制模式是借助政府和国家的力量，通过国家立法机构以立法的方式在法律上确立隐私权保护的各项法律制度和基本原则。在该种模式下，以立法的方式规定网络服务商对涉及个人隐私数据收集时的法律责任，促使网络服务商加强对个人隐私的管理，使其在获取与使用用户隐私信息时小心谨慎地保持同一标准，进而实现对用户保持较高的透明度。

为实现对网络时代下公民隐私权的严格保护，欧盟立法机构为此创设了特别委员会用以敦促各国以立法的形式保护网络时代下的公民隐私权。其中最具有代表性的是1998年生效的《欧洲资料保护指令》，该指令是保护公民个人隐私资料最基本、最重要的法律，明确了资料当事人享有的权利和控制者应尽的义务，并将公民隐私权视为基本人权，它为欧盟成员国立法保护个人隐私数据设立了最低标准，要求欧盟成员国要制定综合性的个人隐私权保护立法，以便更好地实现对个人隐私资料的保护。在此之后，欧盟又制定、颁布了一系列的法规和指令，使得欧盟建立起了一套比较完整的隐私权的法律保护体系，成为

---

① 丰瑞娜、王小溪：《网络隐私权的法律保护》，载《郑州航空工业管理学院学报（社会科学版）》2016年第4期。

网络时代下公民隐私权保护的典范，促进了公民隐私权益的保护，也为域外国家网络时代下公民隐私权的保护提供了模板。

四、网络时代下公民隐私权宪法保护的完善

（一）确立网络时代下公民隐私权的宪法保护地位

在互联网高度发达的背景下，国家保护公民隐私的方式大多是利用维护名誉权的方式间接保护，网络时代下公民的隐私权被侵犯，进而损害到公民的名誉时，相关执法人员就能够对该种行为进行惩治。但事实上，这种间接行为并不能构成对公民隐私权的有效保护。因此，在互联网环境下，国家若要充分保护公民的隐私权，就一定要在宪法这一国家根本法中重视公民隐私权的内容，正确定位网络时代下公民隐私权的概念指向，深入挖掘网络时代下公民隐私权保护的应有内容，将隐私权列入宪法基本权利的范畴。如此才能够切实增强对隐私权的保护，直至延伸到互联网领域，确立网络时代下公民隐私权的宪法保护地位。建议在我国宪法中明确规定公民的隐私权是公民的一项基本权利，这样为网络时代下公民隐私权的宪法保护提供宪法规范基础。

（二）完善相关立法与配套制度

在确立网络时代下公民隐私权的宪法保护地位之后，完善相关立法与配套的制度，填补法律的内容空白，也是在网络时代下，加强公民隐私权保护力度的重要手段。我国隐私权的民事立法保护经历了一个漫长曲折的过程。按照时间顺序，从《民法通则》开始到颁行相关的民事司法解释，再到《侵权责任法》和《民法总则》的施行，最终体现在《民法典》人格权编中。《民法典》人格权编将隐私最终界定为自然人的私人生活安宁和不愿为他人知晓的私密空间、私密活动、私密信息。正处于征求意见过程中的《个人信息保护法（草案）》指出，在起草工作中坚持了从我国的实际出发，深入总结网络安全法等法律、法规、标准的实施经验，将行之有效的做法和措施上升为法律规范。下一步应继续坚持问题意识导向，对网络时代下公民隐私权保护存在的突出问题进行分析，建立起统一协调具体可行的法律规范与法律制度。

（三）完善网络时代下公民隐私权宪法保护的救济途径

网络时代下公民隐私权宪法保护的最终落实需要完善救济途径。违宪审查是指享有违宪审查权的国家机关通过法定程序，以特定方式审查和裁决某项立法或某种行为是否合宪的制度。① 可以参照域外经验，允许公民在具体的隐私权侵权案件及有关依据和行为违反宪法时，有启动违宪审查程序的权利，并规定具体的程序和实效，把违宪审查机制和普通公民的切身利益结合起来，把违宪的规范和行为放置在经常性和普遍性的监督之下。一旦公民的隐私权受到侵犯，就能更及时和更直接地寻求宪法的保护。还应加强对网络时代下隐私侵权的诉讼救济，当政府机关等国家公权力过多干预公民的网络私生活，触及公民隐私利益时，要善于运用行政诉讼手段，规制和监督政府公权力的行使；当社会网络公司等主体窃取公民个人信息，侵害隐私权时，要运用民事诉讼和刑事诉讼的法律武器，打击隐私侵权行为。

网络时代下政府机构、社会网络公司等主体掌握着大量的公民个人信息，极易对公民的隐私权造成侵害，随着法治中国建设的不断推进，公民对于人格尊严的理解越来越深刻，对个人隐私的权利保护意识也越来越强，规范网络时代下公民隐私权的保护机制，加强网络时代下公民隐私权的宪法保护将显得越来越重要。本文建议通过在宪法上明确规定公民的隐私权为一项基本人权，为各部门法对网络时代下公民隐私权保护的立法提供宪法依据，建立起以宪法保护为龙头的公民隐私权法律保护体系。

① 周叶中：《宪法》，高等教育出版社2000年版，第349页。

监护人处分未成年人财产效力研究

王淑娟* 陈建玲**

摘 要： 未成年人的民事行为能力具有局限性，监护人作为未成年人的法定代理人可依法对其财产进行处分。监护人处分未成年人财产效力的认定存在效力规范的原则性、大监护模式的现实性及缺乏对财产处分行为的有效监督等困境。《民法典》第三十五条第一款限定了监护人对未成年人财产代理处分的权限，目的是最大限度保护未成年人利益。监护人非为未成年人利益处分未成年人财产效力认定排除表见代理的适用，对内效果为侵权，对外效果为无权代理。

关键词： 财产监护 代理处分 无权代理 未成年人利益

一、问题的提出

随着我国经济快速发展，未成年人通过各种途径取得财产的情况逐渐增多。由于未成年人民事行为能力不足，法律规定由监护人代理未成年人实施民事法律行为，包括代理处分未成年人的财产。为维护未成年人财产权益，限制监护人对未成年人财产处分权限，我国《民法典》第三十五条第一款明文规定："……监护人除为维护被监护人利益外，不得处分被监护人的财产。"但是该规定仅原则性地限制了监护人对未成年人财产的处分权限，对于何为"为维护被监护人利益"，监护人"非为维护被监护人利益"处分被监护人财产行为的效力如何，该条均未予以明确规定。法律规定的原则性，致使理论界关于监护人

---

* 山西大学法学院副教授，主要研究方向为民法学。
** 山西大学法学院民商法学专业硕士研究生，主要研究方向为民法学。

处分未成年人财产效力的争论不断，实践中关于此类案件的判决不一。

因此，本文通过对监护人处分未成年人财产效力的困境进行分析，结合《民法典》第三十五条未成年人利益最大化的立法目的及条文释义，立足于法定代理制度，深入探析监护人对未成年人财产处分行为的代理本质，提出我国监护人处分未成年人财产效力的认定方法，以期为我国监护人处分未成年人财产效力的认定提供法理支持。

二、监护人处分未成年人财产效力困境分析

监护人对未成年人财产处分行为效力的认定不仅关系着静态的未成年人财产保护，同时也影响着动态的市场交易安全。由于现行法律关于监护人处分未成年人财产效力认定规范的原则性、大监护模式的现实性以及实践中对监护人处分未成年人财产行为缺乏有效监督，导致理论界对监护人处分未成年人财产效力的认定存在较大争议，实践中对此类案件的裁判思路各异，裁判结果存在严重分歧。

（一）效力认定规范的原则性

《民法典》第三十五条第一款规定："……监护人除为维护被监护人利益外，不得处分被监护人的财产。"关于其中的"为维护被监护人利益"该如何判断，该条未给出明确的标准。为维护未成年人利益的判断是监护人处分未成年人财产效力认定的根本因素，法律规定的不明确性导致理论界对监护人处分未成年人财产效力的认定存在较大争议，由此而形成了无效说①、有效说②、无权代理说③、无权处分说④和代理权滥用说⑤等不同的理论。司法实践中，最高人民法院及各地方法院在处理监护人处分未成年人财产相关案件，认定监护人

① 戴东雄：《亲属法》，中国政法大学出版社 2010 年版，第 443 页。

② 陈棋炎：《亲属、继承法判例判决之研究》，三民书局 1980 年版，第 395 页。

③ 夏昊晗：《父母以其未成年子女房产设定抵押行为的效力——最高人民法院相关判决评析》，载《法学评论》2018 年第 5 期。

④ 林秀雄：《婚姻家庭法之研究》，中国政法大学出版社 2001 年版，第 212 页。

⑤ 张新宝：《〈中华人民共和国民法总则〉释义》，中国人民大学出版社 2017 年版，第 117 页。

处分未成年人财产的效力时，出现了适用法律解释不一、裁判思路各异、裁判结果分歧的情况，严重损害了司法的权威性和公正性。

（二）大监护模式的现实性

我国民法采取亲权制度和监护制度合并的未成年人财产监护立法模式，将父母和其他监护人对未成年人的保护职责统一规定在监护制度中，即大监护模式。《民法典》统一对监护制度的基本框架和内容进行规定，未明确区分监护与亲权制度，其他各编也未纳入亲权制度。从现实的立法进行分析，大监护模式存在诸多不足之处。首先，法律采取大监护模式从立法层面消除了父母与其他监护人的区别，导致父母和其他监护人处分未成年人财产效力认定困难，本质上并不利于对未成年人利益的保护。其次，大监护制度模式的运行，使得父母对未成年人财产的保护责任和处分权限基本等同于其他监护人，不利于中华传统家庭文化的传承以及家庭伦理道德的沿袭。

（三）监护人财产处分行为有效监督的缺乏

第一，监护监督规定缺乏。现行法律对监护监督的规范，主要体现在《民法典》第三十六条。该规定是对监护人损害未成年人利益法律后果的规定，在一定程度上能对未成年人的权益进行维护。但综观各国关于监护监督的立法，我国现行的法律规范仍存在监护监督规范数量缺乏、监护监督规定内容不完善等较大不足。第二，监护监督主体不足。当今世界许多国家都引入公权力，通过监护监督主体来监督监护人的行为。我国民法虽设立了监护监督的主体，但未设立专门的监护监督机构；规定了有关个人和组织申请撤销监护人资格的权利，但未具体规定监护监督主体的其他职责。

三、监护人处分未成年人财产效力认定分析

我国《民法典》第三十五条第一款对监护人处分未成年人财产的行为作出限定，如果监护人违反法律规定，非为维护被监护人利益处分其财产，可能会发生内外两方面的效果，对内效果指的是监护人对被监护人承担何种责任，对

外效果指的是处分行为的效力如何。① 监护人为未成年人利益处分未成年人财产的行为，一般情况下均为有效，理论和实务中基本不存在争议，故本文将研究重点放在监护人非为未成年人利益而处分未成年人财产行为的效力上。从现有的条文规范来看，“不得”二字似属强行规定，监护人非为被监护人利益而处分未成年人财产的行为本属无效，但该行为不仅涉及监护人与未成年人之间的内部关系，还涉及监护人作为法定代理人与第三人之间的外部关系。因此，在监护人处分未成年人财产的情形中，应充分考虑监护人、未成年人以及交易第三人之间的三面关系，在权衡未成年人利益和交易安全的前提下，合理认定该行为的效力。②

（一）为未成年人利益的判断标准

为未成年人利益的界定是监护人处分未成年人财产效力认定的前提。关于为未成年人利益的认定，学界存在不同的标准，包括有偿无偿标准、相对人主观状态标准、市场交易准则标准、交易目的标准（主观利益标准）、客观利益标准、有无承诺书标准等。本文认为，为未成年人利益的判断，应以尊重被监护人真实意愿为前提，在此基础上，借鉴有偿无偿标准，综合判断处分行为是否为未成年人利益。

（二）财产处分效力认定的合理路径

监护人处分未成年人财产效力的认定，应当区分监护人事实上处分未成年人财产行为的效力认定和法律上处分未成年人财产行为的效力认定。监护人事实上处分未成年人行为的效力，应区分父母和父母以外的其他监护人对未成年人财产的处分。当父母作为监护人事实上处分未成年人的财产时，一般情况下应认可该行为的效力，除非该行为构成过失损害未成年人的利益。关于过失的判断应采取与监护人处理自己事务相同的注意义务标准，父母以外的其他监护人事实上处分未成年人的财产时，应尽到善良管理人的注意义务，否则应对未

---

① 解亘：《论监护关系中不当财产管理行为的救济——兼论“利益相反”之概念的必要性》，载《比较法研究》2017 年第 1 期。

② 林秀雄：《婚姻家庭法之研究》，中国政法大学出版社 2001 年版，第 208 页。

成年人财产受到的损害承担侵权责任。① 因篇幅限制，故本文将研究重点放在监护人法律上处分未成年人财产行为的效力上。

监护人法律上处分未成年人财产行为效力的认定包括监护人“为未成年人利益”处分未成年人财产行为的效力认定，也包括监护人“非为未成年人利益”处分未成年人财产行为的效力认定。从《民法典》第三十五条的立法原意出发，如果处分未成年人财产的行为属于“为未成年人利益”，即该处分行为是有利于未成年人的财产处分，则应当认可该法律行为的效力。关于监护人“非为未成年人利益”处分未成年人的财产时，该行为的效力如何，因存在保护未成年人财产利益、维护市场交易安全及监护人的自由裁量权三者的利益冲突，学术界形成有效说、无效说、无权代理说、无权处分说和代理权滥用说等不同的观点。

1. 财产处分利益衡量

在监护人处分未成年人财产行为的效力认定中，存在保护未成年人财产利益、维护市场交易安全及监护人的自由裁量权三者的利益冲突。在监护人处分未成年人财产效力的认定中，应兼顾未成年人利益保护和交易安全维护，平衡二者的利益关系。将监护人认定为无权代理和无权处分，均能在一定程度上实现维护未成年人财产利益以及维护交易安全利益的平衡。我国学者大多倾向于将监护人非为未成年人利益处分未成年人财产行为的效力认定为无权代理，无权代理说为学界的主流观点。

2. 无权代理适用及表见代理排除适用

（1）无权代理适用的理由

代理指的是代理人在其代理权限范围内，以本人（被代理人）的名义向第三人所为意思表示或由第三人接受意思表示，而对本人（被代理人）直接发生效力的行为。② 代理关系所形成的三方结构，既包括本人与代理人之间的内部基础法律关系，又包括本人以及代理人与第三人之间的外部法律关系。③

---

① 朱广新：《论监护人处分被监护人财产的法律效果》，载《当代法学》2020年第1期。

② 王泽鉴：《民法总则》，北京大学出版社2017年版，第413—451页。

③ 汪渊智、和佳佳：《代理制度的地域性与国际性——以两大法系代理制度之比较为视角》，载《区域与全球发展》2018年第1期。

未成年人监护人是未成年人的法定代理人，负有代理未成年人实施民事法律行为的职责，包括代理处分未成年人的财产。为保护未成年人财产权益，《民法典》第三十五条第一款规定，除为维护未成年人的利益，监护人不得对未成年人的财产进行处分。此条规定的立法目的在于避免监护人借由管理未成年人财产的便利，不当处分其财产以致对未成年人造成不利益，其本质是限制未成年人的法定代理人权限的一般条款。① 该条款以监护人行为是否“为未成年人利益”为判断标准，是对监护人财产处分权限的实质性限制。因此，监护人如果违反《民法典》第三十五条的规定，非为未成年人利益处分未成年人财产的，其行为显然不利于未成年人利益的维护，构成无权代理行为。

（2）表见代理的排除适用

无权代理有广义和狭义之分，狭义的无权代理和表见代理共同构成广义的无权代理。本文认为监护人非为未成年人利益处分其财产的行为不可适用表见代理。首先，“本人可归责性”应作为表见代理的构成要件或者在表见代理的认定中应当考虑未成年人方面的因素。在监护人处分未成年人财产情形中，未成年人的意思能力存在先天的不足而完全由法定代理人的意思自治决定，因而未成年人并无归责性可言，即便相对人的主观心理状态为善意，表见代理也无从成立。其次，表见代理的构成要件包含相对人善意且无过失，即相对人不知道或者不应当知道无权代理人实际上没有代理权，② 相对人善意的判断较为困难。最后，法定代理中是否可适用表见代理存在疑问。我国民法典将表见代理规定在了委托代理的范围内，法定代理中并无此规定，因此法定代理中并不能适用表见代理。

3. 财产代理处分的法律后果

（1）对内效果为侵权

监护人处分未成年人财产时，经常会出现损害未成年人财产权益的情况。本文认为，监护人损害未成年人财产权益的处分行为，构成侵权行为。我国现行法律对监护人的侵权行为规定了两种后果：监护人的赔偿责任和监护人资格的撤销。从理论上看，法律规定的侵权后果似乎能对未成年人财产利益进行修

---

① 夏昊晗：《父母以其未成年子女房产设定抵押行为的效力——最高人民法院相关判决评析》，载《法学评论》2018 年第 5 期。

② 夏昊晗：《无权代理中相对人善意的判断标准》，载《法学》2018 年第 6 期。

复，然而此种侵权后果并不能对未成年人利益进行实质的维护。

（2）对外效力为无权代理

代理的现实意义在于代理人基于代理权而实施的法律行为的后果与本人实施该法律行为的后果相同。[①] 因此，作为本人意思自治扩张的途径，代理应从本人的利益出发实施法律行为。如果代理人没有代理权却以被代理人名义实施法律行为，则该行为违反了意思自治原则，是对被代理人权益的侵犯。然而，有时无权代理行为可能有利于被代理人，被代理人如愿意接受该行为，则不应一概认为该行为无效。[②] 从保护交易的目的出发，我国法律规定无权代理行为效力待定，即行为人实施的法律行为构成无权代理的，非经本人的追认，对其不产生法律效力 。

第一，无权代理人的行为经被代理人追认后，无权代理转化为有权代理，行为人所负的无权代理责任免除，由被代理人承受该行为的法律后果。第二，被代理人不予追认或者拒绝追认的行为，对被代理人不产生任何效力，应由行为人承担责任。不同于其他大陆法系国家规定第三人明知或应知代理权存在瑕疵为无权代理责任的免责事由，我国法律未规定无权代理责任存在的免责事由。[③] 第三，在交易相对人存在过错的情形中，应由行为人和交易相对人按照各自的过错承担责任。

综上所述，监护人处分未成年人财产的效力认定，无论采取何种处理方式，均难以周全。其最根本的解决方式，应是完善我国目前关于监护人处分未成年人财产效力的相关法律，并通过公权力的介入，例如设置监护机构或者引入监护监督人制度等，对监护人的财产处分行为予以许可和监督。

四、监护人处分未成年人财产效力完善建议

基于法定代理人身份，监护人享有对未成年人财产的代理处分权。《民法

---

① ［德］卡尔·拉伦茨：《德国民法通论（下册）》，王晓晔、邵建东译，法律出版社2003年版，第815页。

② 汪渊智：《代理法论》，北京大学出版社2015年版，第331页。

③ 迟颖：《〈民法总则〉无权代理法律责任体系研究》，载《清华法学》2017年第3期。

典》第三十五条对监护人代理处分权的限制较为笼统，司法实践中的相关案件无法得到较好的认定和处理。本文认为，在当前的法治环境下，认定监护人处分未成年人财产的效力应在贯彻未成年人利益最大化原则的前提下，完善其相关规定，并通过设立监护法庭和监护监督人等保障司法效果的实现。

（一）贯彻未成年人利益最大化原则

未成年人利益最大化原则是《民法典》明确提出的保障未成年人的人身权益和财产权益的基本原则，也是国际社会公认的未成年人权益保护原则。监护人处分未成年人财产过程中，存在未成年人利益保护、市场交易安全维护和监护人自由裁量权三者的价值冲突，此种冲突直接影响到监护人处分未成年人财产效力的认定。综观各国关于未成年人的相关立法及实践，保护未成年人利益都是其首要遵守的准则。在监护人处分未成年人效力认定中，应将未成年人利益保护放到至关重要的位置，在贯彻未成年人利益最大化原则的基础上，兼顾市场交易安全的维护和监护人自由裁量权的保护。

（二）完善《民法典》第三十五条

《民法典》第三十五条的立法具有概括性，导致监护人处分未成年人财产效力认定存在困难。因此应明确监护人处分未成年人财产效力的认定标准，完善《民法典》第三十五条的规定，为理论和实践指明方向。

1. 明确监护人处分未成年人财产的性质

监护人处分未成年人财产的实质是监护人代理处分未成年人的财产。学者王利明提出的《立法建议稿》第三十七条规定，监护人应当履行监护职责，代理被监护人进行民事活动和诉讼活动，除为被监护人的利益外，不得处分被监护人的财产。① 此外，中国社科院民法典立法研究课题组发布的民法总则建议稿第四十三条第六项以及《民法总则》（征求意见稿）第三十一条均对监护人处分未成年人财产的代理性质进行了明确规定。本文认为，关于监护人处分未成年人财产的代理性质，应在《民法典》中加以明确，具体可在《民法典》第三十五

① 王利明：《中国民法典学者建议稿及立法理由·总则编》，法律出版社2005年版，第72页。

条中予以规范。

2. 明确监护人对未成年人财产实施处分行为的范围

我国学者提出的立法建议稿中未对监护人处分未成年人财产的范围进行明确界定。本文认为，应将监护人对未成年人财产实施的处分行为分为禁止实施的行为、经家事法院授权可实施的行为、可自行实施的行为三类。具体可规定如下：

"监护人处分未成年人财产，不得将未成年人财产赠与他人，不得实施自我代理和双方代理行为；可独立实施财产保全及使得未成年人纯获利益的行为；其他处分行为经监护法院授权方可实施。"

3. 区分父母和父母以外的其他监护人处分未成年人财产的注意义务

因父母和其他监护人身份以及与未成年人关系亲疏不同，许多国家都区分父母和父母以外的其他监护人对未成人财产处分的注意义务，分别规定了二者对未成年人财产可进行的具体处分行为，并规定了实施违反法定的处分行为及违反法定注意义务的具体后果，较为全面地保护了未成年人的财产权益。我国采取大监护模式，未明确区分监护和亲权，因此在《民法典》第三十五条中不宜出现"亲权"这一用语，对于处分未成年人财产的监护人可用"父母""父母以外的其他监护人"予以区分。本文认为，在借鉴域外经验的基础上，应将该部分规定为父母作为未成年人监护人对其财产进行管理时，应当尽到与处理本人事务同一的注意义务，父母以外的其他监护人对未成年人的财产进行管理时，应尽到善良管理人的注意义务，如未尽到此种注意义务，其管理行为构成过失行为，如因此引起未成年人财产损害的发生，监护人应对未成年人遭受的损失承担相应的赔偿责任。

（三）设立家事法庭和监护监督人

1. 设立家事法庭

2016 年 6 月 1 日以来，为发挥家事审判的职能作用，最高人民法院以全国范围内的部分法院为试点，有序开展家事审判工作方式和工作机制改革，取得显著成效。党的十九大以来，人民法院持续推进深化司法体制综合配套改革，不断实现司法公正，全面推进依法治国，促进社会和谐健康发展。家事审判改革较为重要的一环即通过设立专门的审判机构结合相关职能部门与社会力量的共同参与，多元化解决家事纠纷。

家事法庭处理的纠纷主要是以家事身份关系案件为核心的，涉及家事诉讼和非讼事件的综合诉讼。[1] 监护人处分未成年人财产效力认定案件属于财产案件，并不由家事法庭受理，但家事法庭是否可以承担起类似国外监护法院的职能，通过具体措施对未成年人财产予以保护，包括要求监护人对未成年人财产制作财产清单，对监护人处分未成年人财产的部分行为进行授权、依法撤销监护人监护资格等。

目前家事审判改革处于试点阶段，众多试点法院将其内部审判庭改为家事法庭，进而进行家事案件的审理。本文认为，今后家事法庭的设立是必然趋势，在进行多元化解决家事纠纷的同时，家事法庭可以承担未成年人财产监护的部分职责，从而更好地保护未成年人的利益。

2. 设立监护监督人

监护人对未成年人财产的代理处分权如果得不到有效的监督，可能出现监护人权利被滥用的情况，进而侵害未成年人的财产权益。大陆法系德国和法国等国家均设立了比较完善的监护监督制度，监护监督人制度便是其中之一，其主要职责是对监护人的监护职责进行监督。我国现行法律未设立监护监督人制度，监护人的职责缺乏有效的监督，因而实践中出现了大量侵害未成年人财产权益的案件。

本文认为我国应设立监护监督人，其职责可由各地职能部门承担，如各地民政部门、妇联、基层村委会和居委会等。监护监督人应当依法对监护人的监护行为进行监督，如发现其侵害未成年人财产权益的，可依职权进行调查，并对其提出相应的改进意见。监护人不听从的可对其予以罚款处罚，情节严重的，可向监护法庭建议更换监护人或者申请撤销监护人的监护资格。

通过《民法典》第三十五条的完善，由家事法庭担任专门的监护机构，同时结合监护监督人等社会力量的共同参与，监护人处分未成年人财产的相关问题定能得到合理解决。

---

① 陈爱武：《家事诉讼程序：徘徊在制度理性与实践理性之间》，载《江海学刊》2014年第2期。

我国预重整制度的完善

李晓燕* 延莎静**

摘 要：企业退出机制是营商环境优化的重要方面。重整程序蕴含的破产预防思想深入人心，但因其耗时低效，在拯救困境企业时力所不逮。预重整兼具重整与庭外重组的比较优势，更加高效，在司法干预与意思自治之间寻求平衡，兼具私力脱困的灵活与司法脱困的权威。预重整在我国目前仅有政策性规定，需要从法律制度层面予以保障与完善，通过司法解释确立"禁反言"规则，确保预重整与重整程序的有效衔接。

关键词：破产重整 预重整 比较优势

破产重整制度与破产和解、破产清算共同构成我国的破产法律制度。1986年《破产法（试行）》出台之前，我国破产立法历史空白，试行法的出台在我国从计划经济体制向市场经济体制转型过程中发挥了重要作用，对于人们就业观念的转变、劳动生产率的提高、企业生产管理的调整等起着引导与促进的作用。但是由于立法理念的相对落后，20世纪90年代，随着市场经济体制改革的不断深化，试行法已经不能充分满足当时变化了的社会经济环境，不能适应社会关系调整的需要。根据相关立法规划，新破产法的起草从1994年开始，经过13年的研究与论证，《企业破产法》于2006年8月27日通过，2007年6月1日起施行。目前我国破产法律制度不断健全，已出台三个有关企业破产法适用的司法解释，以及相关政策性文件，如2018年的《全国法院破产审判工作会议纪要》、2019年的《全国法院民商事审判工作会议纪要》。在破产法的运行与

* 山西大学法学院副教授，主要研究方向为商法学。
** 山西大学法学院民商法学专业硕士研究生，主要研究方向为商法学。

司法实践中，不断出现新的问题，通过国内实践与国外可比经济体的对比，我国重整制度存在运行时间长、效率低的突出问题。

一、预重整制度的现实背景

企业整顿制度首次出现于1986年的试行法中，当时我国处于有计划的商品经济阶段，其与现代重整制度具有很大不同，在体系性、科学性、规范性方面均有所欠缺。破产重整制度规定于2006年《企业破产法》中，破产重整、破产和解、破产清算三者共同组成了我国破产法律制度的基础，是我国破产法现代化的标志之一，符合破产法的国际发展潮流。重整制度经过十多年的运行，在拯救具有重整价值的企业，再建与复兴困境企业，保护债权人利益，平衡债权人、债务人、股东各方利益等方面发挥了重要的作用，但同时存在亟须完善的问题。

企业退出市场机制同为营商环境的重要内容。营商环境源于世界银行“DOING BUSSINES”的调查，从2003年开始每年一期，意在考察比较世界范围内中小企业生产经营所处的制度环境的完善性、产权保护的力度、企业进入与退出市场的自由程度等。① 通过营商环境报告的测评与相关经济体的比较，可更快发现我国破产重整制度中所存在的问题。2020年《营商环境报告》的测评由10个一级指标和若干二级指标构成。办理破产为第10个一级指标，由4个二级指标回收率、时间、成本、破产框架力度构成。世界银行的具体操作流程为向各个国家与地区提供即将债务违约的酒店的案例，向法官或律师发放调查问卷，由其对可适用的法律作出描述或对某问题作出判断。我国办理破产指标2019年排名第61，2020年排名第51，进步明显。然而，2015年至2020年间按照世界银行的评估方法，我国该项指标并未发生变化，时间为1.7年，成本为22%（破产费用与共益债务占资产价值的比重）。与最佳监管表现的国家相比，在爱尔兰办理破产的时间为0.4年，在挪威其成本为1%。美国办理破产整体排名第3，时间为1年，成本为10%。我国破产重整制度运行的时间为爱尔

① 赵海怡：《中国地方营商法治环境的优化方向与评价标准》，载《山东大学学报（哲学社会科学版）》2019年第3期。

兰的4倍多，成本是挪威的2.2倍。该问题在实践中影响审判效率、对债权人保护的及时性、资源有效配置效率等，亟须解决与完善。

审判实务部门也感知到此问题，为提升破产案件的审判效率，进行了一定的制度创新。其中预重整机制契合我国破产法的现实需要，是破产重整制度的发展方向。预重整同为拯救困境企业的机制，其特征为债务人与债权人已就债务清偿、经营管理等协商达成重整方案后，向法院申请重整，由法院按照相关规定审查批准方案。20世纪80年代预重整制度在美国率先出现。在美国是从实践中发展起来的，1986年出现第一例案例，石油Crystal公司采用预重整解决债务危机并走向复兴。后预重整制度在美国被广泛采用。2004年6月25日联合国《破产法立法指南》也鼓励各国采用预重整机制，从而尽早挽救企业。我国立法上尚未规定预重整制度，但实践中部分法院已进行预重整的相关探索。2013年6月《浙江省高级人民法院关于企业破产案件简易审若干问题的纪要》中规定了预登记的案号形式、流程管理、债权人协商机制须满足的人数比例，预登记期间的工作如何与重整或和解衔接，预登记的效力如何延伸至法院主导的重整或和解程序之下等。2017年12月，浙江省人民政府出台的《关于加快处置“僵尸企业”的若干意见》在支持法院提高审判效率部分提到探索预重整机制。2018年3月4日，最高人民法院出台的《全国法院破产审判工作会议纪要》以司法政策的形式肯定了预重整制度，确认了重整程序启动前所拟定的重组方案的效力。这些文件均为司法政策，灵活性较强，但权威性不足。在司法实践中也有相关应用，诸如四川德阳二重重组案、杭州怡丰城破产重整案等。

二、预重整制度的比较优势

预重整具有庭外重组与重整制度的双重优势，将司法程序与非司法程序相结合，兼具私力脱困的灵活与司法脱困的权威，可最大限度地保护债权人利益、实现债务人资产的最大化利用，提高效率，减少成本。

（一）相较于重整制度可最大限度实现公平与效率的双重价值

公平与效率是破产法律制度的两大价值目标，贯穿于其产生、发展等全过程。从破产清算到破产预防是破产法律制度发展的必然逻辑。健全的企业退出市场机制是社会主义市场经济的必然要求，也是营商环境优化的重要课题。我国破产法律制度在立法目标设计上更多关注的是制度的公平性，对困境企业的效率衡量不足。① 效率有利于实现更大范围与更高程度的公平，效率的目标必须通过有效率的手段来实现。

破产重整制度将企业的营运价值发挥至最大功效，企业资产清算变价所得价值远远低于保持营业状态下的价值。清算变价时只能针对企业的实体资产，而无法包含企业资本组合的成本与无形的资产和利益。但是这些因素的形成是企业在长期经营过程中所积累的，付出时间、人力、管理、法律等巨大成本的同时也产生着不可估量的价值和财富。同时，企业资产在清算变卖中存在价值损耗，且企业信誉、商业秘密、企业文化、公共资源、特许经营权等无法在企业清算时出售变现，导致企业财产这块蛋糕相对较小，不能最大限度满足债权人、股东的权益。公平清偿债务和企业复兴是相互促进的，重整制度所追求的公平不仅仅为公平清偿，还要衡量破产事件对未申请人与案外人利益的影响。② 具有重整可能的企业在保留营运价值的基础上，通过与债权人就债务清理、营业调整、管理层变更等进行协商以挽救困境企业使之存续，避免劳动者失业，提高债权人的清偿率，保护经济连带关系，保有地方税源，平衡重整各方利益使社会利益最大化。同时公平的价值目标具有系统的制度设计予以保障。

当前我国重整制度更多关注公平价值，对效率价值兼顾不够，但综合考虑当时的制度环境、立法技术等，已具有一定的前瞻性。在当下效率的目标须通过有效率的方式来实现，一定的投入获得最大的产出，即困境企业付出最小的成本以致社会资源利用的最大化与最优化。预重整机制只是完善我国重整制度的策略之一，但确实能够发挥缩短重整程序时间，减少制度成本的作用。在提起重整程序前，困境企业已进行相关信息披露，并与债权人就债务清偿、引进新的投资者、营业调整等协商谈判，制定草案，召开债权人会议并表决，进入重整程序后法院按照规定对草案的合法性、公平性进行审查，若审查通过则该方案获得执行力，重整程序宣告结束。此机制大大提高了重整案件的审理效率与成功率。市场经济瞬息万变，时间成本对企业的生存、利润至关重要。预重

---

① 张世君：《我国破产重整立法的理念调试与核心制度改进》，载《法学杂志》2020年第7期。

② 王卫国：《论重整制度》，载《法学研究》1996年第1期。

整期间的债权人委员会可延续至重整期间，对困境企业存在的问题较为熟悉，节省时间与业务熟悉成本。中国二重破产重整案为探索预重整机制挽救其困境的典型，2015 年 9 月 11 日债权人提出破产申请，2015 年 11 月 30 日法院批准重整计划并终止重整程序，整个程序在法院仅 70 余天，解决了企业巨型债务危机，有效整合了企业产能，避免了大量工人失业，产生了巨大的经济价值与社会效益。温州吉尔达鞋业有限公司预重整案审理时间仅 50 余天，重整期间营业暂停，用时短对企业正常生产经营的影响减少至最小。

（二）可解决庭外重组的私人钳制问题

庭外重组为私人谈判易产生钳制问题，即集体通过重整计划草案利大于弊，但是个人为了获得更多的利益而威胁不同意此方案，其他成员以此为代价使方案得以通过。钳制者的激励因素源于私人谈判只约束参与谈判并同意结果的人。[①] 而预重整将庭外重组与庭内重整相结合，利用重整制度的法律保障，在少数成员表决不同意预重整方案的情形下，债务人可提起破产重整申请，由法院审查该方案的合法性与公平性。若法院裁定方案有效，重整计划的强制批准可解决钳制问题，并约束所有债权人。

（三）兼具私力脱困的灵活和司法脱困的权威

私力脱困和司法脱困，从更宏观的法理角度考虑，属于私力救济和公力救济。私力救济同态复仇、血腥的原始形态在国家建立、公共权力出现后被否定，但随着对私力救济理论认识的不断深入，在当代经过否定之否定的升华，表现为解决纠纷、实现权利的另一种形式。在民事领域法无禁止即可为，即不违反法律禁止性规定的私力救济是被承认的。救济权是第二位的权利，是恢复、实现受到侵害权利的权利。权利的救济首先是自我权利是否完满享有和是否遇有不能完满享有的判断权，其次是为排除不完满状态而请求其他主体为或不为相关行为的要求权，以及最后将此要求付诸实施的执行权。私力救济的本质在于权利主体享有权利是否受到侵害的以自我为标准的是非曲直的判断权，进而要

---

① 王佐发：《预重整制度的法律经济分析》，载《政法论坛》2009 年第 2 期。

求对方并执行。① 公力救济的产生标志是出现了中立、权威的裁判组织，以权力干预权利享有。以法律为标准裁判人们之间的纠纷，私力救济中主体享有的判断权转变为认为权，要求对方为某种行为转变为请求裁判机构，执行权转变为零。公力救济的强制性与有效性，使私权利主体在解决纠纷、保护合法权益时更为便捷。

预重整机制具有私力脱困的灵活与公力脱困的权威。在债务人与债权人、股东协商阶段，因未进入司法程序，没有面临现实清算的压力，但是又具有可能破产的危机，各方在一个相对平和的环境里磋商谈判，意思自治不受司法干预，可进行多轮协商，以达成最优方案。同时预重整机制确保公司资产呈现最真实的价值。② 困境企业进入重整时，债权人认为公司会走向破产清算或重整成功股权价值大幅上涨，对公司资产评估易出现过高或过低的极端现象。而在预重整的制度背景下，市场机制发挥真正的作用，各方依靠自己的力量、经验、经营方案等会形成更理性、更妥帖的判断，提出各自的要求并形成重整计划草案。预重整可避免完全私力救济下结果的不确定性、不规范性、非强制性等缺点。③

三、美国预重整的法律规制

美国为预重整制度的发源地，在实践中该机制运用广泛并逐步成熟。2005年美国制定并通过了新的破产法修正案，使得预重整制度正式在立法层面被接纳。《美国破产法》与《破产程序规则》规定了预重整的操作规则与原则。预重整制度的核心与重整制度相同，均为信息披露与征集投票在程序与实质上的合法性与合理性。

（一）重整计划的提交时间

《美国破产法》第1121（a）条规定，债务人可以在申请破产重整时提交重

① 贺海仁：《从私力救济到公力救济——权利救济的现代性话语》，载《法商研究》2004年第1期。

② 杜军、全先银：《公司预重整制度的实践意义》，载《人民法院报》2017年第7期。

③ 曹文兵、朱程斌：《预重整制度的再认识及其规范重构——从余杭预重整案谈起》，载《法律适用（司法案例）》2019年第2期。

整计划，或在受理后的任何时间提交计划。这个条文明确了破产重整申请之时可提交重整计划方案。重整计划的制定主体，在美国法中债务人享有优先权。债务人享有提出计划的专有期间，在这个期间债务人未提出计划，债权人或其他主体才有权提出计划。原因为债务人对企业经营、财务状况更为熟悉，可更早感知企业经营中是否产生困难及困难的严重程度，从而采取相应对策，灵活决定是否运用预重整制度挽救企业。《美国破产法》第1126（b）条规定，若申请重整前的信息披露符合相关要求，利害关系人在此阶段接受或反对该计划的，在进入重整程序后该意思表示仍然有效。① 即认可在没有法院主持参与之下的重整计划的制定与表决，前提是未违反禁止性规定。该条款被认为是预重整程序有效的法定根据。

（二）信息披露

在预重整程序中，债权人和股东接受计划在前，法院审查信息披露在后，故信息披露是预重整计划有效的核心与关键。债务人充分披露信息后，债权人可判断债务人是否有不当的内部清偿行为，以便追踪或撤销，更可决定是否提起破产重整。更关键的是根据相关信息从自身出发进行考虑，对重整方案进行评价与估量，并决定接受或拒绝该计划。《美国破产法》规定信息披露首先应满足第1126（b）（1）条中破产法以外的法律、法规或规则的要求。在无具体的非破产法情形适用时，适用充分披露原则判断合法性。第1125（a）条规定，充分适当的信息是指债务人的性质与历史，账簿记录状况等，且包含足够翔实的细节，使债权人足以作出理性判断。具体信息包括债务人可能承担的联邦税务后果、债务人可能出现的权利义务的继受者，以及可能出现的典型债权投资人。但是这些信息不包括其他当事人可能作出的其他计划。法院在审查信息披露是否充分时应根据案件复杂程度作出具体判断，此外也承认不同类别的债权人对信息种类、细节、数量等的要求不同。

（三）征集投票

《美国破产法》第1126（b）条赋予了债务人在向法院申请破产重整之前，

① 胡利玲：《论困境企业拯救的预先重整机制》，载《科技与法律》2009年第3期。

征集债权人意见表决事先协商制定的预重整方案的权利。除上述信息披露的要求，计划的制作与表决应是善意的，且不违反法律的禁止性规定。联邦破产程序规则第3018（b）条规定，债权人与股东的请求权应基于债权或股权记录，且在征集日之前已具有记载；若债权人或股东其权利当日才记载在册，其同意或否定重整方案的意思表示将不被认可。以重整计划或相关文件的截止日期来确定债权人规模。债务人虽不须将该计划送达至所有类别的所有成员，但须送达至同一类别的所有债权人和股东。送达后债务人须留出合理的期间，以供债权人考虑是否接受该方案。实践中一般以普通重整程序披露说明异议期25天为最低要求。① 不合理的短暂期间将导致方案的无效。预重整计划通过的比例与普通重整程序中债权比例、人数比例的标准相同。

四、我国预重整制度的完善

预重整制度的产生和发展，已被国际社会证明是挽救困境企业的有效方法。预重整机制在我国司法实践中不断被运用，但由于目前只有政策类文件相应提到，缺乏法律的明确规定，在实践中缺少明晰的指引，对当事人的预测与评价功能减弱，容易引发争议。故亟须为预重整构筑法律发展空间，助力困境企业高效脱困。

（一）明确各方的角色定位

预重整包括债权人、债务人、法院等各方主体，在我国还包括政府等行政机关。国外学者萨勒诺和汉森相信，预重整若想获得成功应包括：债务人具有远见，可以客观地评价其财务状况在将来是否会遇到困难及困难的严重程度，并愿意承担预重整的费用，同时提出了可行性较强与合法合理的债务清偿方案、退出机制，并得到符合比例要求的债权人的同意。② 从预重整程序运行的角度来看，债权人与债务人的选择与意愿，是启动程序的必要条件，故债权人与债务人应为程序的主导者。进入预重整的部分企业存在涉稳问题，会向政府寻求

① 胡利玲：《论困境企业拯救的预先重整机制》，载《科技与法律》2009年第3期。

② 董惠江：《我国企业重整制度的改良与预先包裹式重整》，载《现代法学》2009年第5期。

税收、政策等支持，因此政府是不可或缺的调和者。法院在预重整中的地位与作用更为消极，是审查者的角色。在制度运行前期，未来可通过预登记和重大事项的司法备案等制度设计对预重整不同环节跟进监督，并审查批准预重整计划。①

（二）预重整与重整程序的衔接

预重整阶段前期对草案的制定与表决，必须以司法重整为依托才可发生拘束全体债权人的效力。预重整与重整的衔接是预重整的优势得以发挥的关键环节。首先，明确预重整计划的提出时间。我国《企业破产法》并未否定在重整申请时不可提交重整计划草案，明确债务人在重整申请时可提交草案，可避免前期工作的浪费。此外，债务人可向法院申请类似支付令性质的文书或进行预重整登记，确保预重整工作获得司法效力。

其次，应规定禁反言条款。若债权人在进入重整程序后随意否定之前的承诺，将会损害其他利害关系人的合法权益。浙江省高级人民法院规定，债权人在预重整期间作出的是不可反悔的承诺，一经作出即具有拘束力。为保障预重整程序的有效性与可操作性，应从法律层面规范，以司法解释的形式增设条款。具体内容可为，在预重整期间债权人所作的接受或拒绝的表示，将视为已按照企业破产法的规定发生效力，该表决结果约束所有的利害关系人。②

（三）法院审查预重整草案的标准

预重整草案的协商、谈判与表决未在法院的监督之下进行，故法院应对预重整草案进行审查，确保草案满足各方最大利益，未损害少数债权人的利益。草案的审查标准也尤为重要，若法院的审查程序烦琐，将会加重债务人的负担，延长整个程序的运行时间，减弱预重整制度的效果。预重整期间的信息披露是否翔实，投票表决程序是否规范是建立高效、公平审查标准的重要条件。

债权人知情权的保护程度与债务人的信息披露义务的履行程度正相关。有

---

① 潘光林、方飞潮、叶飞：《预重整制度的价值分析及温州实践——以温州吉尔达鞋业有限公司预重整案为视角》，载《法律适用》2019 年第 12 期。

② 李连祺：《破产重整中债权协商制度存在的问题及解决》，载《学术交流》2012 年第 7 期。

关债务人的经营、管理、债务信息，以及法官认为预重整及重整程序应充分披露的信息，债务人都应披露并充分且详尽披露。法院在审查草案时，认为债务人未充分披露上述信息其中之一，将裁定预重整计划无效。此外，披露的时间、方式、说明义务的履行情况也是法院审查的重要因素。同时，相关信息应被债权人获悉。这样才能保证草案的拟定不是债务人或个别债权人控制的结果，而是在所有已知债权人协商、谈判下制作。此外债务人将相关信息送达，债权人了解方案的内容并有合理的考虑期，才能进行表决或发表对方案的其他意见。[①] 预重整表决规则应与重整程序保持一致，计划通过时的债权比例与人数比例也应相同。经过法院批准的计划将约束所有债权人，对不同意的少数债权人同样发生效力。若草案未批准通过，为保护债权人的利益，债权人与债务人在预重整期间所作约定应为无效，但债权人同意继续履行的除外。

---

① 浙江省杭州市余杭区人民法院课题组：《房地产企业预重整的实务探索及建议》，载《人民司法（应用）》2016年第7期。

我国商业银行理财产品销售实践的法律分析

游文亭*

摘　要：面对发展迅猛的商业银行理财市场，中国银监会自2005年至2011年相继出台了《商业银行理财产品销售管理办法》等五部规章对理财产品的全部销售过程从各方面加以规范，但仍存在理财产品性质界定不明、银行与投资者信息不对称、理财资金募集方式模棱两可、风险评估漏洞、不当劝诱购买等问题，现有规范亟须完善。除加强信息披露制度规范、明确理财产品性质及募集方式外，还应严格执行银监会规章对于风险评估的规定，严格禁止银行销售人员的不当劝诱行为，使我国理财产品市场以及金融市场得以健康平稳发展。

关键词：理财产品　信息不对称　资金募集　风险评估

一、引言

香港电影《夺命金》中有这样一个片段：银行老客户阿娟用100万元在银行做理财，三个月100港元的利息不足以交电费，因此阿娟在客户经理Teresa的推荐下，决定购买一款高风险高收益基金，阿娟原本不愿意冒着高风险将自己的养老钱投资出去，犹豫再三，最终被她所信赖的客户经理Teresa打动，决定为高额回报冒险一次。因购买理财需要录音，于是在Teresa的告知下，阿娟对Teresa一切问题的回答都“清楚明白”，可事实上却并非如此，阿娟就这样稀里糊涂为了追求高收益把自己的养老钱砸了进去。

* 山西大学法学院副教授，主要研究方向为民商法学。

我国实践中商业银行理财的销售过程极为类似，多数理财客户并不完全清楚明白自己购买的基金是做什么、钱究竟投向了哪里、风险究竟有多大。自2004年光大银行首先推出理财产品开始，各商业银行争相复制模仿并迅速开始了理财新时代，大规模多种类的理财产品相继出现，金融市场因新型理财产品变得更加眼花瞭乱。越来越多的投资者为了追求较高收益，选择了这种投资风险介于理财和基金股票之间，收益也高于银行利息的理财方式。

在理财产品愈加受到追捧的同时，一系列理财销售问题显现，2011年银监会又发布《关于进一步规范银信合作业务的通知》《关于进一步加强商业银行理财业务风险管理有关问题的通知》和《商业银行理财产品销售管理办法》（以下简称《办法》）等一系列管理规范，更为详细地规范理财销售过程。2011年《办法》着重对销售环节的规范加强监督管理，并将2005年《商业银行个人理财业务管理暂行办法》（以下简称《暂行办法》）规定的审批制与报告制相结合①转变为理财产品销售报告制②。

二、《办法》指导下的商业银行理财产品销售实践分析

个人理财业务，是指商业银行为个人客户提供的财务分析、财务规划、投资顾问、资产管理等专业化服务活动③。商业银行理财产品销售是指商业银行将本行开发设计的理财产品向个人客户和机构客户宣传推介、销售、办理申购、赎回等行为④。从2004“理财元年”开始，各种理财占领着国民金融市场，以商业银行理财产品的买卖最为典型。

银行理财有多种类型。按照收益，理财产品可分为高、中、低收益型，同时对应低、中、高风险；按照投资期限，可分为长期、中期、短期理财；按照理财产品风险，可分为保本型、非保本型。

---

① 参见《商业银行个人理财业务管理暂行办法》第四十六条至第四十九条。
② 参见《商业银行理财产品销售管理办法》第六十九条。
③ 参见《商业银行个人理财业务管理暂行办法》第二条。
④ 参见《商业银行理财产品销售管理办法》第二条。

（一）我国商业银行理财产品销售实践

目前我国理财产品呈现出种类繁多、规模扩大、竞争日益激烈①的现状，发行量与募集资金逐年攀升。2004 年至 2014 年，保本型理财产品所占比例接近市场份额的 70%，因此，一般情况下，理财投资者多倾向于商业银行发行的中短期保本理财。

理财购买过程大致如下：意愿投资者在银行销售经理的推荐下，选中自己意愿的理财产品，经过销售经理对产品的介绍，按照银行要求做出风险评估并签字确认，在理财协议书上抄录"本人已经阅读并收妥本理财产品说明书，充分了解并清楚知晓本产品的风险及信息获取途径，愿意承担相关风险"一段话后，交付购买金额完成认购。如今投资者也可以通过网上银行将这一切程序通过互联网完成，抄录的风险保证变成了复制粘贴的过程，其含义投资者并不一定"清楚明白"。

（二）《办法》对我国审慎监管要求的体现

2008 年银监会曾对我国商业银行理财产品进行抽样调查，发现银行理财存在 6 个方面的问题：产品宣传中风险揭示不足、未有效开展客户评估、产品设计管理机制不健全、销售人员管理存在漏洞、未能建立完整的信息披露机制、投诉处理机制不完善②。《办法》颁布后，相较之前，理财产品的销售环节得到了有效规范。首先，根据《办法》第九条规定，银行理财应当按照风险匹配原则，将适合的产品卖给适合的客户，做到审慎尽责，杜绝再次出现将高风险理财卖给退休老人的情况；其次，《办法》提出了保护客户合法权益三个措施：专页风险揭示书、专页客户权益须知及理财产品风险评级，从制度上、文本上保护投资者合法权益；最后，从各条文中可知，无论是基本原则还是具体操作，《办法》反复强调银行理财应做到"风险可控、成本可算、信息充分披露"，尽可能让投资者充分了解所购买产品。

《办法》加强对销售的监管，监管方法包括禁止夸大宣传（第十三条）、强

① 张楠：《商业银行理财产品不当销售的治理"瓶颈"与对策》，载《金融纵横》2013 年第 3 期。

② 银监会：《部分银行理财产品有"六宗罪"》，载《中国工会财会》2008 年第 9 期。

制风险评估（第二十四条至第二十九条）、区别性销售（第三十八条至第四十二条），使得银行理财产品的销售在很大程度上得到规范。

三、从我国现行银行理财产品买卖看《办法》规定的不足

尽管银监会能在理财产品发现问题的第一时间加以规范，但法律的滞后性决定了《办法》仍需不断完善。中国纪检监察报[①] 2013 年报道："超三成消费者遇到银行销售误导，30% 理财产品未获风险提示，亏损及纠纷频发，各种乱象使部分投资者面临本息难保的困境。"可见，《办法》仍存在如下不足之处：

（一）对理财产品的性质认定不明[②]

2005 年的《暂行办法》和《管理指引》曾明确指出个人理财业务是建立在委托代理关系基础之上的银行服务，即委托代理说；有不少学者提出反对意见，认为银行理财属于债权债务关系，或信托关系，或合同交易关系[③]，即多重关系说；还有学者认为理财服务属于信托[④]，用信托制度来规范理财是最为合理的，尽管这可能存在一些无法规制的制度缺陷[⑤]。

尽管理财产品的性质如何并不影响产品的销售过程，但这意味着法律法规的调整只能通过银监会或其他部门制定规章来加以规范，换句话说，如果银监会没有主动管理，当问题出现时，作为消费者，我们将不知道究竟用哪一部法律作为法律依据才是最有利的，消费者是否可以根据《合同法》起诉银行的违约，或是根据《消费者权益保护法》保障自己的知情权等。从民法角度看，理财合同的签订是合同关系的成立，也就是说，银行和消费者都应本着自愿、公

① 范广阔：《银行理财产品不能沦为陷阱》，载《中国纪检监察报》2013 年 10 月 29 日。

② 胡文涛：《理财产品销售中金融消费者知情权的法律保护——以商业银行的民事义务为视角》，载《上海政法学院学报（法治论丛）》2014 年第 1 期。

③ 潘修平、王卫国：《商业银行理财产品若干法律问题探讨》，载《现代法学》2009 年第 4 期。

④ 白牧蓉：《信托视域中互联网委托理财投资者权益的法律保护》，载《西北师大学报（社会科学版）》2016 年第 6 期。

⑤ 黄韬：《银行理财产品的法律风险》，载《法人杂志》2008 年第 5 期。

平、诚信的规则进行，使投资者在充分了解理财产品的基础上自愿作出购买决策，如果涉及一方有损失，如银行误导投资者导致理财亏损，那投资者是否可主张因合同欺诈而撤销理财合同，其次才涉及银行是否因为负违约责任或缔约过失责任而进行赔偿；从经济法角度看则不然，违反《办法》，即银行违反了法定责任，无论如何银行都是要负全责的。因此，理财产品的性质究竟如何，应当明确。

（二）银行说明义务与投资者知情权的冲突未得到有效解决

客户对理财产品的认知在很大程度上取决于销售人员的推荐与介绍，而银行理财客户经理是否将理财信息真实、充分地告知了投资者，无法确定，即使录音也可能存在虚假情况。尽管《办法》中详细规定了银行的告知义务，包括销售文本的具体用词、字体及表示方式，以避免对投资者造成误导，但销售人员如何告知、告知内容、告知程度①具有很大弹性，因其专业素养与表达习惯而异。况且《办法》中只有文本管理的详细规定，缺少人员语言推销的规定，投资者往往听得多看得少，容易听信银行销售人员一家之言。理财合同一般包含有专业的法律内容和免责条款，许多投资者缺乏专业知识看不懂，往往轻信销售经理或者理财顾问，在没有明晰自身权益、掌握风险程度的前提下签署了理财协议。有些销售人员对《办法》的执行打折，仍然过分强调甚至夸大最高收益，对于风险或过往理财零收益只字不提，造成消费者误导。还有销售人员在接待沟通能力弱、文化程度低的人群时，由于其本身专业性太强，无法使用通俗易懂的词语讲明白理财的风险、运行、资金去向等，投资者在未充分了解理财产品的基础上仅凭对银行销售人员的信任做出购买决定。此外，理财收益的计算对普通投资者来说也十分复杂，这无疑使他们对销售人员的依赖更加增强。

因此，有学者提出，应当对银行的告知义务提出更高的要求，即说明义务②。日本2000年出台的《金融商品销售法》要求银行履行说明义务，即不能

① 李立新：《论银行理财产品销售中的告知与知晓》，载《河北法学》2013年第10期。

② 王伟：《互联网理财产品销售之说明义务》，载《学术交流》2016年第12期。

只单纯将信息披露给相对人，而应达到对方理解的程度①，才算履行了此项义务。这种银行与投资者间的信息不对称成为理财产品销售过程的主要问题之一。当然，银行可能为了遵循规章从信息不对称走向信息披露过量，亦可不取，而应当在信息披露时将重要事项②告诉投资者，让投资者真正清楚明白。毕竟任何形式的说明最终都是为了帮助投资者对购买作出理性判断。

（三）理财产品资金筹集方式的规定模棱两可③

根据发行对象，即投资者的不同，可以将证券发行分为公募和私募两种形式。证券发行的主体一般是政府、金融机构、工商企业等，公募（公开发行）是通过公开营销等方式向没有特定限制的对象募集资金，即发行人通过中介机构向不特定的社会公众广泛地发售证券，一般没有合同份数和起点金额的限制，以适应更广大投资者的需求。公募这种形式的募集涉及广泛中小投资人的利益，监管当局对公募资金的使用方向、信息披露内容、风险防范要求都非常高；私募是面向少数的、特定的投资者募集资金，投资者具有一定的经济实力、风险识别和风险承担能力。

2005 年《暂行办法》规定理财向“特定目标客户群”销售，可推定理财的私募性质，但实践中，理财产品采用公开手段向不特定客户募集，对募集投资者没有资格限制，这又成为公募资金理财。如果我国理财产品在销售时没有人数限制，具有公募的特点，那么在信息披露时显现出的私募特点，令我国理财产品不伦不类，受到的监管也不够有力。

---

① 杨东：《我国金融消费者保护统合立法体系的构建——以日本的立法经验借鉴为视角》，载《社会科学》2013 年第 8 期。

② 日本《金融商品销售法》明确了金融机构销售金融商品时承担说明义务，并将应说明的重要事项予以类型化。金融商品销售者应当向消费者就下列重要事项履行说明义务：其一，由于利息、通货的价格、金融商品市场行情等指标的变动而可能导致本金损失危险的，应当说明该项危险、相关指标以及有关金融商品因为指标变动而直接影响的重要部分；其二，由于金融商品销售者等相关金融机构的业务变动或金融环境的变化而可能产生本金损失危险时，应当就该项风险进行解释，并说明有关当事人的情况。金融机构违反说明义务时，承担无过错责任和直接责任，损害额推定为本金亏损额，以减轻消费者的举证责任。金融机构违反说明义务时，承担无过错责任和直接责任，损害额推定为本金亏损额，以减轻消费者的举证责任。

③ 郭孟佳：《从消费者保护视角看银行理财产品》，载《中国金融》2012 年第 22 期。

（四）风险评估规定存在漏洞

尽管《办法》第五章专门对客户随风险能力评估作出了规定，但投资者在购买理财时，银行往往将评估流于形式。销售经理在向投资者推荐理财产品时，往往依赖投资者的投资金额与投资期限，在投资者根据理财经理的介绍决定购买某款理财产品后，银行会对第一次购买理财产品的客户进行风险评估，评估内容包括投资习惯与收入背景等问题，在投资者回答后确定其投资风险层次，一般由低到高分为保守型、稳健型、进取型。在此之前银行已将理财产品作了分类，同样按风险级别分为几类，由不同风险层级的客户购买。《办法》规定要“将合适的产品卖给合适的客户”，但银行往往在客户决定购买理财产品后才进行评估，于是出现了根据要购买的产品风险等级为客户评估风险等级的现象，而客户也会在销售经理“指导”下完成“合适”的评估问卷，以确保能够购买选中的理财产品，使风险评估流于形式。所以无论《办法》对客户及产品的风险评估规定如何详细，都无法填补销售人员“打折执行”的漏洞。

即使风险评估未流于形式，但评估问卷都是由银行自行设计的，其内容是否科学值得探讨。另外，评估结果是否真实、有效地反馈给客户，使客户真正明白问卷的意义与自己适合的投资类型，也是销售人员在实践中常常“打折执行”的一部分。

（五）对销售人员的不当劝诱行为责任规定不明

实践中，销售经理为了维护客户，为客户代为管理理财账户，发生纠纷时，无法界定双方责任。并且此举极易引发银行销售人员道德风险，造成银行与客户的双重危害，如2012年安徽俞某生案①。对此，《办法》第七章对销售人员的行为作出了明确规定，但其后法律责任中，只规定了银行的责任，未明确指

① 2011年底，身为安徽省芜湖市工商银行某支行行长的俞某生以其银行行长身份，以预期12%的年化收益为诱饵，向所有客户推荐名为山东信托·融泰资产管理投资基金1号的基金，并称此基金有银行保底，同时抵押物材料等俱全，实际上，这款基金是在俞以个人名义签订的购买合同中虚构出来的。凭其多年累积的客户信赖，许多投资者购买了此款基金，数额从几万元至几百万元。从2011年至2012年底，俞某生都能向她的客户正常支付利息，案发后，客户们才发现所谓的内部理财产品和信托计划根本是子虚乌有，这不过是俞非法吸收公共存款的手段。后俞及同伙向当地公安局自首，最终以非法吸收公共存款罪被判刑。

出销售人员个人责任，是否意味着银行应当承担刑事责任，而个人只对银行承担民事责任。通俗地说，是不是销售人员只要能赔钱就能一了百了，如果答案是肯定的，就大大降低了销售人员的违规成本。

四、对《办法》的完善建议

加强商业银行理财产品销售的法律规范，完善《办法》，不仅需要政府加强管理，还需要银监会等监督机构、银行本身、投资者多方的配合与互相制约，从上而下、由内而外地综合治理。

（一）严格规范信息披露责任，加强信息对称

金融消费者的知情权与商业银行的信息披露说明义务是同一问题的两面①，信息披露义务作为银行的主要义务之一，如前文所述，这一义务应当受到严格执行，明确规定违规责任，保证投资者的知情权。为此，银行销售人员应当做到讲解理财产品时运用通俗、易懂的语言，讲解达到使投资者对所购买产品完全认知的程度，以做出理性的购买决定。为防止信息过分披露，银行可根据规定将“重要事项”进行讲解，重要事项的内容需规章进一步明确规定。

（二）增强评估问卷的科学性，规范风险评估过程，合理引入第三方评估机构②

《办法》第三十八条对区别性销售作出了规定，面对风险评估等级不同的投资者要设置不同风险等级的理财产品，包括不同的起购金额与投资期限。也就是说，要将适合的理财产品卖给适合的人，于是评估问卷的科学性显得很重要。科学的风险评估应当包括客户的财务状况、投资目的、投资经验、风险偏好、投资预期等③。2011 年银监会对于理财产品的风险评估作了要求：针对不同的理财产品设计专门的产品适合度评估书，对客户的产品适合度进行评估，

---

① 胡文涛：《理财产品销售中金融消费者知情权的法律保护——以商业银行的民事义务为视角》，载《上海政法学院学报（法治论丛）》2014 年第 1 期。

② 马俊胜、张龙清：《商业银行理财业务风险控制研究》，载《金融论坛》2014 年第 2 期。

③ 关志萍：《我国商业银行理财产品销售中存在的问题及解决方法》，载《时代金融》2014 年第 5 期。

并由客户对评估结果进行签字确认①。

适时地引入专业评估机构，根据银监会各规章要求，设计科学、统一的风险评估问卷，将评估结果提供给各商业银行，不仅省去了各商业银行作评估的麻烦，提高效率，还可以使风险评估更加科学合理地进行，防止流于形式。另外，将理财产品也由评估机构作出科学的评估后交与各银行，并在一定范围内公之于众，使投资者明确地看出该理财产品是否符合自己的风险等级，强化对理财产品的知情权。

（三）银行销售人员的合规性培训，严格禁止不当劝诱性销售

《办法》第三十九条限制销售人员通过电话等方式进行销售，除遵守诚信、公平等专业原则外，还规定了对银行销售人员每年不低于20小时的专业培训，加强知法、守法宣传教育。尽管多个规章都明确禁止销售人员不当劝诱投资者购买不适当的理财产品，但为了业绩，销售经理往往甘愿冒风险游说客户，这会导致对高收益的过分强调，避重就轻，同时不能充分地说明理财产品在不同情况下的收益，侵害投资者利益。于是，在银行内部，应当加强合理、长效的激励机制，提高违规成本，规定个人无限期责任制度，即使离岗转岗也应负责到底的责任制度，明晰奖惩机制。

（四）加强投资者理财教育

投资者素质、文化程度参差不齐，直接影响购买理财的信息对称程度与对理财产品的风险识别。因此加强投资者的理财素质很有必要。为此，我国政府职能部门可以定期开展国民理财讲座，免费邀请有意向的投资者前来学习，并印制宣传册有针对性地免费发放，丰富群众理财知识，提高其理财素质。

（五）对理财产品定性，加强法律规范

前文已述，理财产品的销售应当受到合同法和经济法等部门法的共同规制，于是，当银行应当履行的说明义务没有如实履行，而投资者被诱导购买理财产

① 参见《中国银监会办公厅关于进一步规范商业银行个人理财业务有关问题的通知》第二条。

品导致血本无归时，可以要求银行及其销售人员承担缔约过失责任。此外，应当明确资金募集方式，加强规范我国的理财产品市场，乃至整个金融市场。

五、结语

我国商业理财产品的销售趋势一直以来有增无减，尽管银监会相继颁布了五部规章对其加以规范，但法律的滞后性相对于发展迅猛的理财市场无疑是存在缺陷的，如理财售后服务欠缺，客户投诉无门，管理机构互相推诿等投诉处理未见明显成效，对已亏损理财产品追责、定责困难。只有对法律法规不断加以完善，才能使理财市场为代表的金融市场高速、健康地运行。因此，应当从法律、管理两方面入手，加强监管部门、商业银行、投资者三方的相互配合与多方的综合管理，避免银行理财销售模式相互复制从而陷入低水平竞争的怪圈中，使我国理财产品市场得到切实规范。

关于反对浪费粮食食品的法律调整问题

董玉明[*]　石　健[**]

摘　要：本文以反对浪费粮食食品立法为背景，在对粮食关系法律调整与法治治理的学理分析基础上，对我国反对浪费粮食食品的政策法律调整进行了梳理，指出了不足之处，提出了完善建议。一是强化企业节约粮食、食品的社会责任；二是建立健全粮食生产经营者和消费者节约粮食义务制度；三是规范网络吃播经济；四是《反粮食食品浪费法》的制定和施行，要处理好粮食与食品的关系，与扩大内需的关系，与粮食食品生产、储存、运输、加工及进出口损耗的关系以及粮食食品安全的关系。

关键词：粮食　粮食食品　粮食食品浪费　法律调整

据新华社报道，2020年8月初，习近平总书记对制止餐饮浪费行为作出重要指示。他指出，餐饮浪费现象，触目惊心、令人痛心！要加强立法，强化监管，采取有效措施，建立长效机制，坚决制止餐饮浪费行为，强调要进一步加强宣传教育，切实培养节约习惯，在全社会营造浪费可耻、节约为荣的氛围。对此，各省和社会各界纷纷响应，提出了对浪费粮食食品行为予以立法规范的问题。在此背景下，全国人大常委会起草了《反食品浪费法》（征求意见稿）。本文就浪费粮食食品的法律调整问题进行研究分析。

一、粮食关系法律调整与法治治理的学理分析

“民以食为天”乃为古训。人类要生存和发展，首先要解决的是吃饭问题。

*　山西大学法学院教授，博士生导师，主要研究方向为经济法学。
**　山西大学法学院经济法学专业硕士研究生，主要研究方向为经济法学。

尤其是像我国这样一个拥有14亿多人口的大国，解决好人民的吃饭问题是国家的一项基本职责，甚至是首要职责，也是我国对世界的贡献。

本文认为，无论从理论还是实践来看，粮食关系的形成，都可以从两个方面予以理解：（1）从人类粮食食品消费需求与粮食生产供应的市场关系来看，一国或一地区粮食的消费需求是刚性的。然而，由于受自然因素的影响，往往使粮食食品的生产供应处于“不确定”状态，并对市场产生极大影响。当粮食丰产时，出现粮食剩余，市场价格低迷，“增产不增收”，结果往往会挫伤粮食生产经营者的积极性；粮食欠收甚至绝收时，市场价格暴涨，供需关系紧张，甚至可能中断，农业生产经营者急需财政与社会救济。因此，粮食及其食品的消费与生产供需关系存在天然的“市场失灵”。① 其严重后果会引发社会不稳定。并且，这种情况也同样适用于与粮食食品类似的肉、蛋、蔬菜、水果、鱼类等副食品的消费与生产领域。（2）正因为存在粮食食品生产与消费的这种“市场失灵”，国家运用规划与计划、价格调节、产业指导、财税调节、金融调节等宏观调控手段对粮食生产与消费关系的干预或宏观调控必不可少，进而形成政府干预粮食食品生产与消费的关系。即粮食丰产时，国家及政府需要通过制定粮食销售保护价、收购储存多余粮食等措施，保护粮食生产者的积极性，以避免农民“增产不增收”情况的发生，而在粮食欠收甚至绝收时，给农民以财政补贴或援助，并满足其生产生活需求。为此，粮食关系的调节或资源配置不能完全依靠市场机制，世界各国如此，我国亦然。这是粮食关系需要国家管理、法律调整及其法治治理的基本原理。为此，我国《农业法》规定，国家提倡珍惜和节约粮食，并采取措施改善人民的食物营养结构。

就浪费粮食食品所产生的社会关系而言，第一，它是在粮食食品生产富裕条件下出现的阶段性问题。换句话说，在粮食短缺或紧缺情况下，何来粮食食品的浪费？第二，它与人类对于粮食食品消费的不良文化习惯有关。典型的如我国普遍存在的聚餐、招待消费中的“讲排场”“比阔气”“要面子”等不良消费陋习，对浪费粮食食品有很大的影响。第三，市场经济的发展，催生了浪费粮食食品现象。在市场经济条件下，餐饮业业主追求利益最大化助长了消费者

---

① 按照市场经济原理，“市场失灵”是指依靠市场机制无法解决的问题。典型的如市场信息不对称、市场垄断、市场主体盲目投资以及外部不经济等。

的奢侈消费，形成了粮食食品的浪费，不仅扭曲了正常的粮食食品供需关系，而且助长了社会上的奢靡之风，形成大量的餐厨垃圾，污染了环境。在任何社会下，浪费粮食食品都是与人类文明行为相悖的，更为我国社会主义道德观所不允许。与此同时，需要注意的是，粮食食品的浪费，并非仅仅存在于消费环节，在粮食生产、收获、储存、运输、加工、进出口等环节都可能出现粮食食品浪费现象。因此，反对浪费粮食食品行为，对其予以相应的法治治理，应涵盖从生产到消费的各个环节。

二、我国反对浪费粮食的政策法律调整梳理

“厉行节约，反对浪费”是我国党和国家一贯坚持的方针政策。对于粮食而言，还包含着对农业劳动者辛勤劳动的崇敬和尊重。经过网络检索发现，我国反对浪费粮食食品的政策法律调整是有依据的。其主要体现在以下几个方面：

（一）宪法的基本规定

我国《宪法》第十四条规定，“国家厉行节约，反对浪费”。这里的“反对浪费”，当然包含“反对粮食浪费”。从“七五宪法”到“七八宪法”，均把“独立自主、自力更生、艰苦奋斗、勤俭建国”作为一项经济发展的基本方针。其中的“勤俭建国”包含“节约粮食，反对浪费粮食”之意，进而反映了国家宪法规定的延续性。它是对粮食关系调整中反对浪费粮食食品的最基本的法律依据。

（二）中共中央、国务院的政策文件与党内法规

在国家推行社会主义市场经济之初的1997年5月25日，为了促进党政机关的廉政建设，推动我国改革开放和社会主义现代化建设事业的顺利进行，中共中央、国务院发布了《关于党政机关厉行节约制止奢侈浪费行为的若干规定》。其中第四项规定，严禁用公款大吃大喝、挥霍浪费。党政机关召开会议和公务接待要严格执行食宿接待标准，不准超标准接待。各地区、各部门制定的接待标准应当公开。有关部门必须严格执行接待制度，加强管理和监督。不准到上级领导机关所在地宴请领导机关工作人员，不准利用各种学习、培训之机

互相宴请，不准参加用公款支付的高消费娱乐活动。对违反规定的要严肃处理，情节严重的还要曝光。该规定于2013年11月18日被废除，新出台了《党政机关厉行节约反对浪费条例》（以下简称《条例》）。其规范的范围涉及所有拥有公共职能的党政机关、社会团体和企业事业单位。《条例》明确，浪费是指党政机关及其工作人员违反规定进行不必要的公务活动，或者在履行公务中超出规定范围、标准和要求，不当使用公共资金、资产和资源，给国家和社会造成损失的行为。违反本条例规定造成浪费的，根据情节轻重，由有关部门依照职责权限给予批评教育、责令作出检查、诫勉谈话、通报批评或者调离岗位、责令辞职、免职、降职等处理。应当追究党纪政纪责任的，依照《中国共产党纪律处分条例》《行政机关公务员处分条例》等有关规定给予相应的党纪政纪处分。

2010年1月18日，为落实科学发展观，进一步增强全民爱惜粮食、节约粮食意识，切实做好节约粮食、反对浪费工作，保障国家粮食安全，国务院办公厅印发了《关于进一步加强节约粮食反对浪费工作的通知》（以下简称《通知》）。该《通知》提出："要做到温饱不忘饥寒，丰年不忘灾年，增产不忘节约，消费不能浪费。加强粮食节约、反对浪费，有利于保障粮食供应，有利于在全社会形成勤俭节约的良好风尚，是一项长期的任务。"《通知》明确提出了节约粮食、反对浪费的七项主要措施：一是加强粮食生产和养殖业节约；二是做好粮食储存和保管工作；三是提高粮食加工和转化利用率；四是狠抓粮食运输节约；五是大力推进餐饮业节约；六是切实抓好食堂节约；七是行政机关带头节约粮食。该《通知》被2014年3月11日中共中央办公厅、国务院办公厅颁发的《关于厉行节约反对食品浪费的意见》（以下简称《意见》）所替代。政策调整范围从粮食扩大到整个食品领域。《意见》认为，目前我国食品浪费现象广泛存在，人民群众对此反映强烈。厉行节约反对食品浪费，既是保障国家粮食安全的迫切需要，也是弘扬中华民族勤俭节约传统美德、加快推进资源节约型环境友好型社会建设的重要举措。《通知》要求：一是杜绝公务活动用餐浪费，以公务用餐文明引领社会消费文明。二是推进单位食堂节俭用餐。三是推行科学文明的餐饮消费模式。四是减少各环节粮食损失浪费。五是推进食品废弃物资源化利用。六是加大宣传教育力度。采取多种形式开展国情教育，宣传我国粮食生产供应情况，积极倡导合理、健康的饮食文化，大力破除讲排场、比阔气等不良风气，促进反对食品浪费成为全社会的自觉行为。七是健全法律法规。积极推进反对食品浪费工作法制化进程。国务院法制办及有关部门要积极研究推动节约粮食、反对食品浪费法规建设，加快推进粮食法立法进程，建立有利于促进粮食节约的法律机制。国家发展改革委、国家粮食局要会同有关部门抓紧修订粮食流通管理条例，对粮食节约减损作出规定，明确奖惩措施。各地区各有关部门要结合实际研究制定反对食品浪费的地方性法规和规章。八是加强监督检查。

（三）部门措施的规定

为了贯彻落实中共中央、国务院文件精神，商务部、旅游局于 2013 年 1 月 29 日，共同发布了《关于在餐饮业厉行勤俭节约反对铺张浪费的指导意见》。2013 年 2 月 4 日商务部办公厅出台关于贯彻落实《餐饮业厉行勤俭节约反对铺张浪费的指导意见》的通知。商务部出台《关于厉行节约反对食品浪费有关工作的通知》。国家粮食局出台《关于大力促进节粮减损反对粮食浪费的通知》。教育部出台《关于在各级各类学校厉行节约反对食品浪费的实施意见》。其他相关部门也有相关文件的规定。较新的文件是：商务部、中央文明办于 2017 年联合出台的《关于推动餐饮行业深入开展“厉行勤俭节约 反对餐饮浪费”工作的通知》。该通知从持续推进餐饮节约行动、强化行业协会作用、促进养成餐饮节约习惯、切实履行政府责任 4 个方面，分 18 条提出了具体的措施。典型的如，针对宴席浪费较为严重的现象，提出减少宴席浪费措施；针对自助餐浪费等问题，提出要学习借鉴国内外有益经验和做法，规范自助取餐；餐饮业协会要积极配合政府部门加快健全“厉行勤俭节约 反对餐饮浪费”的标准，结合实际制定《宴席服务规范》《自助餐服务管理规范》等相关标准，提升餐饮企业绿色发展的水平；探索制定餐饮行业公约，引导餐饮企业主动学习、适应、引领绿色发展理念和服务方式。而在商务部、旅游局于 2013 年 1 月 29 日共同发布的《关于在餐饮业厉行勤俭节约反对铺张浪费的指导意见》中则在要求餐饮企业建立提醒提示制度的同时，提出了推荐餐饮企业使用的标语。要求餐饮企业应在店堂、菜单、餐桌等醒目位置使用有关标识；店堂标识和标语应张贴于餐厅入口处，餐厅应张贴、悬挂标识、标语或循环播放标识、标语内容，菜单标语应印刷于菜单的封二、扉页等位置，餐桌上应有提示标语，收银台应有提醒消费者对剩菜打包的提示标语等。

（四）授权各单位制定内部规定

由于各单位或企业情况不同，相关政策或规范性文件要求或授权有关单位制定内部的规章制度。例如，商务部、中央文明办《关于推动餐饮行业深入开展“厉行勤俭节约 反对餐饮浪费”工作的通知》要求各级文明单位要健全完善长效机制，将勤俭节约、反对餐饮浪费纳入职工行为规范，纳入单位后勤管理规章制度，使勤俭节约理念变成职工自觉行动。该文件要求各级文明城市要认真贯彻落实《中共中央宣传部 中央文明办关于印发〈关于开展倡导绿色生活反对铺张浪费行动方案〉的通知》及《关于推动落实〈关于开展倡导绿色生活反对铺张浪费行动方案〉的通知》的要求，研究细化工作方案，并认真执行。教育部《关于在各级各类学校厉行节约反对食品浪费的实施意见》中要求，加强学校食堂管理。细化食品采购、储存、加工等环节制度措施，最大限度减少损失浪费。完善师生评价体系。将厉行节约反对浪费表现纳入师德评价体系，纳入学生综合素质评价体系，作为师生评奖评优的重要参考。

总之，上述宪法的基本规定、中共中央政策和党内法规、国务院及其部委的规范性文件以及各单位在政策法律授权下的内部规章，构成了我国预防、制止浪费粮食的政策法律体系。

三、加强节约粮食法治治理，为粮食安全保驾护航

通过执行以上政策和法律，特别是党的十八大以来的强力治理，在公共领域，浪费粮食食品的问题基本得到遏止，但也存在一些明显的问题。一是对餐饮企业的要求鼓励大于惩罚，且通知、意见等规范性文件提出的措施并未全部落实。典型的如，标语提醒提示制度即未全部落实到位。二是基于“市场决定”的固化理念，主要从强化道德，改变消费陋习方面入手，着力于批评教育，没有将节约粮食作为生产经营者和消费者的基本义务予以硬性规定，既有的《农业法》对于粮食节约仅仅是提倡，法律效力明显不足。2016 年新修订的《粮食流通管理条例》也没有按照政策要求，对节约粮食作出规定，因而，源头法治治理不够。三是对于网络吃播经济业态的社会危害性估计不足，制止不

力。四是规范性文件调节力度不够，未完成《粮食法》的制定任务。为此，完善对浪费粮食的立法和法治治理也应当从这些方面入手。

（一）强化企业节约粮食、食品的社会责任

强化企业节约粮食的社会责任就是要把既有的政策和法律规定落到实处。重点是对粮食企业和餐饮企业的法治化治理。基本的途径是加强市场监管与社会监督相结合。特别是对于分布广泛的小饭店、小食品店的浪费粮食食品行为，仅依靠政府执法的有限力量是不够的，要充分发挥社会志愿者的作用予以监督，奖惩结合，才会形成“节约粮食光荣，浪费粮食可耻”的社会氛围。

（二）建立健全粮食生产经营者和消费者节约粮食义务制度

首先应修订《农业法》和《粮食流通管理条例》，将反对浪费，节约粮食作为生产经营者的一项基本义务。其涉及粮食食品的生产、储存、运输各环节节约标准和监督制度的完善。其次，我国现有的《消费者权益保护法》仅从保护消费者权益角度进行了规定，但对于消费者应有的基本义务法律缺位。通过完善《消费者权益保护法》，把节约型消费（包括节约粮食食品）纳入消费者的基本法律义务，并辅之以相应的法律责任，有利于促进消费者合理消费、科学消费，预防和制止市场消费者奢靡之风的蔓延。

（三）规范网络吃播经济

当前，由韩日等国引进的吃播经济成为网络消费的一项深受百姓喜爱的文化节目。也是一种经济新业态。好的网络吃播节目，既能满足人民餐饮制作与消费知识的需要，又能坚持节约食材、节约粮食食品的基本原则。这样的吃播节目及其经济现象应当予以鼓励。但对于那些浪费食材、浪费粮食食品的节目，应当坚决予以取缔。因此，吃播经济有其负效应，也有其积极的一面。为此，国家应当通过立法，对网络吃播经济予以法律上的界定，提出法律标准，引导吃播经济健康发展。

（四）《反食品浪费法》的制定和施行

2020 年，全国人大常委会起草了《反食品浪费法》（征求意见稿），下发各

地征求意见。通过研习该征求意见稿，本文认为，反食品浪费法的制定和实施应当紧紧把握好“浪费”的范畴，处理好几个基本的关系：

1. 处理好粮食与食品的关系

虽然广义的食品涵盖着粮食。但是，无论从粮食生产原理，还是从我国实际国情来看，我国都具有刚性消费和需求的一面，这是因为我国人口众多，耕地面积有限，且粮食生产容易受到自然灾害的重大影响。因此，节约每一粒粮食都很重要。其节约或浪费粮食的范畴可涉及粮食及以粮食为基础的食品业及其消费。而对于其他不以粮食为基础的食品的生产和消费的节约或浪费并不是主要矛盾。因此，法治治理的目标应当紧紧抓住粮食及其食品这个主要矛盾加以规制。因此，《反食品浪费法》也应当更名为《反粮食食品浪费法》为宜。

2. 处理好粮食供给与扩大内需的关系

2020年的疫情导致我国粮食进口受阻的事实迫使我国不得不改变经济增长的发展模式，变国内国外双循环为以“国内循环为主，国外循环为辅”的新的经济增长模式。尤其在粮食方面，更要把粮食供给和安全牢牢地把握在自己手中。为此，必须在扩大内需消费上做文章。就粮食消费而言，14亿多人口粮食的基本需求属于刚性消费，不存在浪费问题；与消费习惯相联系的人民群众的享受型消费也不能算作浪费，它关系着人民群众能否过上美好的生活；而立法反对的主要是奢侈型的且铺张浪费型的消费。只有这样，才能既反对粮食食品浪费，又不影响扩大内需，促进经济增长。

3. 处理好粮食食品浪费和正常消耗的关系

从粮食食品浪费的情况来看，粮食食品浪费的环节，不仅表现在餐饮消费环节，还表现在粮食收获、贮藏、运输、加工、进出口等生产和流通环节。为此，就要处理好粮食食品浪费和正常消耗的关系。这是因为，在粮食的收获、贮藏、运输、加工、进出口等生产和流通环节难免会存在一些“损耗”，而属于正常“损耗”范围内的“浪费”不能算作浪费。这就需要一系列技术标准规范，作为判断粮食收获、贮藏、运输、加工、进出口等生产和流通环节是否浪费的法定依据。立法应当鼓励避免粮食食品浪费的技术革新改造，不断提升技术标准，使粮食食品生产流通损耗减少到最低限度。

4. 处理好粮食食品安全和浪费的关系

一般而言，粮食食品的浪费主要反映的是“量”的问题，其并不必然导致安全问题。粮食食品供应充足，市场稳定，不会造成粮食食品的安全问题。但是，如果由于粮食食品短缺，导致市场物价膨胀，引发社会的不安定，则会引发安全问题。因此，粮食食品安全和浪费的关系是一个粮食食品供给的阶段性问题，发生该问题时，国家可以动用粮食储备，加强市场供应，平抑物价，维护国家经济安全。对此，正在制定的《粮食安全保障法》应有所体现。

综上所述，我国有关反对粮食食品浪费的立法呼之欲出。有其必要性和可行性。关于反对浪费粮食食品的法律调整，需要在总结既有政策法律实施经验与教训的基础上，正确界定粮食食品浪费的范畴，处理好相关关系，既要克服浪费粮食食品，又要保障有效的国内需求，促进经济增长，保障国家粮食安全。

美国对中资银行长臂管辖的法律分析及对策研究

温树英* 闫亚男**

摘 要：美国通常依据反洗钱法律、《国家紧急状态法》《国际紧急经济权力法》，以及对其他国家的制裁法律法规等，以违反反洗钱合规监管要求、未能遵守其冻结资产和取证要求，以及违反其对第三国的制裁法规等为由对中资银行进行长臂管辖，并采取罚款、限制进入美国金融市场等处罚措施。面对美国的长臂管辖，从银行的角度而言，要注意加强自身的反洗钱合规建设；从国家层面而言，我国应该细化银行违反保密义务的法律责任规定，完善司法协助的条件和程序、提高司法协助效率，并制定阻断法进行制衡。

关键词：长臂管辖 外国银行 反洗钱合规监管 司法协助 阻断法

长臂管辖是指依托国内法规的触角延伸到境外，管辖境外实体的做法。① 近年来，美国不断扩充长臂管辖的范围，频繁运用长臂管辖对别国事务进行干预，引起各国强烈不满。美国的长臂管辖广泛涉及反海外腐败、出口管制、反洗钱等领域，随着越来越多的中资银行在美国开设了分支机构和代理行账户，银行成为美国长臂管辖的重灾区。因此，从银行角度分析美国的长臂管辖具有典型意义。美国的长臂管辖，不仅使中资银行面临巨额罚款，而且对其经营的内在及外在环境都产生了严重的不良影响。认识美国长臂管辖的事由和法律基

* 山西大学法学院教授，主要研究方向为国际经济法学。

** 山西大学法学院经济法学专业硕士研究生，主要研究方向为经济法学。

① 中华人民共和国国务院新闻办公室：《关于中美经贸摩擦的事实与中方立场》。

础，进而找出具体的应对策略和措施，对于我国银行等企业在美国的合规经营、有效应对美国的单边主义具有重要的现实意义。

一、美国对中资银行长臂管辖的事由

（一）违反反洗钱合规监管

违反反洗钱合规监管是美国对金融机构长臂管辖的一个主要理由。美国对外国金融机构的反洗钱合规监管以金融机构在美国有分支机构或者有代理行账户为连结点，对外国金融机构进行整体处罚，外国金融机构一般会考虑到进入诉讼程序面临重罚的巨大风险而与监管机构达成和解。监管机构与金融机构达成的和解协议一般规定两种解决方式：支付罚款；加强反洗钱合规管理的补救程序并接受美国相关机构的监管。

这方面的典型事例是美国纽约金融服务局对中国农业银行的指控。2016年，纽约金融服务局指控农业银行违反了纽约银行法。具体包括：合规配置不够完备；农业银行纽约分行的交易方法不够透明；分行未能向纽约金融服务局报告分行首席合规官（以下简称CCO）对可疑交易提出的担忧，并在CCO提出这些担忧后不适当地限制了CCO的独立性；在2015年进行的重新评估中，纽约分行合规职能仍然不足。2016年11月4日，纽约金融服务局与中国农业银行达成和解，农业银行承认其反洗钱合规程序存在不足，向纽约金融服务局支付了2.15亿元的民事罚款。除了支付民事罚款外，双方达成的协议内容还包括：聘请独立监察人；提交银行反洗钱合规计划；提交可疑活动监测和报告；提交客户尽职调查计划；提交内部审计计划；提交公司治理和管理监督计划；与独立监管机构（监察官）充分合作。

（二）未能遵守美国发出的冻结资产和取证要求

当金融机构未能遵守美国发出的冻结资产和取证要求时，也会面临高额罚款。美国法院向中资银行发出传票要求提供相关文件的主要原因是知识产权侵权，被告所得违法利益存进了中资银行，我国银行因此作为第三方接受管辖。另外，中资银行也曾因恐怖组织犯罪、洗钱犯罪等刑事案件的当事人在我国银行有账户而作为被告被要求提供当事人的账户信息。

GUCCI AMERICA，INC.，et al.，Versus WEIXING LI，et al. 一案是这方面的典型案例。由于被告在互联网上销售假冒的原告产品，并将销售假冒所得汇入其中国银行账户，纽约地区法院发出传票，要求中国银行提交与被告在该行账户相关的各种文件，并要求冻结被告相关账户，中国银行对此进行了复议、上诉、发回重审等程序。2015 年 11 月 30 日公布的判决书规定中国银行如果不遵守传票要求，将会自 2015 年 12 月 8 日起被判处每日 5 万美元的罚款，并被认为是民事藐视法庭。2016 年 2 月，当罚款累计达 100 万美元时，中国银行提交了中国境内的相关文件。

（三）违反对第三国的制裁法规

第三方制裁是指相关法律限制非美国金融机构与被制裁者在美国境外进行金融交易或者向其提供金融服务，如果非美国金融机构违反此项规定，将会受到制裁。① 主要的制裁手段是限制或者拒绝外国银行进入美国金融市场。② 美国的第三方制裁得以产生作用的原因在于美元体系的系统影响力，目的是通过制裁银行来切断某国对外贸易。此种原因引起的制裁通常也与洗钱问题有关联。

2012 年 7 月 31 日，美国财政部根据《2010 年伊朗全面制裁、问责和撤资法》对昆仑银行进行了制裁，原因是昆仑银行向 6 家以上的伊朗银行提供了开户、转账和支付信用证等重要的金融服务，这些伊朗银行与大规模杀伤性武器计划有关或支持国际恐怖主义。根据制裁决定，财政部要求金融机构不得在美国为昆仑银行开设代理行账户或通汇账户，任何持有此类账户的金融机构必须在十天之内将其关闭。

二、美国对中资银行长臂管辖的法律依据

美国运用长臂管辖对我国银行进行罚款和制裁，给我国银行带来巨大损害。我们需要探索美国进行长臂管辖的法律依据，继而从法律上寻找应对之策。

① 黄风：《金融制裁法律制度研究》，中国法制出版社 2014 年版，第 83 页。

② Katzenstein S，Dollar Unilateralism：The New Frontline of National Security，*Indiana Law Journal*，Vol. 90，2015，p. 312.

（一）反洗钱法律

美国反洗钱的主要法律是1970年《银行保密法》。“9·11”恐怖袭击之后，《爱国者法案》提高了反洗钱的标准，增加了国际反洗钱和反恐融资规定。

1.《银行保密法》

《银行保密法》也称为《货币和外汇交易报告法》，是美国对金融机构进行反洗钱合规监管的主要法律依据。《银行保密法》没有直接规定洗钱犯罪，而是通过间接的方式打击洗钱行为，要求银行进行记录、保存和报告义务。根据该法，美国可以对外资银行在美分行进行反洗钱合规监管，但是，美国会以合规监管为切入点，以美国分行或代理账户为连结点，要求在美国的分行及其总行进行合规管理，从而达到影响整个外国银行的效果。

2.《爱国者法案》

《爱国者法案》是《银行保密法》之后最重要的反洗钱法案，是涉及长臂管辖最明显的法案。

该法第311条赋予了财政部认定外国金融机构涉及初步洗钱牵连并采取特别措施的权力。根据该条，财政部长在与美联储主席和相关联邦银行监管机构协商后，发现有合理理由认定美国之外的管辖区、一个或多个美国境外经营的金融机构、发生或者涉及美国之外的管辖区的一种或多种交易、一种或多种账户，有初步洗钱关联，就可以要求美国金融机构对这些管辖区、金融机构、账户或交易采取“特别措施”。特别措施包括：要求本国金融机构对相关交易进行记录和报告；要求本国金融机构获取和保留涉及受益所有人的信息；要求为外国金融机构开立或维持通汇账户的本国金融机构对每个使用通汇账户的客户进行识别并获取相关信息；要求为外国金融机构开立或维持代理行账户的本国金融机构识别并获取相关信息；限制或禁止开立或维持特定客户的通汇账户或代理行账户等五个方面。从该条规定可以看出，美国对外国金融机构的次级制裁虽然只适用于位于美国的金融机构，却会导致世界各地的银行停止与外国银行的交易。① 该条实际上赋予了财政部同时拥有检察官和法官的权力，不公平

① Rachel L. Loeffler, Bank Shots: How the Financial System Can Isolate Rogues, *Foreign Affairs*, Vol. 88, 2009, p. 104.

性可想而知。① 实践中，第 311 条已经并非仅仅是防范洗钱风险的手段，而是被美国广泛地用来作为对金融机构施加非法压力的手段。②

该法第 317 条“对外国洗钱者的长臂管辖权”规定美国地区法院只要根据联邦民事诉讼规则或者外国人所在国的法律送达了诉讼文书，并且满足以下三个条件之一，那么地区法院就对外国人（包括外国金融机构）拥有了管辖权。这三个条件是：外国人所犯规定罪行涉及的金融交易全部或者部分发生在美国；外国人将美国因没收而拥有所有权的财产转换为自己的财产；外国人是在美国保有银行账户的金融机构。地区法院确定拥有管辖权之后，就可以对争议做出裁决并且强制执行处罚。根据本条，某金融机构如果在美国境外涉及洗钱活动，只要在美国有保有银行账户，即使没有使用，美国也有权利对该金融机构进行起诉追究责任，并以其在美国境内的资产承担法律责任。

该法第 319 条“美国银行间账户资金的没收”是美国法院对外国银行相关资金进行追缴、冻结、扣押、没收的依据。根据该条，如果资金存入外国银行账户，并且该外国银行在美国拥有银行间账户，资金就可以被认为存放在美国的金融机构，对于银行间账户的资金可以以存放在外国银行的资金价值为基础进行限制和扣押。该条还规定财政部长或者司法部长可以向在美国开设有代理行账户的外国银行发出传票，要求提供与此类代理账户相关的记录，包括在美国之外保存的、与资金存储在外国银行相关的记录。如果外国银行不能遵守传票要求，美国代理行应当终止与外国银行的代理关系，否则将会承担每天 1 万美元的罚款。根据这个条款，美国甚至可以要求银行提供与美国账户没有直接联系的记录。

（二）《国家紧急状态法》和《国际紧急经济权力法》

1976 年《国家紧急状态法》和 1977 年《国际紧急经济权力法》授予美国总统在和平时期宣布国家进入紧急状态的权力。前者的内容是限制启动和结束国家紧急状态，并且规定国会在总统宣布国家进入紧急状态时的权力。后者是

---

① Mark S. Gaylord, The Banco Delta Asia Affair: The USA Patriot Act and Allegations of Money Laundering in Macau, *Crime, Law and Social Change*, Vol. 50, 2008, p. 302.

② Rowan Bosworth – Davies, Section 311 Patriot Act, *Journal of Money Laundering Control*, Vol. 12, Issue 3, 2009, p. 301.

针对来自国外的紧急情形，在面对不寻常和特殊的威胁时，规定总统有宣布国家进入紧急状态的权力。此处的威胁仅指全部或者大部分来自美国境外的，对国家安全、外交政策或者经济的威胁，并且规定总统行使此种权力要与国会进行协商和定期报告。

《国际紧急经济权力法》是美国对他国进行制裁的前提条件。根据该法的授权，总统宣布国家进入紧急状态，继而制裁他国，通过第三方制裁措施进而制裁外国银行，目的是切断其他国家进入国际金融系统的路径。根据该法，总统可以调查、监管或者禁止在任何银行机构之间、由任何银行机构进行、通过任何银行机构进行或向任何银行机构进行的信贷或付款的转让，只要此类转让或付款涉及任何外国或其国民的任何利益。该法授权总统在宣布进入紧急状态后，阻止交易冻结资产以应对威胁。经过2001年爱国者法案的增补，还增加了没收条款，当美国受到外国国民的武装攻击后，总统可以没收他认为计划、授权、援助攻击的外国人、外国组织和国家在美国范围内的任何财产，并且拥有处理的权力。可以看出《国际紧急经济权力法》是将美国的管辖权进行扩张以产生域外效力，从而导致制裁的事实。①

（三）对其他国家的制裁法规

美国对外国的制裁法规繁多，涉及的国家有伊朗、利比亚、古巴、伊拉克、利比亚、朝鲜和苏丹等，其中对于伊朗的制裁法规历经多次修改，并且首先产生了“第三方制裁”措施。“第三方制裁”的前置程序是总统宣布美国进入紧急状态，同时还要向国会说明即将采取的制裁措施是应对此种威胁而采取的措施。②

美国对伊朗的制裁由来已久，2010年《伊朗全面制裁、问责和撤资法案》第104条旨在阻止外国银行与伊朗政府和相关实体进行交易，规定财政部长应该制定法规，对从事相关交易的金融机构禁止或者限制开立或维持代理行账户或通汇账户。如果外国金融机构违反相关制裁，将受到《国际紧急经济权力法》规定的民事和刑事处罚。《2012财年国防授权法》规定，自2012年6月28

---

① 杨永红：《次级制裁及其反制——由美国次级制裁的立法与实践展开》，载《法商研究》2019年第3期。

② 薛天赐：《论美国经济制裁中的总统权力边界》，载《政法论丛》2020年第2期。

日起，如果某个国家的金融机构继续通过伊朗央行从伊朗购买石油，美国就切断该国所有金融机构与美国银行体系的联系。2013 年 1 月，美国政府通过的《伊朗自由与反扩散法》禁止向任何伊朗实体出售黄金和贵金属，进一步扩大了对外国金融机构的制裁范围，除了为伊朗石油交易提供金融服务的金融机构将受到美国财政部制裁外，制裁对象扩大到那些为从（或向）伊朗购买、供应、转让天然气，或向伊朗供应农产品、视频、医药品及医疗设备等活动提供重大金融交易的外国机构。

美国对我国银行的制裁也来自于对朝鲜的制裁法律。《朝鲜制裁和政策加强法》规定将朝鲜作为初步洗钱牵连国家，强调各国加强监管和防范。2017 年《以制裁反制美国敌人法》对《朝鲜制裁和政策加强法》进行了修改，增加了美国金融机构不能为给朝鲜提供金融服务的外国金融机构开立或者维持代理行账户，如果外国金融机构在美国金融机构的代理行账户为该法规定的实体或人提供金融服务，本国银行应当保证代理行账户不再提供此类服务。《2020 财年国防授权法》对《朝鲜制裁和政策加强法》进行了修改，规定如果外国金融机构向指定的被制裁人提供了重要的金融服务，财政部长可以在与国务卿商量后施加一项或者多项制裁措施，包括资产冻结和对代理行和通汇账户的限制，如果违反，将会受到《国际紧急经济权力法》规定的惩罚。

三、应对美国长臂管辖的对策分析

美国对我国银行的长臂管辖虽是其运用长臂管辖的一小部分，但已经显示出愈演愈烈的趋势。针对上述长臂管辖的事由及法律规定，我国应该借鉴国际上的有益经验，结合我国国情，采取积极的应对措施。

（一）加强银行反洗钱合规建设

反洗钱内部控制制度、客户身份识别制度、交易报告制度等是各国对金融机构的普遍监管要求。我国金融机构除了要遵守我国反洗钱法的要求之外，位于美国的分公司也应当遵守美国反洗钱的有关规定。反洗钱制裁作为美国对外国银行进行大额罚款的主要来源，反洗钱合规措施的完善是避免美国进行反洗钱调查的根本方法。

具体而言，首先，完善合规部门。合规部门下可进行具体部门分类，进行精细分工，建立集中权威的内部监管体系，并且在银行体系内有足够的独立性和透明度；同时培养专业和充足的反洗钱合规人员，合规官应当具备相当的反洗钱合规意识，熟悉业务规则，熟悉美国的监管要求。其次，完善合规系统。银行应当充分认识到反洗钱工作的重要性，不断完善反洗钱风险识别、评估和监控系统，加强反洗钱的科技系统建设，提升反洗钱合规工作的预警系统和化解风险管理，全面提升反洗钱工作水平。再次，确立全球反洗钱风险策略，以适应海外反洗钱监管要求。最后，加强对监管政策的学习。中资银行应对全球及所在国监管趋势保持敏锐的洞察力和判断力，提高风险防范意识，加强对美国相关法律和金融制裁措施的了解，了解美国长臂管辖对金融机构的境外运行带来的巨大影响，避免因不熟悉法律规定而陷入被动。

（二）细化银行违反保密义务的法律责任规定

GUCCI AMERICA，INC.，et al.，Versus WEIXING LI，et al. 一案中，中国银行提出，提供证据将会违反我国银行业的保密规定，美国法院对这一抗辩予以拒绝。美国法院认为关于保密的规定仅仅是赋予客户的一项特权，开户人可以放弃，行政机关也可以进行豁免，并且在中国的相关判决中并没有被严格执行，也没有判决能够证明如果进行信息披露将会带来严重的刑事和民事责任，这方面的利益同保护知识产权相比，显然后者更加重要。在三家银行案中，①法官认为，中国司法部公函中表示，如果银行遵守传票的要求，将会面临行政处罚、承担民事及刑事责任，但是司法部的公函对于这些责任的分析仅仅是概括性提及，不够明确具体。司法部的公函并不能有力地证明法院下令遵守传票将引发中国当局对银行的严厉惩罚。因此，法官认为司法部的公函对本案意义不大。

上述案件中，中国银行在抵制美国法院的传票时，通常援引《商业银行法》第二十九条和第三十条、《反洗钱法》第五条第一款、《金融机构反洗钱规定》第七条和第十五条、《金融机构大额交易和可疑交易报告管理办法》第六条、《保守国家秘密法》第三条等进行抗辩。这些法律尽管有违反相关条款时的

① 这三家银行是交通银行、招商银行和浦发银行。

责任规定，但不够具体。比如，对于违反保密义务，非法查询、冻结、扣划个人储蓄存款或者单位存款的，《商业银行法》第七十三条第一款第三项仅仅原则性规定商业银行应对由此造成的存款人或者其他客户财产的损害承担民事责任。实践中，中国银行违反保密责任时追究其行政和刑事责任也没有先例可循，这反映出我国对法律责任的规定尚不具有针对性。因此，我国应当制定更加清晰明确的违反保密责任的法律规定，并在司法实践中严格执行。

（三）完善司法协助的条件和程序

GUCCI AMERICA，INC.，et al.，Versus WEIXING LI，et al. 一案中，中国银行提出，原告的取证请求应根据《关于从国外调取民事或商事证据的公约》规定的程序提出，但是美国法院认为通过公约取证耗时费力，在中国的履行情况也并不理想。在对获取信息的可替代路径进行分析时，美国承认《中美关于刑事司法协助的协定》是一个有效的法律执行工具，但是，根据该协定耗时费力并且产生的证据有不确定性；根据先例的经验，当涉及银行记录的提供时，《中美关于刑事司法协助的协定》不是有益的选择。经过分析，法官排除了《中美关于刑事司法协助的协定》的适用。

上述分析表明，在跨境取证问题上，美国往往通过所谓的利益分析否定或排除国际条约的适用，中资银行迫于压力不得不接受美国的域外管辖。绕开国际刑事司法协助机制、单边取证的做法，对一国主权、数据和信息安全、个人权利都会产生一定的影响。《国际刑事司法协助法》规定非经主管机关同意，我国境内的机构、组织和个人不得向外国提供证据材料。该规定实际上否认了外国直接对我国金融机构提出取证和冻结请求。因此，我国一方面要坚持跨境调取证据应尊重国家主权和管辖权，强调通过公约规定的途径获取证据的重要性，反对美国的单边取证行为。另一方面要减少妨碍域外取证合作的障碍，保证根据国际条约和双边条约取证时的顺畅和高效，提高执行效率。可以采取明确条约规定的文件制作过程的时效、建立与相关银行的通知及联络机制、强化相关机构之间域外取证的联系等方式，促成美国法院通过公约途径在我国的成功取证。同时，在跨境调取电子证据的国际合作方面设立相应的快速响应机制和联系渠道。

（四）制定阻断法

针对美国法的域外适用，许多国家和地区，包括英国、加拿大、欧盟等都进行了阻断立法。英国1980年《保护贸易利益法》是针对美国反托拉斯法的域外效力作出的反制法。在其后的实践中，该法令不仅在反垄断领域得以运用，在其他领域也有实践。① 加拿大1985年《外国域外管辖措施法》授权加拿大总检察长发布命令阻止加拿大人遵守对加拿大贸易利益有负面影响或者侵犯加拿大主权的非加拿大贸易法。在《赫尔姆斯伯顿法》颁布后，《外国域外管辖措施法》于1996年进行了修改，授权总检察长发布命令不承认和不执行外国法庭根据外国贸易法作出的对加拿大利益有不利影响的判决。欧盟1996年《阻断法令》是针对《赫尔姆斯伯顿法》和《伊朗利比亚制裁法案》颁布的一部法令。② 2018年，美国重启了赫尔姆斯伯顿法第三章，欧盟对阻断法案附件中的域外制裁清单进行了更新，同时颁布官方说明对阻断法案的实施细节进行了解释。

除此之外，许多国家也有相应的阻断法令，如澳大利亚《外国诉讼程序（过分管辖）法》《俄罗斯联邦反制裁法》和日本《保护公司免受美国1916年法案之利润返还的特别措施法》等。各国的阻断法尽管细节上有所不同，但基本上都包括三项主要内容：切断美国法律在本国境内的效力；禁止相关主体遵守美国相关法律；允许提起诉讼，追回根据外国法律作出的判决而支付的款项。阻断法令主要是在反制美国的经济制裁的情况下颁布的，代表了受到美国域外制裁影响的国家的正式拒绝，对国际法律体系有规范影响。尽管这些法律没能总是具有强制力，有的在实践中也并没有被真正付诸实施，但是成为相关国家抗衡美国域外管辖的重要法律武器，因而是一种有效的政治补救措施，美国也因此在对这些国家的态度方面采取了比较温和的措施。③

---

① Nicholas Davidson, US Secondary Sanctions: The UK. and EU Response, *Stetson Law Review*, Vol. 27, 1997, p. 1429.

② Council Regulation (EC) No 2271/96 of 22 November 1996 Protecting Against the Effects of the Extra – territorial Application of Legislation Adopted by a Third Country, and Actions Based Thereon or Resulting Therefrom.

③ Kern Alexander, Blocking Statutes, Foreign Illegality and Extra – Territorial Economic Sanctions, *Economic Sanctions*, Vol. 3, 2009, p. 257.

美国进行经济制裁的国家大多与中国有较好的外交关系，美国的第三方制裁对于中国与这些国家的外交关系带来了负面影响，我国进行阻断立法确有必要，以国内法的形式否认美国不当长臂管辖的非法性。第一，明确中国实体和个人不得遵守美国根据不正当的长臂管辖法律做出的裁定，拒绝执行相关的判决或者行政决定。第二，建立报告制度，要求企业在受到长臂管辖的影响时向主管部门报告。第三，建立申请豁免制度，如果我国当事人能够证明，遵守“阻断法”而不遵守美国的制裁措施将严重损害其自身利益，可以向国内主管部门申请豁免。第四，建立“追回”制度，规定中国企业或个人因为“违反”美国单边制裁而遭受损失，有权在中国法院起诉造成其利益受损的对方当事人，并强制执行美国对方当事人在我国的财产。① 另外，正如各国制定的阻断法令遇到的问题一样，专门的阻断立法会使我国企业面对两难境地，我国在制定阻断法令时应当多方考虑，避免我国当事人陷入左右为难的境地。②

---

① 肖永平：《“长臂管辖权”的法理分析与对策研究》，载《中国法学》2019年第6期。

② 李庆明：《论美国域外管辖：概念、实践及中国因应》，载《国际法研究》2019年第3期。

“一带一路”国际技术合作的绿色保障机制构建研究

秦　倩*

摘　要：在“一带一路”建设纵深发展的进程中，国家之间的技术合作成为经贸合作的主要方式，随着技术生产带来的环境问题日益凸显，如东道国生态环境污染与资源能源过度消耗以及环境治理技术转移中存在知识产权制约等。而成因来源于国际法依据缺失、技术合作东道国法律政策偏移和技术合作母国管理制度消极三个层面。鉴于此，建议以绿色发展原则为基础建立“一带一路”国际技术合作的绿色保障机制，以促进“一带一路”长期、稳定、共赢、有效地合作发展。

关键词：“一带一路”　技术合作　环境问题　绿色机制

“一带一路”发展与合作，承载着构建人类命运共同体的美好愿景。随着“一带一路”倡议的纵深发展，技术合作项目不断增多与深化。截至2015年5月底，中国已经对“一带一路”的64个国家、地区，累计实现各类投资1612亿美元，约占中国对外直接投资总额的20%，在地域表现上依次是东南亚、西亚和中亚、南亚以及中东欧地区，产业涵盖能源、矿产、制造等众多领域①。大量的技术合作为东道国带来暂时的科技进步与生产效率提升的同时，也引起了诸多环境问题与争议，不仅对合作地的生态环境带来损害，更影响了国际合

* 山西大学法学院讲师，法学博士，主要研究方向为环境法与知识产权法。

① 郑蕾、刘志高：《中国对“一带一路”沿线直接投资空间格局》，载《地理科学进展》2015年第5期。

作中“一带一路”的品牌形象。目前国内外尚无针对“一带一路”技术合作生态环境问题的专门研究，涉及环境问题的相关研究集中于个别领域的特定视角，关于造成环境影响的深层次与制度性分析并未得到足够关注，而“一带一路”技术合作生态环境问题的根本解决途径在于具体规则的建立与专门制度的保障，因此，本文从国际法、合作东道国以及合作母国法律制度的视角全面梳理分析“一带一路”国家技术合作过程中存在的主要环境问题，并讨论中国绿色原则的可适用性，进而从宏观、中观、微观三个层次提出具体完善建议。

一、损易治难：“一带一路”技术合作存在的生态环境问题

“一带一路”跨国技术合作过程中部分项目为东道国带来了严峻的环境污染问题。其中在柬埔寨投资的森林采伐项目，因产生的森林生态环境问题被当地政府收回了森林采伐权；中国将环境污染较严重的采油产业以技术投资形式集中于安哥拉、苏丹、赤道几内亚和尼日利亚等非洲地区；中石油和中石化在蒙古、印度尼西亚、墨西哥等地的部分项目也面临环境问题；中国电力投资集团在缅甸进行的密松水电站建设项目存在生物多样性破坏与环境风险承载能力受影响等问题。除环境污染这种显性的环境问题，也存在资源过度利用等较为隐形的环境问题。中国矿产品和金属的技术投资主要集中在赞比亚、刚果民主共和国和南非等国家，而这些资源类开采若无严格的标准最容易造成资源的过度利用，对后续生态环境造成不可逆的损害。“一带一路”倡议一再强调绿色发展与命运共同体的建立，然而现实中技术合作造成的环境污染却一再发生，涉及的原因并非单一性问题。

治理生态环境污染的先进技术跨国应用存在知识产权限制。低碳、环保、节约资源与能源的材料与方法能够有效减少企业在产品生产、使用和提供服务过程中污染物的产生和排放，进而减少对环境的损害，而治污、清洁技术可以有效改善环境的污染状况，达到对环境的积极治理。“一带一路”沿线国家具有突出的生态环境安全问题，沿线的东南亚地区面临空气的跨国污染、水资源破坏、生物多样性减少和资源消耗量飙升等难题；海上丝绸之路沿岸国家存在陆源污染排放过量、生态灾害频发、渔业资源枯竭等问题。“一带一路”沿线国家生态环境保护整体形势很严峻，环境基础差、负担人口多、环保能力弱是

基本现状，且各国发展水平差异很大，① 诸多环境问题亟待先进绿色技术的治理改善。与此同时，绿色技术多数具有专利保护，从全球近20年绿色专利的申请趋势可以看出，绿色专利的申请呈持续上升趋势，尤其近10年增速加快，平均年增长率达到20%以上，其中中国在全球绿色专利申请人国家排名中占第一位，超过第二位至第十位国家的总量（见图1、图2）。② 在技术合作中绿色专利的转移转化问题十分突出。因此，“一带一路”技术合作的绿色问题不仅包括技术积极合作过程中产生的环境污染、资源过度利用等环境问题，亦包含绿色技术难以顺利转移而导致环境污染无法得到高效治理和资源利用效率难以有效提升等问题。

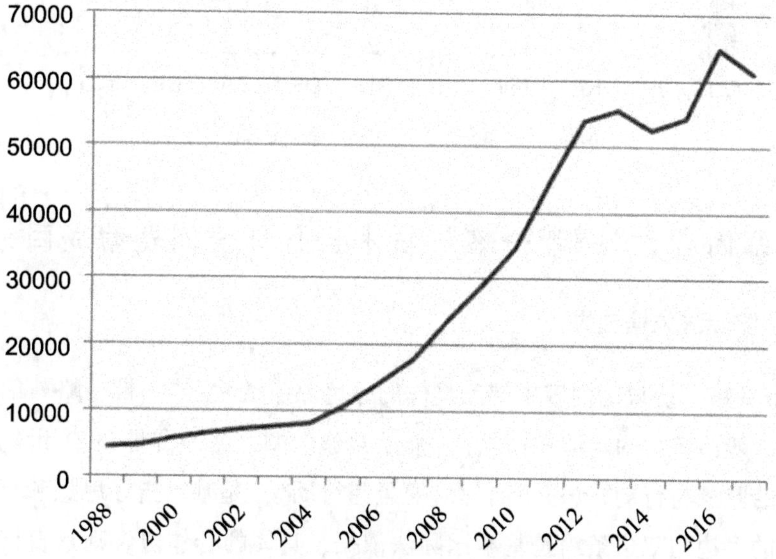

图1　近20年全球绿色专利申请趋势图

---

① 田颖聪：《“一带一路”沿线国家生态环境保护》，载《经济研究参考》2017年第15期。

② 专利数据来源于智慧芽专利检索数据库，设置检索式为标题或主题中含清洁技术或绿色技术或节约能源或节约资源的方式，即（TA：（save resource）OR TTL_ ENTRANS：（save resource）OR ABST_ ENTRANS：（save resource））OR（TA：（save energy）OR TTL_ ENTRANS：（save energy）OR ABST_ ENTRANS：（save energy））OR（TA：（clean technology）OR TTL_ ENTRANS：（clean technology）OR ABST_ ENTRANS：（clean technology））OR（TA：（green technology）OR TTL_ ENTRANS：（green technology）OR ABST_ ENTRANS：（green technology）。为避免同一优先权专利多种申请带来的重复计算，所有数据均以简单同族代表专利为统计基础。

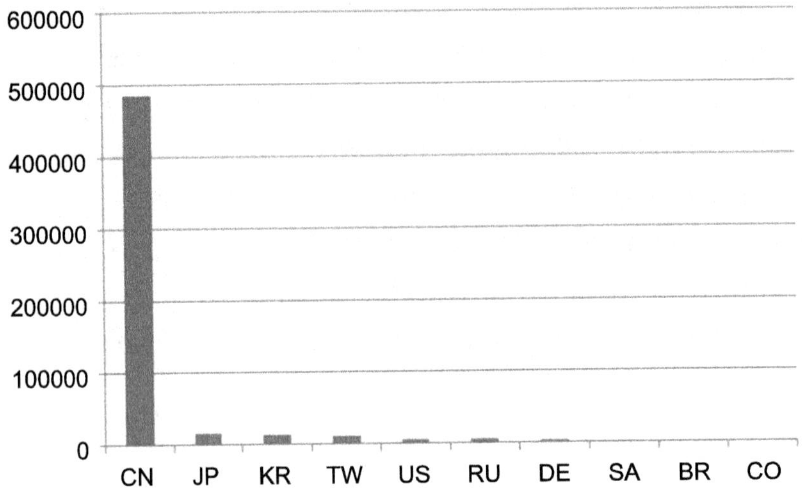

图2　世界绿色专利申请人国家排名

二、三维因素："一带一路"技术合作环境问题的成因分析

（一）国际法依据缺失

"一带一路"协议的内容中缺乏具体的绿色保障条款。"一带一路"的国家技术合作一般由多类约定形式构成，《推动共建丝绸之路经济带和21世纪海上丝绸之路的愿景与行动》（以下简称《愿景与行动》）是基本指导思想和行动指南，签订的多边与双边条约是基本国际法依据，具体的合作协议则是直接合同依据。由于技术合作的主体不仅包含环保意识强环境资源丰富的单位，也存在资源较少环境保护理念弱的单位，在合同的签订中很难保证环境问题的充分关注。合作国加入的公约、签订的正式条约、签署的谅解备忘录等均是具体规范的来源。《愿景与行动》中提到中国欢迎各国企业来华投资，鼓励本国企业参与"一带一路"国家基础设施建设与产业投资，鼓励科技合作，要求企业尊重当地管理规范，严格保护生态环境。然而这条保护生物多样性与生态环境的规定只有宏观指导性意义，对具体操作却很难规制。当然，《愿景与行动》的倡议与引导性质也决定了无法细述具有可操作性的具体条款。因此，可发挥具体遵照执行作用的约定就只有具体的公约或多边、双边条约，然而"一带一路"公约目前还没有形成，而广泛技术合作可遵照的多边、双边条约中只提到宏观

环境保护约定而无具体执行条款。以 2017 年 3 月 27 日中华人民共和国政府和新西兰政府签订的《关于加强“一带一路”倡议合作的安排备忘录》（以下简称《备忘录》）为例，《备忘录》提到的具体原则包括在“共商、共建、共享”的原则指导下，尊重彼此利益和重大关切，深化彼此互信。总体要求既尊重双方已签订的合作协议和形成的合作机制，也遵循既有的国际合作相关惯例，坚持市场导向，共同促进在具体领域深化合作。但合作原则中并未体现绿色理念，宣言式的环境保护条款仅在形式与目标上具有意义，而对具体操作无益，缺乏环境保护的具体措施与标准。

国际法中尚未形成促进绿色技术转移的有效约定。与贸易有关的知识产权协定（Agreement on Trade - related Aspects of Intellectual Property Rights，以下简称 TRIPS 协定）第 7 条规定了有利于社会和经济福利的技术创新和转移以及权利和义务的平衡。第 8. 2 条授权成员国采取合适的措施以符合协议的其他规定，他们需要解决现实中不合理地限制贸易或影响国际技术转让的问题。第 66. 2 条要求发展中国家采取激励措施，促进和鼓励技术转让。但到目前为止几乎没有确认执行这些规定的具体措施或解决对国际技术转让的不利影响。一个显著的例外是多哈宣言和相关后来 TRIPS 协定的修正案，规定为了采用强制许可将药品出口到缺乏生产能力的发展中国家。尽管在波恩（Bonn）和哥本哈根（Copenhagen）会议上知识产权问题已经得到持续的关注，但发达国家不同意联合国气候变化框架公约（The United Nations Framework Convention on Climate Change，UNFCCC）谈判下的知识产权规制以及将大量资金从北方转移过来以解决南方的需求。

（二）技术合作东道国法律政策偏移

技术合作东道国的环境要求与执行标准较低。《愿景与行动》中提到促进企业按照属地化原则进行经营管理，尊重当地的法律规范。亚欧非大陆上有发达国家，有发展中国家，各国的环境法律制度、环境标准及法律政策的执行差异巨大。以柬埔寨为例，其生态环境本身就十分堪忧，现实中即使在 Seima 森林保护区，砍伐树木的现象也十分猖獗；在中缅密松大坝的技术投资过程中，2009 年中国电力投资集团曾经组织中缅专家编制了环评报告书，但由于缅甸并没有强制性必须遵守的环评法规，报告最终并未公布，也为后续以环境可持续发展问题遭停建埋下伏笔。整体而言，“一带一路”的许多国家经济发展水平相对落后，亟须引进先进的技术以发展当地经济，生态环境的问题并未得到足够的重视。国家之间为了争夺先进技术的投资甚至会刻意降低环保要求，提供更大的合作优惠。若东道国环境标准低或不设置标准，技术合作企业就无法依据当地标准履行环境保护义务。

绿色技术转移方面，最主要的障碍实际是知识产权问题。以中亚五国为例，哈萨克斯坦国家专利局发布的《专利公告》只有哈、俄双语，有可能造成语言障碍。吉尔吉斯斯坦专利法规定发明的有效期为20年，但实用新型的有效期只有5年，保护时间较短，且专利的申请应使用吉尔吉斯语或俄语。乌兹别克斯坦和土库曼斯坦实用新型专利的保护期限也是仅有5年。塔吉克斯坦的国内专利法主要是《秘密发明法》和《塔吉克斯坦工业外观设计法》，规定对发明和外观设计进行保护，而对实用新型的保护未作规定。塔吉克斯坦共和国实用新型专利不仅不能通过专利保护，保护时间也只有6年，最多可申请延长至9年。

（三）技术合作母国管理制度消极

跨国技术合作的过程中，母国的法律与管理制度深刻地影响着技术投资企业的运行规范，大多国家要求企业依据属地原则遵守东道国的环境法律制度，而有些国家在环境标准问题上具有更高的要求，需要企业在东道国和母国中选择环境要求更高的一方的制度执行。因中国是“一带一路”倡议的发起国，本文以中国作为母国为例进行分析技术合作引起环境问题的原因。2017年5月，原环境保护部、外交部等四部委联合印发了《关于推进绿色“一带一路”建设的指导意见》（以下简称《指导意见》），同期，原环境保护部发布《“一带一路”生态环境保护合作规划》（以下简称《合作规划》），共同构成了中国推进绿色“一带一路”建设的纲领性文件和行动导则，体现了中国对“一带一路”建设生态环境保护的重视。然而，尽管这些文件具有权威性且生态环境保护的态度坚决，但是于具体技术合作过程中的环境标准与作为而言，仍很难直接规制。除较为宏观的文件外，中国也有一些具体指导技术投资企业行为准则的规范，但是法律位阶较低或并非直接针对环境标准的问题。如中国商务部和原环境保护部在2013年联合发布的《对外投资合作环境保护指南》只是部门规范性文件，对技术合作企业的环境保护管理作用有限。①《境外投资管理办法》对限制出口技术的行业进行核准，要求技术投资企业做好环境保护工作，但是环保情况并不属于核准范畴。虽然环境保护理念在行政法规、部门规章、部门规范性文件等各层级的文件中均得到彰显，但是在项目审批、征税等强制方式中均未体现生态环境导向性，缺乏强制性操作，尤其是缺乏后续持续的监督与管理，对“一带一路”技术投资企业的环境行为治理还存在一定差距。

绿色技术转移促进与保障方面，《合作规划》中提出鼓励扩大治理改善生态环境的产品和服务进出口，推动绿色对外援助。但是即使促进绿色技术合作与转移的政策导向十分确定，具体转移障碍仍然无法解决。中国与东盟开展的环境保护合作机制的“中国—东盟环境保护合作中心”模式是促进绿色技术转移与合作的有益探索，但其内容仍是将跨界环境污染、环境友好技术、海洋环境的可持续利用等纳入环境优先合作领域，而如何促进环境友好技术的无障碍转移问题仍未提及。绿色专利的许可问题是全球性的由技术发达国家向技术需求国家转移面临的共同难题，而从全球角度解决“绿色问题”离不开向需求国提供绿色技术的灵活许可计划的制定。②

三、绿色原则：国际环境纠纷适用原则的补充与升级

在国际投资中解决发展与环境问题的常用原则是可持续发展原则。可持续发展理念已超出世代间环境公平范畴，逐步发展为涵盖社会、经济和环境的国际社会普遍接受的国际原则，正影响着国际法律与政策的制定和发展。可持续发展的概念可追溯至1972年斯德哥尔摩会议之后，1987年，世界卫生组织为可持续发展下了定义，1990年5月15日，在ECE区域34个国家的94位部长会议和欧洲共同体环境专员的会议上，提出了关于可持续发展问题的Bergen ECE部长级宣言，1992年，里约热内卢会议中可持续发展问题成为宣言的中心议题。可持续发展原则在解决环境有关的争端方面具有重要作用，被明确地纳入若干具有约束力和影响深远的国际协定，从而使它在这些协定的范围内具有约

① 葛察忠：《中国对外投资中的环境保护政策》，中国环境科学出版社2010年版，第31页。

② Sarah M. Wong, Environmental Initiatives and the Role of the USPTO’s Green Technology Pilot Program. 16 Marq. Intell. Prop. L. Rev. 233, Winter, 2012: 256.

束力。目前明确的裁决与评审标准尚未建立①，1997 年 9 月 25 日，国际法院在裁决关于匈牙利和斯洛伐克（Gabcikovo-Nagymaros）项目的案件中曾围绕可持续发展原则展开讨论，卫拉曼特雷（Weeramantry）法官认为国际社会的普遍支持并不意味着国际社会的每一个成员都给予了它明确和具体的支持，这也不是建立一个习惯国际法原则的必要条件。

如果说可持续发展理论还是一个裁决与评审标准很难把握的原则，那么党的十八届五中全会提出并在十九大报告等重要文件中不断重申的绿色发展原则就是可持续发展原则的继承与发展，具有更强的可实践性。中国的绿色发展理念已经写入了《民法典》，成为中国民事基本法的重要原则。中国《国民经济和社会发展第十三个五年规划纲要》提出积极应对全球气候变化，发展绿色环保产业。近年来中国从政府到企业再到组织、个人，都在深入贯彻落实绿色发展理念，并取得了一系列成果，如绿色政府采购政策的确立、绿色技术银行的建立、绿色制造和绿色产业的发展等。在跨国技术合作的过程中，一般东道国的经济与科技发展水平相对较低，考虑过多的是经济效益，时常因对环境问题关注较少而导致各种污染与环境危害。在早期的国际技术投资中，投资协定保护技术与资本输出国的利益较多，东道国往往以环境的牺牲来换取经济发展。“一带一路”倡议是绿色的倡议，是分享生态文明建设理念、绿色发展理念与打造命运共同体的实践。“一带一路”的技术合作本是互利共赢的举措，不能因为缺乏统一的绿色保障机制而发生偏颇与带来负面效应。

四、构建“一带一路”技术合作的绿色保障机制

（一）发起设立“一带一路”绿色机制的全球倡议

《指导意见》和《合作规划》是中国推进绿色“一带一路”建设的纲领性文件和行动导则，但是文件属于国家部委发出的部门规章，很难在“一带一路”技术合作过程中对各方形成约束。中国作为新丝绸之路经济带发起人应首

---

① Atapattu Sumudu. Sustainable Development, Myth or Reality: A Survey of Sustainable Development Under International Law and Sri Lankan Law. Georgetown International Environmental Law Review, Winter, 2001, 14: 279.

先提出向一带一路沿线各国发出国际技术合作的绿色倡议。积极呼吁沿线各国认同“一带一路”技术合作绿色保障机制建立的必要性与重要意义，从而多国共同发起绿色“一带一路”的全球倡议，构建国际技术合作绿色保障的行为准则。

（二）推动建立具有绿色保障条款的“一带一路”公约

积极发起“一带一路”合作的国际公约，为“一带一路”国际合作建立完善的法律框架，以法律手段保障合作的顺利进行。在坚持开放合作、和谐包容、市场运作和互利共赢共建原则的同时，落实绿色原则的内容，保障跨境技术合作的环境责任承担与绿色技术转移的顺畅进行。技术合作的绿色保障内容应包含优先适用环保技术的合作、排除环境污染易致技术的使用、规范企业的具体环境责任、构建绿色技术转移的通道，同时注重东道国及跨境河流、森林与草原生态系统保护，跨境污染补偿机制与奖惩机制的建立，强调技术合作母国的国家责任和非国家行为主体的重要角色。

（三）“一带一路”双边投资协定范本中加入绿色保障的条款

在“一带一路”双边投资协定范本中增加绿色保障的章节，以确定技术合作的绿色机制运行。第一，确立技术合作企业执行母国与东道国中较高环境标准的原则。要求技术合作企业优先遵守东道国的环境法律法规，在东道国的环境保护标准低于母国时，适用母国的标准。第二，确定技术合作企业的具体环境保护责任以及母国的监督管理义务。第三，东道国享有管理影响环境事务的优先权，但应保证环境法律法规与环境标准的稳定性，环境标准的修改满足正当程序的要求。第四，东道国具有不因吸引技术投资而降低环境保护标准的义务。第五，增加绿色保障的程序性条款，如技术合作磋商在绿色要求方面的具体程序、保障社会公众的参与知情等。除在范本中规定的基本条款落实外，“一带一路”在具体签订双边投资协定时可坚持一国一策的原则，根据各国环境基础、需求与具体合作技术等多方因素进行考量。

（四）构建“一带一路”技术合作的绿色审查与监管机制

国内应积极推动“一带一路”环境利好政策的具体落实，完善相应法律法规，规范化指导进行技术合作的企业以推动其更好地履行环境责任。首先，在进行“一带一路”技术合作前进行绿色审查，包括技术本身的环境影响情况以及技术实施和进一步研发的潜在环境影响。其次，技术合作过程中的持续监管。鼓励东道国定期向技术投资母国披露企业的技术开发与生产实践产生的环境问题及企业的环境保护作为，建立顺畅的国际沟通机制。技术合作企业要定期将遵守东道国环境法律制度的情况、技术研发与实施过程中造成的环境损害以及环境修复作为等情况向母国报告。最后，在建设“一带一路”生态环保大数据服务平台的基础上尽快建立起技术合作环境情况的服务数据库，实时修正企业的表现情况。数据库直接进入绿色投融资体系，与企业的金融信贷与扶持对接。

（五）建立“一带一路”绿色技术转移通道

通过国际条约、双边协定等渠道建立“一带一路”绿色技术转移通道，保证绿色专利技术的顺利转移转化，一方面，通过技术援建和出口帮助东道国解决环境治理问题；另一方面，推动跨国科技合作共同解决全球气候变化问题，致力于跨境河流、森林、草原等生态环境治理。《合作规划》中已明确指出探索设立“一带一路”绿色发展基金，推动设立专门的资源开发和环境保护基金，重点支持沿线国家生态环保基础设施、能力建设和绿色产业发展项目。因此，建议在绿色发展基金中分立专门的绿色技术专利支持基金，用于按需支付环保技术的专利费用，以服务“一带一路”绿色技术创新与跨境转移转化。同时，推动各国完善知识产权制度，建立“一带一路”各国互相联通、共同认可的知识产权保护体系。

“一带一路”是一个开放的国际合作区域，不仅沿线国家可以自主参与到“一带一路”的经济合作中，也鼓励世界各国共同参与建设。在国际技术合作的过程中，容易导致工业技术生产所带来的环境污染从技术投资国扩展至技术合作东道国以及优质环境资源被技术优势国掠夺，通过先进技术进行生态环境治理的途径又被知识产权制度所限制。而绿色发展原则是中国提出的解决发展问题的具体原则，是可持续发展原则的继承与发展，在补充解决环境问题国际纠纷原则适用方面具有重要的理论与实践意义。为此，无论从实践需求还是理论支持方面，提出共建“一带一路”的中国可以主动承担，以现有工作推进为起点、以未来美好蓝图为目标，承前启后、继往开来，推动建立一套国际技术合作绿色保障机制，以保障新丝绸之路经济带长期、稳定、共赢、有效地合作发展，支持、推动人类命运共同体的构建。

网络小说抄袭的证明问题研究

马爱萍* 常慧英**

摘 要： 网络小说作为一种新型文学形式，在互联网技术升级和移动智能终端普及的形势下，因简便的阅读方式和多样的故事内容吸引了大量读者，网络小说自身的高热度结合小说影视化的潮流，推动着网络小说市场的火爆，热度和利益的双重吸引下，抄袭现象也逐渐猖獗。网络小说抄袭作为一类著作权侵权行为，在证明上存在证明责任分配问题、证据收集问题和认定问题这三个主要问题，解决以上问题不仅能够对网络小说著作权人维权提供参考，对于法官审理网络小说抄袭案件也有很大的帮助。

关键词： 网络小说抄袭 著作权侵权 证明

一、网络小说抄袭的证明问题缘由

（一）网络小说抄袭的背景和概念界定

文以载道，文字是人类将思想和情感具象化的载体，作为文学创作成果之一的小说以作者的意志为基础，用文字构建了一个独特的虚拟空间，这个空间内伴随着主要人物发生着各式各样的故事，比如爱恨情仇、江湖风雨、绝境逆袭等，小说中塑造的人物、产生的剧情作均为作者思想的表达，读者在作者文字的引领下沉浸其中，这就是小说独特的魅力所在。

随着信息化时代的到来，承载文字的客体从传统的纸张等有形物扩展到网

* 山西大学法学院教授，法学博士，主要研究方向为民事诉讼法学。
** 山西大学法学院民商法专业硕士研究生，主要研究方向为民事诉讼法学。

络这个无形物，互联网为作者创作提供了很多帮助，例如更简易的文字录入方式、更便捷的资料查找途径、更多样化的发表渠道等，相应地，读者也不再只能从书店获取想要的作品，打开手机或者电脑，只要轻轻点击便能够看到作者的最新作品。互联网的发展让网络小说市场从出现到繁荣，高热度的网络小说也吸引了资本的注意，网络小说影视化而来的电视剧、电影近年来一度成为我国电影电视剧的主要来源，这样的利益追逐将网络小说捧上王座，2012 年，电视剧《甄嬛传》热度空前，其原著作者也受到了大量关注，相关小说网站描写历史后宫权谋类的小说激增，选择成为职业网络写手的人数也大幅增加，由此可见网络小说市场的火爆。

同时，网络小说的高热度、高收益带来的不只是网络小说市场的繁荣，还有大量的抄袭，数据化的网络让有些不劳而获的人钻了空子，他们仅仅通过复制、粘贴等简单的操作就能够将别人的劳动成果归于自己，享受着别人的成果带给他们的利益。当然，剽窃抄袭并不只是当代的产物，信息化时代只是让这种行为变得更加简易，也更加猖狂，从法律意义上来讲，这是侵犯著作权的行为。网络小说作者，或者说网络小说著作权人在当下面临的侵权问题极为严重，但由于网络环境中侵权行为人不明、标的额较小、维权时间长等原因导致维权困难，选择用法律维权的作者极少；更进一步说，著作权人即使选择用法律武器维护自己的权益，维权难的问题也没有解决，在纠纷进入法律程序后，对于抄袭的证明成为维权的重难点。

那么，什么是抄袭呢？“抄袭”是指把别人的文章、作品私自照抄作为自己的去发表，这是现代汉语词典中的一种释义，从法律意义上来说，抄袭是一种著作权侵权行为，它的内涵就是未经原作者同意，直接复制其作品的全部或者部分后，以自己的名义对形成的文章或书籍进行发表、传播等行为，以此为自己谋取利益，《著作权法》并没有采用“抄袭”一词作为描述侵犯著作权的一种行为，采用的是“剽窃”。1999 年国家版权局在对于抄袭行为认定的一次回复中明确，在著作权法上，“抄袭”与“剽窃”的含义是一致的①。学者们对于抄袭的理解不尽相同，但是均体现了一个内涵，即将别人的作品的部分或

---

① 参见 1999 年作出的《国家版权局版权管理司关于如何认定抄袭行为给青岛市版权局的答复》。

全部拿过来作为自己的作品①，以此来获取利益。因此，网络小说抄袭行为是指对在网络平台上发表的作品的全部或者部分内容进行复制，形成自己的文章或书籍并以此获取利益的行为。

（二）网络小说抄袭的特点

文学上的抄袭自然不是当代的产物，自有文学创作便有了抄袭，甚至于坊间笑谈“天下文章一大抄，就看你会抄不会抄”，网络小说这种新型的文学形式是随着科技发展而迅速发展的，比起传统纸质小说有如下特点：

首先，载体不同。互联网是网络小说发展的根基，从初始的网络论坛上发表小说到目前专业化的小说发表流程和体系，这个过程是随着互联网技术的进步而变化的，可想而知，当互联网技术有进一步的变革时，网络小说相应地会迎来自己的新发展。

其次，发表更为便捷。在互联网上发表小说不像在纸媒上发表那样困难，只要作者完成作品，将其电子化，那么可以选择合适的平台发表自己的作品，这就算是“公之于众”了。

最后，传播更为广泛。互联网的特性在于“海阔天空，任我遨游”，因而上网亦有冲浪一说，网络小说在网上发表后会有更加广泛的传播，这种传播可能是因为一个读者分享促成的，也可能是因为平台推广所致，更有可能是因为“盗文”和“抄袭”，也就是因为著作权侵权行为所致，广阔的互联网“海洋”中总有些阳光照不到的深海，作者不可能对已经发表的作品进行全面关注，这也造成了网络小说虽然传播广，但是抄袭严重的局面。

网络小说市场的火爆引发了网络小说抄袭现象的猖獗，而网络小说的这些特点在一定程度上为抄袭大开方便之门，比起传统的文学抄袭现象，网络小说抄袭有着更低的侵权成本、更多样的侵权方式以及更难的维权过程。

第一，就侵权成本一项来说，网络小说抄袭比起传统的小说抄袭侵权成本更低。传统的抄袭至少需要获取原著文本、抄写要用的部分、寻找途径公之于众，而网络小说虽然也需要这些流程，却简单了很多，一切只需要在网络环境下完成，点击查询，一键复制，粘贴到位，发布即可，网络环境下文字作品的

① 王国柱：《论著作权法对剽窃侵权的独立规制》，载《法商研究》2020年第3期。

发表并不严苛，可以在专业的小说网站注册发表，也可以在一些贴吧、博客等发表，侵权成本相较以往更低。

第二，在侵权方式上，可选择的方式更加多样化。传统的小说抄袭方式只能是抄写后发表，而现在，侵权人对需要的文本不仅是抄写，他可以直接从原文中复制粘贴，也可以依赖技术手段从文字库中提取使用，现在有专门的写文软件，需要什么情节可以直接输入关键词，搜索出需要的情节并选择使用，这些情节便是从已经发表的作品中截取出来的。抄袭不再是抄写，而是鼠标点击就能完成的过程，当然，高难度的抄袭需要更加精细化的流程，但不可否认的是，抄袭已经不止是手动抄写这一种方式了。

第三，著作权人的维权变得更加艰难，网络环境的虚拟性让侵权人有了很好的“保护伞”，基于网络进行的侵权行为更是难以捕捉和认定。网络环境的虚拟性让著作权人面临的第一个问题就是侵权行为人不明，网络面具下的人到底是谁很难靠著作权人自己的力量确定；网络小说写作市场火爆，作者及小说浩如烟海，小说不出名的情形下，作者收益并不多，侵权人就算抄袭也可能存在获益不高的情形，因此侵权标的额较小，很难进入法院受理的门槛；著作权侵权的纠纷维权时间长，文本的阅读、对比、分析以及判断需要花费大量的时间，对于网络小说著作权人来说精力损耗极大，网络小说市场日新月异，长时间的诉讼会影响作者的写作及收益情况，基于以上顾虑，著作权人可能会选择放弃维权。

（三）网络小说抄袭在证明上的问题

面对网络小说抄袭这一侵犯著作权人利益的行为，理论上著作权人可以选择多种方式去维护自己的利益，如私下和解、调解、诉讼等，在这些手段中，诉讼尽管耗时耗力，但对于侵权问题的解决却又是最有力的。当著作权人选择通过诉讼手段解决纠纷，进入诉讼程序后，首要问题就是抄袭的证明问题，但著作权人对于网络小说的抄袭证明却很难，主要存在以下问题：

第一，证明责任分配的问题。证明责任理论源自德国，按照学界观点，证明责任可以分为主观证明责任和客观证明责任，前者可以理解为举证责任，后者是一种结果责任，是在要件事实真伪不明时承担败诉风险的责任。按照《民事诉讼法》第六十四条的规定，我国的证明责任只体现了举证责任，也就是当事人双方对于所提出的事实需要提供证据的责任，此外，在网络小说抄袭这一类侵权行为的证明责任分配中，法律并没有给出明确规定，学界对著作权侵权的证明责任分配意见不一，讨论也不够深入。

第二，证据获取难。网络小说与实体小说不同，网络小说的创作全程在网上进行，写作的痕迹很难追寻，作为著作权人去提供对方抄袭的证据非常难，一来只能通过文字对比，二来是核心情节的相似，目前，读者基于对自己喜爱的作者的维护，常通过“调色盘”进行说明，就是将两篇作品的文字相似性内容用不同颜色标注出来进行对比，因一眼看上去色彩缤纷而取名为调色盘，但调色盘能否作为证据使用仍不明确。

第三，抄袭证明的认定难。民事案件中事实的证明和认定不仅是诉讼过程的一部分，更准确来说是诉讼的两个方面，于当事人来说是证明，于法官来说是认定，在网络小说抄袭中想要达到证明标准，法官通过自由心证认定抄袭是很困难的，一方面，法律没有规定明确的证明抄袭的方法和标准，在实务中，可以选择的证明方法并不统一；另一方面，法官自由心证会受到个人能力、先见等因素的影响，因此，抄袭的认定也存在问题。

对网络小说抄袭的证明问题的解决不仅是著作权人的需要，在整个诉讼过程中也是法官认定抄袭和判决的需要，我国在知识产权的保护上呈现着被动立法到主动立法的特征，目前著作权法仅规定了抄袭行为是著作权侵权行为，但是在证明上，尤其是上述三方面仍然存在很大的问题，下文将进行详细阐述。

二、网络小说抄袭的证明责任分配问题

《民事诉讼法》对于证明责任分配规定得并不到位，第六十四条用的是“举证责任”一词，按照罗森贝克的“规范说”，这里的举证责任是指主观证明责任，贝克教授在其著作《证明责任论》一书中指出，严格意义上，证明责任分为主观证明责任和客观证明责任，前者是指双方当事人都负有的证据提出义务，如果当事人想要适用对自身有利的法律规范，那么需要对该规范的构成要件要求的事实提出证据进行证明，这是双方均负有的责任；后者是指当待证的事实真伪不明时，对待证事实负有证明义务的一方当事人承担败诉风险，这是一种结果责任。此外，贝克教授还指出，证明责任的分配早已经有明确的法律

规范的规定，这些规范从理论上讲分成权利产生规范，权利妨碍、排除、消灭规范，是基本规范与相对规范的关系，当事人提起诉讼需要使用相应的法律规范，诉讼的证明过程正是将已经发生的事实变成法律规范构成要件所要求的事实，每一个当事人都应当对有利于自己的法律规范的构成要件事实进行证明①。

按照上述原理，就网络小说抄袭的证明来说，如果著作权人想要起诉要求侵权者承担责任，那么第一步就是寻找法律规范，也就是寻找对著作权人有利的、能够支持著作权人请求的法律规范。我国民事诉讼的证明责任与侵权归责原则联系密切，对于“网络小说抄袭”这一类著作权侵权行为，在《民法典》侵权责任编中并没有给予特别规定，1999 年作出的《国家版权局版权管理司关于如何认定抄袭行为给青岛市版权局的答复》中谈道“抄袭侵权与其他侵权行为一样，需具备四个要件：第一，行为具有违法性；第二，有损害的客观事实存在；第三，和损害事实有因果关系；第四，行为人有过错”。换言之，按此回复，著作权侵权按照过错责任进行归责，因此，证明网络小说抄袭行为侵犯著作权的法律规范构成要件是四项：过错、侵权行为、损害结果、因果关系，主张侵权事实成立，即确有抄袭的当事人应当对以上事实的证明提供证据，当以上事实真伪不明时，该当事人应当承担败诉风险；相应地，相对方则应当对权利排除、妨碍、消灭的要件事实进行证明，例如按照《民法典》第一千一百七十三条到第一千一百七十六条规定的侵权责任减轻的一般规定，如存在著作权人过错等情形，相对人可以对这些规范的构成要件事实提出证据进行证明，从而减轻或者免除责任。

以上是按照一般原理进行的证明责任分配，但现实中仍然存在两方面的问题，一方面，在学界，对著作权侵权的归责原则存在争议，有学者认为著作权侵权应当按照无过错原则进行归责，理由是对著作权进行严格保护有利于更好地保护著作权人利益，且符合国际通行做法，有学者认为应当按照一定的标准分情况讨论归责原则，在不同情况下使用不同原则，比如按照证明对象和归责原则分成完整的证明责任和部分的证明责任进行研究，也可以分成侵犯著作人身权和侵犯著作财产权两类，前者按照无过错责任进行证明责任分配，后者按

① ［德］莱奥·罗森贝克：《证明责任论》，庄敬华译，中国法制出版社 2018 年版，第 143 页。

照过错责任进行证明责任分配①，因为侵权责任的不同，著作权人的证明要件事实也会相应地发生变化。另一方面，在实践中一般仍以过错责任为著作权归责原则，但由于网络小说抄袭证据收集的困难性，由著作权人证明四项要件事实太过困难，如何减轻著作权人的证明难度成为明确证明责任分配后的重要问题。

笔者赞同的观点是以过错责任为归责原则，证明四项构成要件事实，但是在个案中允许当事人对规范要件事实的证明有所偏重，重在证明侵权行为及损害结果，轻在过错及因果关系。首先，在网络小说抄袭的证明责任分配上，因网络小说抄袭本身是一类侵权行为，无需再多做分类，这类侵权行为并不存在需要特殊规制的内容，无需适用无过错责任原则进行严格保护，进一步说，因为抄袭行为天然带着“故意”的属性，不存在无过错的情形，以无过错责任规范反而不合适，因此，网络小说抄袭的证明对象可以确定在四个侵权构成要件事实上。其次，应当将证明重点放在抄袭行为的存在和损害结果这两方面，过错和因果关系这两方面基于抄袭的天然故意性质，只要明确违法行为和损害结果存在，那么自然被证明，在诉讼中允许当事人对证明对象的证明有轻重之分不仅在个案中对著作权人减轻证明难度有极大帮助，又有利于建设网络小说抄袭这一类侵权行为的整体证明环境，不让被侵权的著作权人“望而却步”，陷在想要维权又苦于维权证明难的窘境。

三、网络小说抄袭的证据收集困境

证据在民事诉讼证明中的地位举足轻重，证据是证明的基石，正所谓“打官司就是在打证据”，如果将诉讼比喻成一场战役，那么证据就是武器，精良的器械带来精准的、高伤害的打击，才能取得胜利，明确、有力的证据能够帮助当事人赢得诉讼。在网络小说抄袭的证明活动中，正如上文所言，网络小说抄袭这类侵权行为不同于一般文学作品的抄袭，其抄袭过程在网络上进行，网络的虚拟性致使很多证据难以留存和获取，而证据的缺失会导致证明中两个方面

① 周浩仁：《论我国著作权侵权的证明责任——兼谈〈著作权法〉关于证明责任的修改》，载《科技与出版》2019 年第 3 期。

的问题：

第一，身份认定问题。网络小说以互联网为平台进行发布，但是互联网本身具有虚拟性质，隐藏在网络用户名背后的究竟是谁，著作权人是否享有著作权，网络上显示的用户是否是抄袭行为的实行者，这都需要提供证据证明。从原告——也就是著作权人的角度来说，一般而言，对著作权人的认定需要提供三类文件，一是个人身份证件及自己注册的用户名的证明材料，用以说明自己的作者身份，二是所写的作品的原件，写作材料如大纲、人物设定等。三是对自己享有著作权的进一步证明材料如著作权登记证书，对享有著作权的网页信息的公证文件等①，通过这些文件证明本人享有著作权，是被抄袭作品的著作权人。而对于认定侵权人而言，需要提供的是网络上显示的抄袭行为者是真正的抄袭行为作出者的证明文件，也就是抄袭者的身份证明文件。对原著作权人而言，提供这方面的证据难度很大，一来原著作权人很难凭借自身的力量得到证据，二来因为抄袭者所在网站变更或者使用虚假 IP 等原因很难将证据固化。

第二，侵权行为认定问题。在诉讼中，著作权人需要提供对方当事人构成侵权的证据，其中证明违法行为存在方面的证据最为重要，也就是需要明确对方当事人确实做了“抄袭”的行为，一般来说，首先需要提供的证据有文本的对比，包括字句、情节、逻辑等的对照；其次有对方当事人接触过著作权人作品的相关证据等，此外，因为抄袭认定并没有法定的标准，除了文本对比分析外，著作权人很难获取其他有力的证据证明抄袭侵权。

目前，网络小说的读者群体非常庞大，在看到自己喜爱的作品被侵权后，读者们经常通过制作“调色盘”以证明抄袭的存在，以此来支持作者维权，所谓“调色盘”，其实是读者通过对比原作品与抄袭者文章，寻找其中的相似语句、情节等内容，并使用不同的颜色进行标注，让人一目了然，这种颇为流行的方式对于著作权人维权是有利的，但“调色盘”是否能作为定案证据尚待商榷。不可否认的是“调色盘”的存在为当事人和法官均提供了一定程度的帮助，且以读者角度制作的“调色盘”体现了普通读者对两个作品之间是否相似的整体观感②，对侵权的认定是有帮助的，但是“调色盘”在仅有文字直接复

① 王玥韡：《互联网背景下著作权人维权困境分析》，云南大学 2018 年硕士学位论文。
② 王澳立：《“调色盘”在保护网络文学作品著作权方面的积极作用》，载《中国律师》2020 年第 4 期。

制的作品中发挥的作用较大，一旦涉嫌情节抄袭等复杂的抄袭侵权，它发挥的作用则是有限的，甚至可能导向错误的结果①。

四、网络小说抄袭的认定问题

正如前文所述，在民事诉讼中，证据是武器，而当事人利用证据进行的活动就是证明，最后期盼得到的结果是获得其主张得到法院支持的判决，换言之，证明和认定是诉讼的两个方面，前者由当事人主导，后者以法官为中心，整个证明过程实际上就是当事人按照法律规定提供证据，将已经发生的事实通过证据进行重塑，直到满足法律规范构成要件需要的事实，在这个过程中法官进行心证，完成事实认定，最终适用法律作出判决。

网络小说抄袭是著作权侵权行为，采用何种方式进行侵权认定并不明确，我国法律并没有对此作出规定，从著作权侵权认定方式上说，建立在思想与表达二分理论及独创性理论基础上的“接触＋实质性相似”的认定方法是当下理论与实践的主流方式，但是问题在于对“实质性相似”的内涵界定不一，法官使用此理论时并没有统一的标准，这就导致了个案认定的不一，因此，网络小说著作权侵权的认定难就难在认定标准各异，引发保护态势不平衡、差异性较大等问题。

“思想和表达二分”是指作品的文字虽然承载了作者的思想，但思想不是看得见摸得着的东西，无法对思想进行客观、理性的对比评价，因此，作品虽然融思想和表达为一体，但在进行著作权侵权界定时，有必要将两方面区分开来，抛开思想，以表达为基础进行客观的对比分析，著作权法仅保护表达而不保护思想；此外，思想是多变的，而表达是有限的，思想和表达二分理论也有例外，其一是“混同原则”，是指当某一类思想只有一种或者几种特定的表达时，采用同种表达不能算作侵权，这类表达不受著作权法保护。其二是“场景原则”，如果作品有特定的创作背景，在此背景下的写作内容必定有相似的场景描述及文字表达，会带给读者相似的感受，比如以我国历史上某个朝代为背景

① 张奇：《“调色盘”与影视文学作品侵权认定规则探析——以首例〈锦绣未央〉著作权侵权纠纷案为例》，载《山东科技大学学报（社会科学版）》2020年第2期。

创作小说，不可避免地会描写到当时的政治场景、文化风貌、历史事件等内容，那么对这些场景的描述及文字表达也不受著作权法保护。“独创性”理论是指作品的内容由作者自己构思写作，包含着作者自己的个性和思想，内容具有独特价值。

在以上两个理论基础上建立了“接触+实质性相似”的侵权认定方法，一般是指著作权人证明对方当事人有接触过著作权人作品，而且被诉文章或书籍与著作权人作品达到“实质性相似”，但理论和实务对“实质性相似”的理解各有差异，法官在诉讼中对网络小说抄袭的认定也因此各有不同，对抄袭的认定有难度。究其原因，首先，因为我国著作权法缺乏明确规定，法官没有选择适用法律的余地，我国在知识产权方面的立法总体上呈现着被动立法的状态，因此，对知识产权整体的保护不够严谨，理论研究的不成熟也影响着法律的完善；其次，由于理论上有多个对实质性相似认定方式，如“整体观感法”是以一般读者对文字作品观看后的整体感受为标准，“三步测试法”是在思想与表达二分基础上，先剔除“思想”，再过滤不受著作权法保护的内容，之后对剩余的核心情节和内容进行对比，也有学者观点是将前两个方式进行有效结合来判断实质性相似，在实践中，法官的选择没有统一标准，受到法官个人偏好和对实质性认识的理解影响，在不同案件中选择的方式也会不同，最终影响到抄袭行为的认定。笔者倾向于结合“三步测试法”和“整体观感法”对侵权进行综合判定，既能保留以普通读者的角度对作品的感受，也能相对客观地对是否侵权作出判定。

五、网络小说抄袭证明问题的对策

（一）优化网络小说创作环境，利用互联网技术固化证据

网络小说的存在基础是互联网，互联网的发展和壮大是时代趋势，具有历史发展的必然性，网络文学的出现和发展是顺应时代潮流的，面对抄袭泛滥的问题，应当从其客观存在的环境入手，追其本、溯其源，从优化网络小说创作环境入手解决问题，用新技术解决侵权中发现的技术难题，时下，大数据成为热门话题，在网络小说抄袭的证明中也有必要使用大数据，比如搭建大数据信

息共享平台、监测平台①，对抄袭的文章和书籍能够迅速发现并及时采取措施，对侵权文章或书籍快速进行对比检索，寻找侵权内容，这样可以快速完成“调色盘”工作，同时，互联网监测也能够将抄袭行为和过程留存，实现电子数据的固定化，为侵权提供证据，整体上来说能够为著作权人维权缩短时间、减轻难度。

（二）加强平台管理，建立网络服务提供者责任制度

网络小说抄袭涉及的主体实际上并不只是著作权人和侵权人，还涉及的一方主体是网络服务提供者，更具体一点就是各种类型的小说网站经营者或者其他可以提供服务的平台经营者，原作品、侵权文章或书籍的发表依赖于这些平台，平台对侵权行为的处置影响到著作权人，平台也留存着著作权人及侵权人的用户信息，因此，需要明确网络小说的服务提供者的责任。首先，平台可以通过实行网站用户实名制，明确著作权人及侵权人的真实身份，并且协助著作权维权，著作权人在诉讼中可以通过提交平台提供的用户信息证明自己及侵权人的身份；其次，平台可以通过建立完善内部管理系统，及时设立举报、投诉等方式打击抄袭，抵制抄袭者作品，留存必要证据，此外，《民法典》的侵权责任编也对网络服务提供者的责任进行了规定，在权利人提供初步证据及真实身份信息的情形下，网络服务提供者要采取必要措施，未采取的就损害扩大部分承担连带责任。网络服务提供者责任制度的构建不仅能够完善网络小说内部的管理机制，同时对于著作权人获取一定的证据提供了方便，有利于降低著作权人维权难度。

（三）完善相关法律法规，构建网络小说著作权保护体系

网络小说著作权保护在我国可以说是一个比较新的内容，因此，与之密切相关的法律法规还不够完善，对网络小说抄袭的证明问题规定得也不全面，但是，法律是在进步的，对于网络小说抄袭的证明责任原则及分配、证明方式等均需要通过法律法规进行规定，法律带来的是明确的内容和标准，对著作权人

① 王志刚、度冉：《大数据时代网络文学版权保护的新问题及其规制》，载《科技与出版》2018 年第 11 期。

的保护也会更加全面，例如，对于著作权人取证难的问题，民事诉讼法司法解释和民事证据规定都有文书提出令的制度，对著作权人有利的部分书证可能在抄袭者手中，此时，著作权人可以按规定提请对方提供书证，法院结合事实、证据综合判断，申请理由成立法院则令对方当事人提交书证，无正当理由拒不提交的，认定著作权人主张的内容是真实的，这个制度在网络小说抄袭的侵权认定问题上的适用对著作权人维权作用极大。所以，完善相关法法规能够对著作权人权益保障发挥最大作用。

目前，网络小说抄袭是一个非常严峻的问题，著作权人面临的抄袭证明问题也存在困境，在互联网技术越来越成熟、电子化趋势愈演愈烈的趋势下，文学作品绝不可能走向全面纸质化，面对网络环境下的抄袭问题，需要在以往维权方式的基础上，针对其新特点作出改变，更好地帮助著作权人维权。理论与实务并不是分离的，而是息息相关的，当下的理论研究、法律制度与司法实践都在不断面对新问题、解决新问题，我们期待有更加全面、有力的措施帮助网络小说著作权人维护自己的权益。

人工智能介入司法裁判的两面性思考

毛瑞兆* 秦虹洁**

摘 要：人工智能由于其强大的数据收集能力、计算能力、分析能力及其他独特优势，被广泛运用于社会各行业。随着智慧法院建设，在接受人工智能对于推动司法公平正义、提高司法裁判效率等方面的优势前提下，也应该认知到由于司法裁判的特殊性及人工智能自身的局限性所带来的种种缺陷，必须把握司法裁判是公共授权的结果，人工智能是公共事务的辅助的原则，明确人工智能介入司法裁判的适用领域，建构算法黑箱有限度的司法裁判模型，重视人工智能介入司法裁判的法治化进程。

关键词：人工智能 司法裁判 公平正义

1956年的达特茅斯会议第一次提出了“人工智能”的概念，在此后，人工智能迅速且深刻地改变着人类社会及其政治经济形态。在制造、家居、交通、医疗、教育、物流、金融、法律等行业加速发展，成果斐然。

Bruce G. Buchanan 与 Thomas E. Headfick 早在18世纪70年代就发表了《关于人工智能和法律推理若干问题的考察》一文,① 他们认为，人工智能在司法裁判中并不是简单的、机械的运用，而是强调类推的重要性与法律推理模型的可行性，借助于计算机编程来建立裁量模型，同时运用各种法律知识，通过计算机模拟人的法律推理过程，时至今日，这一十分具有前瞻性的理论正在逐

* 山西大学法学院副教授，主要研究方向为民商法学。

** 山西大学法学院博士研究生，主要研究方向为民法学。

① Bruce G. Buchanan and Thomas E. Headfick , *Some Speculation about Artificial Intelligence and Legal Reasoning* , 23 Stanford Law Review. pp. 40 – 62 (1970) .

步实现。

美国 Nortpointe 公司为法院开发设计了根据对犯罪者的访谈和来自司法部门的信息评估再犯风险的 COMPAS 系统。Blackstone Discover 公司开发了能够为法官提供法律分析的 e-discovery 系统。而我国随着“人民法院信息化 3.0”版本的战略部署，“智慧法院”的建设进一步发展完善。2016 年 11 月 24 日，我国成功实现全国法院干警“一张网”办案办公，2019 年 12 月 31 日，最高人民法院智慧法院实验室建成启用，中国移动微法院、5G、区块链、AI 等新技术先后亮相司法领域。

目前，人工智能在裁判形成过程中主要是通过信息检索和其他辅助手段来减少法官机械性劳动的负荷，以提高裁量和数据等处理的质量和效率，简而言之，就是人工智能在司法裁判过程中主要发挥着辅助功能。但是，随着人工智能由弱人工智能发展为强人工智能，人工智能技术将会不可避免地被用于司法推理以及司法决策，由此就会产生一个问题：人工智能能否代替法官作出司法裁判，人工智能介入司法裁判的可行性、优势、缺陷以及界限又应当在哪里？

一、人工智能介入司法裁判的可行性

（一）人工智能技术基础

1. 强大的数据收集能力、计算能力以及分析能力

人工智能具有原本由人类所独享的某些智力上的能力，尤其是建立在大数据基础上的深度学习而来的分析能力和决策能力。

海量的大数据资料为人工智能提供了强大的数据收集能力。如今，储存人类活动信息的各种资料大部分实现了电子化。在这种情况下，大数据技术的出现能够综合处理各种类型的数据而得出其数据背后的知识或者隐藏的信息。①

计算机芯片与软件的发展为人工智能提供了高速计算能力。而大量的数据也带来了可以让机器具备认知与判断能力的算法，机器能够从司法大数据中提炼出共性规则，然后根据不同的司法场景提取不同的规则进行匹配，形成类似

① ［美］托马斯·埃尔、瓦吉德·哈塔克、保罗·布勒：《大数据导论》，彭志勇、杨先娣译，机械工业出版社 2017 年版，第 3 页。

于人类的信息提取能力与逻辑分析能力。

2. 人工神经网络技术

人工神经网络技术模仿人类或动物大脑中神经细胞的活动方式。根据认知神经科学理论，在完成不同的认知信息加工任务时，不同的脑网络会相应激活，以完成对应的认知信息加工任务。在司法实践中，法官形成一个司法裁判的思维过程，被称为“三段论”。这种思维过程中，不同的脑网络相应激活，而通过人工神经网络技术，可以模仿这种神经细胞的活动方式，使人工智能具备了介入司法裁判的技术基础。

（二）人工智能司法裁判运行机理

法官作出司法裁判、适用法律的过程，可以归结为三段论的推理过程。将法律规范作为大前提，将一定的案件事实作为小前提，在该事实符合大前提所规定的各项要件特征时，则以一定的法律效果为内容的结论将确定地产生。①虽然事实上的法律适用是一个更为复杂的过程，但以“大前提—小前提—结论”为框架的三段论模型依然被视为法律适用的基本“逻辑骨架”。

人工智能介入司法裁判的运行机理，可以归纳为以下逻辑架构：获得案件文本信息——文本信息初步分类—文本信息精确分析—法律条文适用推断—输出裁判结果②。可以看出，人工智能进行司法裁判与法官进行司法裁判具有高度的共性和等效结构，这也是人工智能能够将案件事实输入和裁判结果输出连接起来的逻辑。

（三）人工智能其他先进的推理技术和系统

除基本的大数据采集、计算能力、分析能力、语言处理能力、人工神经网络等技术以外，人工智能还具有一些先进的推理技术和系统来解决复杂的问题，如：消解原理、规则演绎系统、产生式系统、不确定性推理和非单调推理、专

---

① 王泽鉴:《法律思维与民法实例》，中国政法大学出版社2001年版，第201页。

② 马皑、宋业臻:《人工智能“法官”的一种实现路径及其理论思考》，载《江苏行政学院学报》2019年第2期。

家系统、机器学习和规划系统等。①

（四）人工智能对法律语言的深度学习

由于法律语言在某些概念、某些解释、某些范围方面具有模糊性，因此，人工智能要介入司法裁判必须解决的问题就是克服法律语言的模糊性。人工智能技术能够建立法律术语库进行海量存储，同时建立案例与法律规范相互作用的模型，并采用中科院的ICTCLAS汉语语义识别系统来突破技术和法律语言模糊性的限制，利用术语库和统计与规则并举的方法进行法律语言“理解”研究。这种模型，正是人工智能对法律语言的深度学习，是克服法律语言模糊性的一种方式。

（五）人工智能对经验性法律知识的获取

法学是一门具有经验性特征的学科，法官在作出裁判时，在对案件事实的理解、法律条文的适用等过程中，往往会结合自己的经验。而人工智能通过机器深度学习、持续不断地训练的方式，可以有效地获取经验性法律知识。通过建立有效和海量的法律信息数据库，并且让人工智能不断地对样本进行识别、验证、矫正，利用人工神经网络技术从有关领域的样本集中自动获取该领域的知识，可以逐渐降低错误率和偏离值，达到人工智能获取经验性法律知识的目的。

二、人工智能介入司法裁判的优势

（一）推动司法公平正义

1. 弥补法官的信息处理能力的不足

人工智能具有强大的数据收集能力和计算能力，它通过对海量的数据进行分析和处理，能够弥补法官对庞大信息处理能力的不足，为法官掌握具体案件情况提供全面的数据信息和背景知识，帮助法官对案件事实和当事人形成客观准确的认识。

---

① 周尚君、伍茜：《人工智能司法决策的可能与限度》，载《华东政法大学学报》2019年第1期。

2. 促使法官遵从客观理性，排除直觉主义的影响

法官在作出裁判时，总是会基于经验或者理性来得出结论，但是在此过程中，法官难免会受到直觉或偏见等主观因素的影响，而产生有偏差的结论。而人工智能从互联网公开的裁判文书中搜索出大量先前法官对类似案件的裁判，从中获取先前法官裁判的经验和方法，排除直觉主义的影响，适当降低法官偏见对裁判结果的影响。

（二）提高司法裁判效率

人工智能凭借庞大的数据库资源，在极短的时间内计算出所有可能性，将多样性的信息收集并转化为数据，辅助法官快速获取做出裁判所需要的各种资源，并为法官提供相关的法律法规、类似判决、法律意见分析等内容，大大节省了法官的时间和精力，提高了司法裁判的效率，节约了司法资源。

（三）促进司法裁判统一

同案不同判问题，一直是司法裁判结果正确性与合理性所亟须解决的问题，而人工智能介入司法裁判，则为这个问题的解决提供了可能。随着人工智能技术的发展，在大数据技术的支持下，囊括收集海量的案例及裁判文书，在解决案件整全与真实的前提下，建立自己的案例信息库。通过在案例信息库中进行检索，通过不同算法的同时执行，告诉法官在类似案件中其他法官是如何裁判的，最终得出一个可行度最高的结果，实现司法裁判相似案件提醒功能，实现司法裁判的统一。

三、人工智能介入司法裁判的缺陷

司法裁判是一种复杂的、特殊的专业化活动，法律适用并不是简简单单的涵摄过程，不仅需要专门的法律专业知识，也需要裁判者的经验知识、价值判断和情感认知能力。司法裁判要求亲历性、要求价值衡量与判断，强调裁判结果的社会影响力及当事人与公众的接受程度。而人工智能由于其性质，具有机器认知的标准化和认知短板、不具有价值观的机器思维模式、算法的固有缺陷、社会公众接受度较低等局限性，导致人工智能在介入司法裁判时，不可避免地

具有缺陷和障碍。

（一）司法裁判的特殊性

1. 法律认知的特殊性

法律认知的特殊性，是人工智能介入司法裁判最大的障碍之一。这里的“法律认知”并不是指公民对法律实体、法律程序和法律本性的认知①，而是指法官在裁判过程中的法律认知，包括通过证据认定案件事实，以及在事实认定的基础之上适用法律作出裁判。

在事实认定过程中，对于一个案件而言，事实的认定取决于规范，虽然对于已经形成一定判决的同类案件而言，哪些事实需要认定以及可以认定为有效，已经形成一个稳定的经验框架。② 但是对于疑难复杂的案件，认定事实所需要的证据是不清楚的，还可能涉及更为复杂的法律事实认定问题，对于必须结合相应法律评价才能进行认定的事实，人工智能无法处理。

在制定法国家中，法官寻找规范的过程是一个寻找法条的过程。简单案件所涉及的规范是明确的，因而能够通过人工智能的方式寻找出来。但在疑难复杂案件中存在是否应当适用某一条规范的问题，即存在价值判断问题。由于规则模糊、规则冲突、规则空缺、规则悖反等情况的存在，往往需要对规范进行解释。在价值判断过程中，价值判断本身是人工智能所不能胜任、不能取代的领域。无论是事实认定过程中还是规范寻找过程中，都存在价值判断的问题。

2. 司法裁判的亲历性要求

司法裁判的亲历性，是指司法人员应当亲身经历案件审理的全过程，直接接触和审查各种证据，特别是直接听取诉讼双方的主张、理由、依据和质辩，直接听取其他诉讼参与人的言词陈述，并对案件作出裁判，以实现司法公正。但是，在审判中，证言是否可靠以及证言证明力的判断，多依赖于法官对作证者作证时思路是否清晰、感情是否真挚进行观察和判断。

人工智能却不具有这种能力。首先，人工智能不会有目的地审查证据，发现证据疑点。其次，人工智能无法根据语言的灵活性以及语法的多样性理解比

---

① 幸强国：《法律认知层次刍议》，载《四川师范大学学报（社会科学版）》1995 年第 3 期。

② 江秋伟：《论司法裁判人工智能化的空间及限度》，载《学术交流》2019 年第 2 期。

喻、反讽、一语多用等语言的多样性。人工智能介入司法裁判也是通过对书面证据材料的了解，检索法律数据库中的内容而作出裁判，不符合直接言词原则、司法裁判亲历性的要求。

3. 司法裁判强调价值衡量性

价值判断本身是人工智能所不能胜任、不能取代的领域。司法裁判的过程并非纯粹的算法运算过程，需要综合考虑案件双方当事人提供的证据，结合法律法规以及法理价值平衡社会的公平正义观念作出综合性判断。法官在判决作出时会面临多组不同的证据，甚至大多数为相反的证据，待证事实也存在极大争议，法官在总结每个案件的争议焦点后也就可能产生不同的回答，[①] 而法官的职业要求就是根据案件语境，从中选择最好的判决。[②] 但是，人工智能却并不具有价值观，没有情感和意向性，也就必然导致其在裁判中不可能进行价值衡量。

4. 司法裁判重视社会影响力

司法裁判的特殊性还体现为司法裁判重视社会影响力，重视判决的可接受性。个案中涉及的利益、情感以及最终的裁判结果，都会影响到当事人和公众对判决的接受度。因此，司法裁判强调判决的正当性和合理性。基于此特点，法官在作出裁判时，极少只顺着一条单一的推理模式作出判断，而是反复思考、权衡各种利益及其权重系数、进行价值判断与衡量来最终得出一个他认为合理的结论。但是对于结合法律因素、事实因素、社会因素等多种因素进行情境化考量及价值判断，人工智能是难以胜任的。

（二）人工智能的局限性

1. 人工智能机器认知的短板

人工智能作为机器，其在认知方面是无法摆脱机械化的短板的。在司法裁判中，无论是对事实进行认知，还是对证据的判定抑或推理过程，法官的参与，对事实的理解都是一个活跃的重新构造理解过程。法官会构造不同的案情理解

---

① 冯洁：《人工智能对司法裁判理论的挑战：回应及其限度》，载《华东政法大学学报》2018 年第 2 期。

② Michele Taruffo，*Judicial Decision and Artificial in Intelligence*，Artificial Intelligence and Law，p. 312（1998）.

模式，因而会进一步影响到对案件的识别过程。基于人工智能机器认知的短板，它在理解案情、证据判定等过程中，就没有办法结合自己的经验性认识等，进行案情的重构性理解。

2. 人工智能算法的封闭性及不可还原性

人工智能的智慧性与其运算复杂程度呈正相关关系，在人工智能进行司法裁判时，模型必然复杂性增大，而运算复杂程度的增加，加大了司法运算的还原难度。在司法运算不可还原的基础上，我们只能把握输入和输出的确定性，却无法还原人工智能的运算过程，因此人工智能介入裁判带有明显的封闭性。而不对外开放的裁判过程，预先编制的裁判系统，会导致当事人不能及时地对有争议的问题提出异议，无法了解裁判结果的推理过程。而且一般情况下，除了编制裁判系统的程序员外，当事人和社会公众甚至是主审法官都并不能准确掌握裁判系统运行的代码和算法，他们只是系统的使用者。

3. 人工智能不具有价值观

价值判断与价值衡量贯穿司法裁判的始终。但是计算机并没有情感和意向性，也就必然导致人工智能无法在裁判中进行价值判断与衡量。它固然可以通过大量的数据学习、训练去降低偏差，学习法官的经验性知识，但是其本质仍然是机器的深度学习，是对法官思维的模拟，仍然无法进行灵活的价值判断与衡量，无法根据对裁判结果作出后可能产生的法外效果的预测来适当地调整裁判内容。

4. 人工智能介入司法裁判的公众接受度低

据调查显示，人们比较希望使用人工智能的领域从高到低依次有智能家居/家政（83.9%）、交通运输（70.3%）、老年人/儿童陪护（68.3%）、新闻/购物/音乐等个性化推荐（64.3%）、教育/教学（56.4%）、客户服务（55.5%）、金融服务（49.8%）、伴侣（13.5%）。相比之下，仅有39%的人接受在“合同、诉讼等法律实践”中使用人工智能，而且认为应该是“人类为主、人工智能为辅”的弱人工智能。① 由此可见，公众对人工智能司法裁判的认同度与接受度是比较低的。

---

① 参见腾讯研究院、中国通信院互联网法律研究中心、腾讯AILab等：《人工智能——国家人工智能战略行动抓手》，中国人民大学出版社2017年版，第10—16页。

5. 人工智能介入司法裁判时审判责任归属划分不清

审判责任即审判主体对案件的审理与判决所应承担的法律责任。从广义上看，除了违法审判责任之外，审判责任还包括事实瑕疵、证据瑕疵、法律瑕疵、文书瑕疵等审判瑕疵责任，以及职业纪律责任等。①

当人工智能介入司法裁判，并且主导作出裁判的案件出现错案、冤案时，审判责任在法官、人工智能裁判系统、系统研发人员之间应如何分配，缺乏一个具体确定的责任划分。

当人工智能介入司法裁判，但是作为审判辅助时，由于人工智能算法不合理或不正当的情况导致案件出现错判，也面临着审判责任归属不清的问题：首先，对于错案是由人工智能裁判系统提供的错误信息导致时，审判者通常难以审查机器算法的合理性和正当性，即使获得计算机专家的帮助，也有可能受制于当时的科技水平而不能及时查证；其次，审判者仅凭一般认知即可识别机器提供的信息有偏差，但仍以此为据作出裁判时，是否应被认定为重大过失；最后，如果审判者依据机器提供的信息作出裁判，但随着科技的进步发现该信息有误，审判者能否以“机器责任”为由免责。由此可见，当人工智能介入司法裁判时，不可避免地会对现行审判责任认定规则产生一定的冲击，需要一定的制度予以确定。

（三）人工智能介入裁判对司法公平正义的限制性

1. 人工智能以数据为基础，但获取真实和完整的数据存在难度

人工智能的功能发挥高度依赖于数据的真实性和完整性，然而无论是实践上还是理论上，获取真实的和完整的数据都存在一定的难度。数据是人工智能存在的基础，但人工智能一般只对数据之间的相关性进行分析，无法对数据之间的因果关系进行阐释，因此，当输入不真实不完整的数据时，得出的就是无用片面的结论。人工智能的这一特性使得它的功能发挥必须以真实和完整的数据为前提。

当人工智能介入司法裁判时，数据的真实和完整即法律法规、司法解释、裁判文书等的真实和完整。但是，现如今网上公开的裁判文书数量与实际结案数量相

① 陈卫东：《司法责任制改革研究》，载《法学杂志》2017 年第 8 期。

差较大，数据缺失问题比较严重，公开的裁判文书涉及的案件类型也并不全面。① 而当数据不真实、不完整时，小样本的数据极有可能造成结果的偏差，当此种偏差由大数据进入司法裁判时，就会对司法的公平正义产生一定的不利影响。

2. 人工智能算法黑箱的问题

由于人工智能算法的封闭性及不可还原性，人工智能不可避免地会面临算法黑箱的窘境。算法黑箱会掩盖隐藏在数据中的歧视，可能由于编程者下意识地把自己的偏见编进了程序，也可能由于数据本身就反映了社会偏见，算法的不透明性及专业性又使得这种歧视不能被及时发现，最后导致出现不公平的裁判。且从裁判角度来看，算法黑箱与司法公开原则直接相违背，忽视了决策过程的论辩性和交互性，也不利于司法公平正义目标的实现。

（四）当事人和公众知情权问题

一方面，当人工智能介入司法裁判时，由于算法黑箱的存在，会面临决策的过程难以公开、解释和确定的问题，也就面临当事人和公众的知情权无法保障的问题。在卢米斯案中，卢米斯就提出了，法院依据 COMPAS 系统的评估对其加以判决侵犯了其正当程序权利，以及其获得“个殊化判决”的权利和基于准确信息获得判决的权利。②

另一方面，政府积极、主动地推动人工智能介入司法裁判，但是在人工智能算法黑箱问题无法解决导致人工智能裁判系统客观上存在司法“黑箱”危险时，又会与追求公开、透明的现代司法文明理念产生抵触。

四、人工智能介入司法裁判应如何把握

（一）把握人工智能只能作为公共事务辅助的原则

就现代国家的政治体制而言，法官的正当性基础在于人民主权。法官所行使的司法权是一种公共权力。法院是代表人民处理纠纷的公共机构，法官是得

---

① 左卫民：《迈向大数据法律研究》，载《中国法学》2018 年第 4 期。

② Loomis v. Wisconsin，Petition for certification denied on June 26，2017，available at：http：//www. scotusblog. corn/case – files/cases/loomis v. wisconsin/ （2018/3/2）.

到公共授权才有权力进行裁判的。行使司法权的法院和法官之所以有资格或职权，从正当性而言是人民公共授权的结果。

经过公共授权的法官，一旦放弃了对司法裁判的最终判断权，必然遭受民众的质疑。因此，司法裁判是公共授权的结果，人工智能是公共事务的辅助。人工智能也确实能够为人类带来效率、创新、治理等诸多好处。因此，人工智能也应当成为司法处理公共事务的有力辅助。

（二）明确人工智能介入司法裁判的适用领域

结合上文所论述的司法裁判的特殊性以及人工智能的局限性，人工智能并不具备独立结合案情、法条、法理、经验、常识综合分析的能力，因此，首先，人工智能绝对不能独立作出司法裁判；其次，对案件裁判结论有重大影响的证据审查及事实认定也不宜引入人工智能。

在目前的弱人工智能阶段，人工智能介入司法裁判应当适用于：不涉及案件的争议焦点以及疑难证据问题。可以利用人工智能强大的数据收集、计算能力、分析能力，帮助司法人员处理耗时耗力的工作，减轻法官及其他司法人员的负荷。

（三）建构算法黑箱有限度的司法裁判模型

首先，应当厘清算法黑箱出现的原因，针对不同的原因分类解决。

算法不透明有三种形式：一是因商业秘密或国家秘密而产生的不透明；二是因技术文盲而产生的不透明；三是因机器学习算法的特性而产生的不透明。①

对于因保护商业秘密而产生的不透明，应当有限度地公开算法，使代码可用于审查人工智能裁判系统的裁判是否符合人类的法律论证。所谓有限度地公开，即指算法的公开需附一定条件，且仅向审查机构公开，负责核查的人员负有保密义务。

对于因保护国家秘密而产生的不透明，应当专设独立机构对代码进行审查，且审查结果仅用于判断人工智能裁判系统的运行是否与司法公正相悖。当然，

---

① Jenna Burrell, *How the Machine' Thinks': Understanding Opacity in Machine Learning Algorithms*, Social Science Electronic Publishing, 2015, p. 31.

上述限度仍需谨慎推敲，既要避免私权利受限对科技创新产生抑制作用，也要防止以公共利益为名侵害私权利。

对于缺少专业技能的社会大众而言，算法不具有普遍的可读性，因此由专业技术人员和法律人员组成的审查机构则可以解决算法在这一形式上的不透明性。

机器学习算法会因数据的好坏而产生难以预料的结果，这种不透明性应在设计时有意识地规避和改进，适用于司法领域的人工智能裁判系统应当建立在优质案例库以及代码可追查的基础上。

（四）重视人工智能介入司法裁判的法治化进程

目前，人工智能介入司法裁判是不可阻挡也无需阻挡的大趋势，应当顺应时代潮流，着眼于我国司法改革智能化、规范化、现代化的趋势，结合人工智能国家战略建立相应的司法智能化改革路线图和基本框架。在智慧司法不断推行的前提下，对于人工智能介入司法裁判领域出台司法解释意见，从法律制度和立法技术上防范和化解大数据和人工智能介入裁判的复杂性、不确定性、可解释性风险。

《未成年人保护法》“学生欺凌”概念解读

张晓亮* 李 鑫**

摘 要：《未成年人保护法》第一百三十条第三项规定了“学生欺凌”概念，据此在实践中精准认定学生欺凌案件，应突破“校园”这一地域界限，将涉案主体限定在未成年学生之间，欺凌学生的主观要素包括故意与过失，欺凌行为方式依照法益侵害结果判断而不局限于法条所列举类型，欺凌后果则需分级认定法益侵害的程度，成为分级干预学生欺凌案件的前提。妥当处理学生欺凌案件，既应充分认识学生欺凌行为的危害，也应坚持双向保护原则，需要考虑社会效果与政治效果，故有必要将学生欺凌案件分类。

关键词：学生欺凌 构成要素 双向保护

近年来我国学生欺凌案件频发，如安徽小学班干勒索案、①北京延庆二中学生欺凌案、②余姚市职高学生欺凌案等，③范围涉及小学、初中、高中，社会

---

* 山西大学法学院讲师，法学博士，主要研究方向为刑事诉讼法学和证据法学。

** 山西大学法学院本科毕业生。

① 2015年5月，安徽商报报道蚌埠怀远县火星小学六年级学生小J（化名）长期凭借检查作业与背书权力，向同学索要财物，甚至强迫同学吃秽物。

② 2017年6月24日，一名身穿绿白两色校服的男生站在厕所蹲坑后侧，在他人的逼迫下俯身触摸坑内粪便，先后两次舔了触碰粪便的手指的视频在网上流传。6月26日，北京警方发布通报称，该视频内容属实，反映的情况发生于2017年6月22日上午课间。此前，被侵害人还曾遭到涉案学生索要钱财累计100余元和伤害身体等欺凌。经鉴定，该学生身体所受损伤构成轻微伤。

③ 2015年9月11日晚，一段余姚职高女生被多人殴打欺凌的视频在网上流传。视频中一名身穿白衣迷彩裤的女生被推倒在草地上，蜷缩着身子。视频中数名女生轮番上前猛踹17脚之后，还揪其头发，数次掌掴受害女生。受害女生裤子被脱掉，视频中未露脸的女生一边用树枝侵犯其下体，一边对其讥讽凌辱。9月12日晚10时许，余姚市职成教中心学校官微通报称基本确认是该校女生。

影响恶劣。学生群体兼具未成年人与学生双重身份，如何在保护未成年人的原则下妥善处理该类案件，建立学生欺凌案件防控机制，成为法律实务的一大难题。2020 年 10 月 17 日全国人大常委会刚刚修订，将于 2021 年 6 月 1 日实施的《未成年人保护法》对此问题作出了积极回应。该法亮点之一，就是"在学校保护中，针对校园欺凌这一社会广泛关注的问题，从预防到处置专门作出规定"。[①] 标志之一就是增设了"学生欺凌"概念。

《未成年人保护法》第九章"附则"第一百三十条第三项规定："学生欺凌，是指发生在学生之间，一方蓄意或者恶意通过肢体、语言及网络等手段实施欺压、侮辱，造成另一方人身伤害、财产损失或者精神损害的行为。"本文拟结合案例与国内外相关法律，解析学生欺凌这一法律概念的场所、主体、主观、行为、对象、结果六大构成要素，将实务中的学生欺凌案件类型化。

一、校园欺凌与学生欺凌

我国规范性法律文件对该类行为的认识，经历了从"校园欺凌"到"学生欺凌"的过程。最早在《关于开展校园欺凌专项治理的通知》中，用"校园欺凌"来指称此类行为，但是使用该词有以下缺陷：第一，"校园"是一个空间概念。从"校园欺凌"一词的文义可以看出，欺凌行为必须与"校园"有密切联系，也就是说欺凌行为的发生地点必须与学校存在空间上的关联，超出一定空间范围，即不能归类于校园欺凌。但是从我国已有的案例可以看出学生欺凌案件有的发生在学校内，有的发生在学校外；既可能发生在学校周边，也可能发生在距离学校较远的地方。从 2021 年《未成年人保护法》修订过程中学生欺凌定义的变化也可以看出，随着对学生欺凌认识的深化，立法机关已经摒弃了"学校"这一界定标准，从而扩大了对被欺凌学生的救济。第二，"校园欺凌"一词是舶来品，由美国的"School Bullying"翻译而来。根据"校园欺凌"的字义可以看出，应当包括在校园内发生的一切欺凌行为。而且根据翻译资料，美

① 陈慧娟：《弥补短板、增强刚性，新修订未成年人保护法通过审议——专访北京师范大学宋英辉教授》，载《光明日报》2020 年 4 月 18 日第 02 版。

国北卡罗来纳州《反霸凌法》中规定的校园欺凌也包括师生之间的欺凌行为。①但是一方面，现在许多国家法律都规定了教师的惩戒权，我国也在积极探索，尝试建立这方面制度。如果校园欺凌包括教师对学生的欺凌，可能将教师正常行使惩戒权的行为认定为校园欺凌，不利于维护正常的教学秩序。而且教师对学生实施的不正当行为，可以通过《教师法》《中小学教师职业道德规范》等规制，学生欺凌的防控机制对教师的行为也难以发挥作用，所以不宜将此类行为纳入其中。另一方面，我国对此类行为规制的出发点在于保护未成年人的利益，促进未成年人身心健康。而规制学生对教师的欺凌行为更侧重保护教师在学校的安全利益，与此类法律的立法目的不符，应该交由其他法律规制。因此，在后续的规范性法律文件中，我国改用“学生欺凌”来定义此类行为。

二、学生之间

关于学生欺凌的主体与对象要素，在该定义中表述为“学生之间”，即实施欺凌学生与被欺凌学生。这里需要注意以下几点：第一，学生身份的界定应当以学籍为标准。这是因为学生欺凌的防控主体是学校以及教育部门，这些主体的管理权力范围是以学籍为界限的。第二，“学生”应当缩小解释为“未成年学生”。学生一词，依其字面意思可以理解为一切拥有学籍的人，包括成年学生与未成年学生。而学生欺凌规定在《未成年人保护法》中，将成年学生之间的欺凌纳入学生欺凌的调整范围明显与该法宗旨不符，所以应将学生欺凌中的“学生”缩小解释为“未成年学生”。第三，“学生之间”一词，限定了学生欺凌的范围。学生对非学生的人的欺凌和非学生的人对学生的欺凌显然不能认为是“学生之间”的欺凌，因而不能认定为学生欺凌，而应该归属于未成年人欺凌中的非学生欺凌这一范畴。这样，学生欺凌与非学生欺凌这一对对立概念结合成完整的未成年人欺凌，未成年人欺凌又是一般的侵权、违法、犯罪行为中的一部分。第四，实施欺凌学生和被欺凌学生是相对而言的，被欺凌学生可能“恶逆变”为实施欺凌学生。在最高人民检察院公布的学生欺凌典型事例中，

① 从2012年12月1日起，北卡罗来纳州将学生欺负老师定为犯罪行为。学生可能因网络霸凌学校员工而面临监禁或1000美元罚款（或同时适用）。禁止的行为包括在网上张贴老师的照片、制作假网站、给老师发送垃圾邮件等。

高某某长期遭受学生欺凌，在一次被同学网络欺凌后，采用了极端手段，在本班饮用水保温桶中投毒，所幸未造成人员伤亡。在这种案件中，被欺凌学生因自身以前受到过学生欺凌的伤害而转化为实施学生欺凌的主体，但这类实施欺凌学生更加容易被教育、感化和挽救。

三、蓄意与恶意

关于学生欺凌行为的主观要素，定义中表述为“蓄意或者恶意”，如何理解蓄意与恶意，对学生欺凌行为的认定极为重要。“蓄意”一词，首先，从文义上看是指居心、存心，通常指蕴积已久的意念。其次，从笔者找到的资料来看，在我国现行有效的规范性文件中较少使用，大多出现在部门规章中，如《公安机关人民警察执法过错责任追究规定》第十九条；极少的出现在行政法规中，如《期货交易管理条例》第七十条；没有出现在法律及更高位阶的规范性文件中。但是以这些规范性文件中“蓄意”一词来解释学生欺凌中的“蓄意”一词，存在两个问题：第一，在这些法律文件中，“蓄意”的词意也尚未清晰。从体系上看，这些规范性文件中的“蓄意”一词可以与故意或者恶意相替换。第二，这些规范性文件的效力层级低于《未成年人保护法》，用低位阶的法律文件中的用语解释高位阶的法律文件中的用语，似有不妥。因此，这些规范性文件对“蓄意”的使用，对学生欺凌定义中的“蓄意”的解释仅具有参考意义。最后，在英美法系中，“蓄意”作为一种犯罪心态模式，学者对其研究认识较为成熟，或许有助于我们对此处的“蓄意”的理解。以《模范刑法典》为代表的美国当代刑法中的犯罪心态模式有四种：蓄意、明知、轻率、疏忽。① 通过对这四种犯罪心态模式的心理结构剖析我们可以知道，在美国刑法中的犯罪心态也可以按照大陆法系中的过错形式一样分为两类：一种是故意，包括蓄意与明知；另一种是过失，包括轻率与疏忽。蓄意就是自觉希望实施某种特定行为，或者自觉希望发生某种特定结果。通过我国与美国对“蓄意”一词的使用可以看出，学生欺凌定义中的“蓄意”可以按直接故意理解。

“恶意”一词，应当包括过失。原因包括两点：第一，在刑法中仅一处有

① 储槐植：《美国刑法》（第二版），第95页。

所使用，即《刑法》第一百九十六条规定的“恶意透支”。在这里，“恶意”即“非法占有目的”。民法中“恶意”有两种含义：第一种，指明知且有损害他人的故意；第二种，与善意相对，“恶意”即行为人明知或者应当知道。从上述可以看出，在我国法律体系中，认定“恶意”的最低限度为行为人有认识可能性，即“恶意”包括过失的行为。第二，学生欺凌规定在《未成年人保护法》中，将过失的欺凌行为纳入规制范围中，可以最大限度地保护被欺凌学生。但是我们也应当注意到，基于过失与故意不同的主观恶性以及未成年主体的特殊性，对过失欺凌行为与故意欺凌行为，应当采用不同方法调整。对于故意欺凌行为，其调整既包括对被欺凌学生的救济，也包括对实施欺凌学生的处分。而过失欺凌行为，则只包括对被欺凌学生的救济。

四、行为手段与方式

学生欺凌的行为要素，定义中表述为“通过肢体、语言及网络等手段实施欺压、侮辱”。这里欺凌行为的手段，是不完全列举，除此之外，还有心理及其他手段。在国外某学生欺凌中，学生甲趁学生乙洗澡时拿走乙的衣服，乙只能赤身裸体待在卫生间。在这种案例中，实施欺凌学生没有通过肢体、语言或者网络对对方实施欺凌，但确实给对方造成了巨大的心理压力。

五、身心伤害与财产损失

学生欺凌的结果要素是造成“身体伤害、财产损失或者精神损害”。首先，应考虑这里所说的财产损失是否仅限于被欺凌学生自己所有的财产。例如，学生甲胁迫学生乙偷家庭的财产交给自己，学生乙本无财产，其偷家庭的财产交给对方，造成的是家庭财产损失，但是未成年人对家庭财产拥有一定的占有利益，因而这种造成被欺凌学生家庭财产损失的情况也应当被认定为学生欺凌造成的财产损失。但是在身体损害和精神损害中，基于人身权的专属性，只有被欺凌学生的身体或者精神受损害才能被认定为学生欺凌造成的身体损害或者精神损害。

其次，应当明确何种程度的损害应当被纳入学生欺凌范围内。可以肯定的是，民法、行政法、刑法都保护公民的人身和财产权益。但是刑法作为其他部门法的保障法和最严厉的制裁法，所保护法益的级别更高。如在刑法中，只有造成他人轻伤的结果，才会构成故意伤害罪。造成轻微伤、微伤的行为，只有同时造成其他法益侵害结果，才可能构成如寻衅滋事罪，聚众斗殴等罪。换言之，轻微伤、微伤所侵害的公民的身体法益或者说身体权、健康权，并不受到刑法的绝对保护。但是却受到民法和行政法的绝对保护。又如，除了强奸罪等性犯罪保护公民的性自主决定权、侮辱罪等针对名誉的犯罪保护名誉，刑法其他罪名都不单独保护个人的某一种精神利益，但是民法保护独立的精神性人格权，如受欺诈受胁迫的行为都是可撤销的行为。考虑到《未成年人保护法》是一般法，是公私法综合的部门法，对学生欺凌后果的认定与干预也应分级。

最后，应当依双向保护原则权衡利弊，即使形式上符合《未成年人保护法》第一百三十条第三项规定的要素，也可能因为不符合双向保护原则，不必作为学生欺凌案件处理。这是因为从实施欺凌学生的角度考虑，应当认识到未成年学生心智尚未发育成熟，对其科以过重的责任，反而不利于其身心健康发展。从被欺凌学生的角度考虑，尽可能扩大对被欺凌学生的救济，全面保护被欺凌学生是学生欺凌处理机制的重点。

六、特征与类型

（一）学生欺凌的特征

第一，多发性。在联合国教科文组织 2018 年度发布的校园暴力及欺凌行为的全球评估报告《校园欺凌和暴力：全球现状和趋势、驱动因素和后果》（School Violence and Bullying：Global Status and Trends，Drivers and Consequences）中指出，世界范围内有三分之一以上的学生曾经遭受学生欺凌。2016 年国内学者做的一份抽样调查显示我国也有近三分之一的学生曾遭受学生欺凌。从这两份数据可以看出学生欺凌的发生率较高。

第二，隐蔽性。一方面，由于被欺凌学生年龄较小，心智发育不成熟，或者迫于实施欺凌学生的威胁，不能及时向家长或老师报告受到的欺凌，甚至在欺凌发生后选择忍气吞声，所以很多学生欺凌案件发生时乃至发生后，家长和老师都处于不知情状态。另一方面，每个学生作为独立的个体，家长和学校不能也不可能对其行迹完全掌控，尤其对于言语欺凌、网络欺凌这类欺凌行为，更是难以察觉。以上原因，极大地增加了学生欺凌的隐蔽性，也是学生欺凌难以控制的原因之一。

第三，危害大。对于被欺凌学生而言，在短期内，他们可能会感到沮丧、焦虑、愤怒、习得性无助感，在学校的表现显著变差，部分研究表明欺凌会降低学生在某些科目上的成绩。从长远来看，他们可能会感到不安，缺乏信任，表现出极度敏感，或者发展出精神疾病。对旁观者而言，在短期内，旁观者也会感到愤怒、恐惧、内疚。对实施欺凌学生而言，很多人都会有发展成反社会人格障碍的风险。

（二）学生欺凌的类型

研究学生欺凌的类型，对准确认识学生欺凌有重要意义，也便于我们针对不同类型的欺凌行为对症下药。根据学生欺凌行为方式不同，可以将其分为言语、身体、心理、网络四种基本类型。

1. 言语欺凌

言语欺凌是指给受欺凌学生造成情绪压力的各种诽谤性陈述或责难，具体包括：使用不敬用语、贬低或嘲弄他人、言语捉弄等。1997 年 2 月，美国阿拉斯加州 16 岁学生伊万 · 拉姆塞（Evan Ramsey）杀死校长和另一名学生。据拉姆塞的朋友们说，拉姆塞抱怨自己被其他同学骚扰和取笑。这就是一起典型的言语欺凌案件。由于长期受到同学的骚扰和取笑，导致该名学生最终发生恶逆变而报复社会。

2. 身体欺凌

身体欺凌是指实施欺凌学生对被欺凌学生实施的任何不必要的身体接触。这是最容易被识别的欺凌的形式之一。轰动一时的翟某瑶案中，三名实施欺凌学生对刘某实施了拳打脚踢、扒光衣服、用烟头烫伤乳头、用打火机点燃头发、强迫她趴在地上吃沙子等暴行。在这起案例中，实施欺凌学生以暴力形式，对被欺凌学生进行人身伤害，是非常典型的身体欺凌行为。在此类学生欺凌行为中，双方可能在人数或力量上存在一定差距，被欺凌学生很难反抗，往往只能被动挨打。另外，在这种类型的欺凌中，一方面，实施欺凌学生心理不成熟，无法对自己的行为后果有一个清醒的认识；另一方面，被欺凌学生身体尚未完全发育成熟，对外界伤害的抵抗能力较弱，所以很容易造成极为严重的后果。

3. 心理欺凌

心理欺凌是指对被欺凌学生心理、情绪造成伤害的各种形式的欺凌。学生欺凌一般都会对被欺凌学生造成心理上的损害或压力，但是其心理上受到损害的引发原因是不同的。身体欺凌中，实施欺凌学生通过对被欺凌学生身体上施加伤害，进而影响被欺凌学生心理健康；言语欺凌中，实施欺凌学生通过言语侮辱诽谤等，侵犯被欺凌学生的人格尊严，进而造成被欺凌学生心理健康受到损害，以上类型的欺凌均为作为。而心理欺凌既可以是作为，如散布恶意谣言、挑衅他人等，也可以是不作为，如故意无视、孤立他人等。美国学生欺凌纪录片《Bully》中，一位因遭受欺凌而自杀的被欺凌学生的家长，面对镜头说出了儿子在学校的种种遭遇："当你洗澡时，你的衣服被拿走，你没办法走出体育馆，只能赤身裸体"，最后面对镜头，父亲痛心地说："儿子受到的是精神虐待！"这就是典型的心理欺凌，没有身体接触，没有侮辱诽谤性言语，却给受害者带来极大的精神恐惧。心理欺凌隐藏性极强，实施欺凌学生和被欺凌学生不容易被发现，所以易被忽视，但是其危险也是极大的：被欺凌学生心理一般不成熟，而长期处于精神压力之下，很有可能给其留下心理阴影，甚至造成精神崩溃。心理欺凌通常也伴随着其他形式的欺凌，如 1997 年 10 月，美国密西西比州 16 岁学生卢克·伍德哈姆（Luke Woodham）杀死两名学生。他曾经向同学抱怨"All throughout my life, I was ridiculed, always beaten, always hated（我的一生，总是被别人嘲笑、殴打、厌恶）"。这就是一起身体欺凌、言语欺凌、心理欺凌综合的学生欺凌案例，被欺凌学生最终精神崩溃而导致犯罪。

4. 网络欺凌

网络欺凌是指被欺凌学生受到其他学生借互联网、互动数字技术或移动电话实施的折磨、威胁、骚扰、羞辱、戏弄或其他行为。网络欺凌的兴起时间较其他类型晚，但是由于近年来互联网技术的飞速发展，以及网络的隐蔽性，该种类型的欺凌发展速度极快。其特征有：第一，传播速度快，范围范围广，危害性大。在网络上对他人的侮辱诽谤，能在很短的时间内跨越空间，被多数人看到了解，而且带来的不良影响也很难消除。第二，容易引起多数人的欺凌。一个人的网络欺凌行为，如侮辱诽谤行为，经过多数人的评论转发，进而变成多数人的欺凌。目前我国民法典中已经规定了网络侵权中网络服务提供者的"通知—删除"义务，但是如何能真正消除在删除前对被侵权人造成的不良影响以及如何预防此类行为，仍然有待研究。

5. 性欺凌等其他类型

性欺凌是指实施欺凌学生通过性或性别对其他学生实施的欺凌行为。性欺凌并非性犯罪，性犯罪一般由刑法来调整，这里的性欺凌是指尚未达到犯罪，但是会侵犯他人性自主权的行为：接触型性欺凌如强制接吻、未经允许接触他人私密部位等行为，非接触型性欺凌如发送涉性短信等行为。性欺凌产生的原因很多，包括性别歧视、社会环境、性启蒙教育不足等。未成年人身心尚未完全发育成熟，对性知识了解不够，实施欺凌的学生通常出于好奇、寻求刺激等心理，而被欺凌学生多数为维持自己名誉而选择缄默，这使得性欺凌行为很少被揭露，这也加剧了性欺凌行为的发生率。这种性欺凌不仅会对被欺凌学生产生心理阴影，树立不正确的性观念，同时也会对旁观者产生不良影响。

七、结语

对学生欺凌的认定应当坚持双向保护原则。双向保护是我国刑事司法的一项重要原则，目前在我国《刑法》和《刑事诉讼法》中多有体现，在司法实践中也取得了良好效果。这一原则来源于《北京规则》，其基本含义是指在未成年人司法中要兼顾保护社会利益和保护犯罪少年利益。但是就双向保护原则的外延而言，其适用不应当仅仅局限在刑事司法领域，在对未成年人进行处罚的场合，均应当遵循这一原则。在学生欺凌案件中，双方当事人均为未成年人，且处理结果可能对实施欺凌学生进行一定的强制处分，当然应当遵循双向保护原则。近年来学生欺凌案件的数据表明，中学阶段成为学生欺凌案件发生的重灾区，这与该阶段未成年人的身心发育特点不无关系。未成年人在中学恰好处于青春期阶段，该阶段是未成年人向成年人转变的过渡期。这个时期的未成年人面临着内部生理发育的变化，面临着摆在他们面前成年人的使命，面临着社会要求和自我要求的矛盾，他们正在形成自己的价值观。这时候的未成年人开始逐步探索外部世界，外部环境在未成年的价值观的形成过程中发挥着重要影响。一部分受到不正确价值观影响的未成年人就会采用欺凌等手段处理自己与他人、社会的关系。因此，在学生欺凌案件中应遵循双向保护原则。在案件认定上，既要保护被欺凌学生的权益，扩大被欺凌学生的救济范围；也要保障实施欺凌学生的人权，避免不当扩大实施欺凌学生范围，在双向保护中寻求平衡。

论我国未成年人犯罪记录封存制度

陈晋胜*　王姝冬**

摘　要：未成年人犯罪记录封存是未成年人再社会化的重要环节，对未成年人的健康成长起着重要作用。2012 年修订的《刑事诉讼法》确立了未成年人犯罪记录封存制度，对犯罪的未成年人重新回归社会提供了极大助力。但由于立法时间较短，在实践中仍然存在诸多问题。本文通过分析犯罪封存的概念和相关理论，探究现阶段犯罪记录封存制度的不足，并就不足之处提出完善的建议。

关键词：犯罪记录封存　未成年人保护　未成年人犯罪

近年来，未成年人犯罪问题被社会各界所关注。由于未成年人的心智尚不成熟，很容易受到周围环境的影响，在得不到正确引导的环境中，很容易走上违法犯罪道路。而一旦被贴上犯罪的标签，对于未成年人未来再次融入社会以及将来的成长将有特别不利的影响。通过未成年人犯罪记录封存制度，可以给未成年人提供更好的改过自新的机会，促进未成年人的健康成长，维护社会的和谐稳定。

* 山西大学法学院二级教授，博士生导师，主要研究方向为行政法学。
** 山西大学法学院硕士研究生，主要研究方向为行政法学。

一、未成年人犯罪记录封存制度概述

（一）犯罪记录封存制度概念

我国《刑事诉讼法》对犯罪记录封存制度在未成年人诉讼程序中作了规定。《刑事诉讼法》第二百八十六条第一款规定，犯罪的时候不满18周岁，被判处五年有期徒刑以下刑罚的，应当对相关犯罪记录予以封存。此款规定对犯罪记录封存制度设定了一定的前提条件，首先，适用犯罪记录封存制度的主体是犯罪时不满18周岁的未成年人；其次，适用的刑罚范围是被判处五年以下有期徒刑的未成年人。

（二）犯罪封存制度的理论基础

理论是制度构建和运行的基础，未成年人记录封存制度的理论基础为犯罪封存制度的构建提供指导作用。以下从三个角度对本制度的理论基础进行阐述。

1. 刑罚个别化理论

刑罚个别化一般是指根据犯罪人不同的个体情形，针对其主观恶意性、社会影响度以及人身危险性等，适用不同的刑罚和改造手段①。由于青少年的心智尚不成熟，三观还正在形成过程中，容易受到他人和周围环境的影响，难以准确的辨明是非对错，因此，一般情况下，未成年犯罪人的主观恶意性以及人身危险性都远远小于成年犯罪人。如果对未成年人适用与成年人相同的惩罚手段和改造措施，很有可能对未成年人造成较大的打击和伤害。对于需要保护的未成年人犯罪群体，必须要采取一般和特殊相结合的手段，依据其自身特性以及案件的具体情况，有针对性地适用刑罚和改造措施，以取得惩罚和教育双重作用的效果。

2. 再社会化理论

从社会学角度来看，犯罪是经历了有缺陷的社会化过程，会严重破坏社会秩序。司法通过有机结合法律规范和组织化力量，成为一种必要的社会控制力

---

① 冯卫国：《未成年人刑事案件的审前调查制度探讨》，载《少年司法》2007年第1期。

量，对人们的行为进行规范，维持社会的有序状态。① 无论是成年人犯罪还是未成年人犯罪，都会对社会产生严重不良影响，因此都需要通过司法来进行规制。国家运用法律只能控制犯罪，不能弥补过错，因而采取强制措施的目的是弥补社会化过程中的缺陷，让犯罪的人重新回归社会，也就是我们所说的再社会化。未成年人在犯罪时对自己行为的认识有限，易被社会环境所影响，因此大部分未成年人在作为加害人的同时也是社会环境的受害人。基于这样的原因，国家和社会需要承担起相应的责任，给予未成年人必要的引导，帮助未成年人健康发展。未成年人犯罪后有强烈的回归社会需求，而要回归融入社会需要社会的认同，不是同成年人一般严酷的刑罚，犯罪记录封存，体现了我国宽严相济的刑事政策。

3. 犯罪标签理论

社会中的每个人都会因为自己的行为而受到社会大众的评价，人在违法犯罪之后，一旦被贴上标签，势必会有来自社会的歧视，那么这个人很有可能就在这样标签的影响下沉沦。未成年人一旦被贴上标签，比起成年人更容易产生自我认知偏差，进而继续犯罪，无法成功回归社会。未成年人犯罪记录封存制度可以将国家司法评价行为的标签影响降低，有利于为犯罪的未成年人提供公平的成长环境。

（三）未成年人犯罪记录封存制度存在的必要性

未成年人的健康发展关系着国家的未来，保障未成年人利益最大化是社会利益最大化的重要组成部分。未成年人犯罪记录封存制度，具有重要的现实意义：

一是体现了以人为本、以“童”为重的司法理念。对于未成年人增强自信、降低自毁、回归社会、渴望重塑的忐忑不安乃至消除恐惧心理有着极大的正向催化和正力强化作用。

二是十分符合未成年人回归社会的现实需求。犯罪记录封存制度以国家的名义通过法律的形式“掩饰”了未成年人的“劣迹”，这在很大程度上切实地

---

① 程竹汝：《社会控制：关于司法与社会最一般关系的理论分析》，法律出版社2003年版，第5页。

避免了未成年人被贴上“坏人”标签，有效地降低了社会评价对未成年人的二次伤害。对于未成年人树立正确的自我认知，避免重新走上犯罪道路，更好地融入社会具有积极的正面导向作用。

三是能够有效保障未成年人乃至其监护人、亲属的基本人格权。一般来说，未成年人的违法犯罪行为的发生，是未成年人本人及其监护人、亲属都不愿意看到的“事实”。这个“事实”一旦发生，在他们每个人的内心深处都会被刻下难以忘怀的印记。总体而言，他们会因此悔恨终生的，在面对社会时总会有一种“抬不起头”的内心确认。对于这种“抬不起头”，国家既有必要倡导社会公众对他们保有人格尊重，同时，也应以法律的形式“化消极为积极”。

二、未成年人犯罪记录封存制度现存问题

未成年人犯罪记录封存制度虽然已经实施了一段时间，但是在实践中依然有诸多困境和难题，主要集中于以下几个方面：

（一）适用范围不合理

正如前文所述，我国《刑事诉讼法》对于犯罪记录封存制度的适用条件作了一定的规范，按照现有条文的规定，适用对象十分有限，仅以五年以下有期徒刑的刑罚幅度为唯一适用条件。这样的规定在我国，其“创设性”的积极意义不言而喻，但也不能不说这样的规定确实过于简单化了。因为作为刑法和刑罚的基本要素在设定条件时出现了似乎不应有的“遗漏”，即没有将人身危险性和主观恶意性作为考虑标准。在构建犯罪记录封存制度之初的立法理念应当是基于未成年人主观恶意性小，改造可能性大的特点，给予未成年人改过自新的机会，避免被社会拒绝和歧视。这种“一刀切”的制度规定虽然有利于实践操作，但是对于主观恶意性较小、人身危险性较低但是所判刑罚较重的未成年人回归社会缺乏实质性的帮助作用，对于主观恶意性较强、人身危险性较高的未成年犯罪人的惩罚力度亦有不足。

（二）缺乏关于考察期限的规定

对未成年人犯罪记录进行封存，除了要考虑未成年人的利益，也要与维护

社会秩序稳定相平衡。此制度设定的目的是让未成年人改过自新，更好地回归社会。在实践中，有的未成年人在知道被判处五年以下有期徒刑就可以封存犯罪记录，无痕地继续融入社会，而对其悔过行为和心理不作考量时，难以避免地会使其对此不放在心上，对未成年人真正改正错误起到负面作用，并且这种情形难以被社会公众所接受，易引发社会安全问题和秩序混乱问题。上述情形至少说明，实施了犯罪的未成年人是各种各样的：对大部分犯罪的未成年人来说，对其犯罪记录进行封存有着不可否定的现实需要和积极意义。但总会有那么一部分，甚至是较少乃至极少的一部分未成年人属于主观恶意深、社会危险性大的“另类”。这种“另类”现实，呼唤着国家应当出台与之相对应的“考察制度”，以便能够具体地“对症下药”。

（三）缺乏必要的监督和救济机制

我国《刑事诉讼法》虽然规定了犯罪记录封存制度，但是对于犯罪记录泄露之后的惩罚措施没有相应的规定，也没有明确规定监督主体以及救济方式。这些制度的缺失将会导致未成年人及其法定代理人在权利受到侵害时难以得到及时救济，若在此基础上信息泄露，将使得犯罪记录封存制度失去其本身的价值，难以起到使未成年人更好地融入社会的作用。能够得到救济的权利才是真正的权利，而失去救济途径这种权利就很容易沦为一种形式。

三、对我国未成年人犯罪记录封存制度的建议

依据上述第二部分提出的问题，结合实践，本文在这里提出以下三点相应的建议。

（一）适度放宽制度适用标准

为解决我国未成年人犯罪记录封存制度适用范围较为单一的问题，笔者十分赞同“原则＋例外”的模式。[①] 在这个模式中，其“例外”的情形至少包括

---

① 宋英辉、杨雯清：《我国未成年人犯罪记录封存制度研究》，载《国家检察官学院学报》2019年第4期。

如下内容：

一是将未成年犯罪人的主观恶意性和人身危险性考虑在适用条件之内。笔者认为，国家有关部门应当制定未成年犯罪人的主观恶意性和人身危险性的“等级评价制度”，根据未成年犯罪人的主观恶意性和人身危险性的“等级”来实施未成年人犯罪记录封存制度。

二是将过失犯罪纳入适用范围。笔者认为，国家应当将过失犯罪的未成年人无条件纳入未成年人犯罪记录封存范畴。

三是对于累犯和再犯等恶劣犯罪排除在适用范围之外。笔者认为，国家应当将累犯和再犯等恶劣犯罪的未成年犯罪人采用“审慎原则”进行排除。要求司法机关通过国家已经建立的“审慎排除”制度，具体实施“审慎排除”。赋予未成年人及其监护人、亲属必要的“审慎排除”救济权。

四是除了司法机关依职权启动犯罪记录封存制度以外，还应当考虑结合未成年人及其监护人申请封存的情形。

（二）科学设置考验期限

客观地说，在司法实务中，应当考虑到如何避免犯罪记录封存制度成为一种“包庇”未成年人犯罪的工具。为了更好地发挥其积极作用，可以为其设置合理的考察期限。对于那些在考察期间真心悔过、表现良好、切实消除自身人身危险性和社会危险性的未成年人，应当消除其犯罪记录，促使其更好地回归社会。相反，对于那些在考验期内不认真悔改，有继续犯罪可能性的未成年人，应当解除对其犯罪记录的封存，以平衡社会秩序价值和未成年人权益保护，使得本制度更好地发挥应有的价值，更好地体现立法初衷。

（三）完善监督和救济途径

要使得犯罪记录封存制度发挥应有的功效，必须使权利可以得到救济，封存行为受到监督。首先，应当明确监督的主体。人民检察院是法律监督的主体，要更好地发挥检察机关的监督作用，明确犯罪记录封存制度各个环节中各级检察机关的相应职责，对犯罪记录封存制度的整个运行程序进行监督。其次，应当拓宽救济途径。赋予被侵权的未成年人及其监护人、亲属向法院直接提起侵权之诉，以及向上级检察院申诉控告的权利，并且在泄露行为导致未成年人受到损失时可以取得国家赔偿的权利。最后，还应当完善责任追究机制，从民事责任、行政责任和刑事责任三方面追究有关人员的责任。

四、结语

国家的持续发展离不开未成年人的健康成长，保护未成年人的合法权益是国家和整个社会的共同责任。犯罪记录封存制度不仅在平衡未成年人合法权益与社会秩序稳定方面发挥着重要作用，而且对于未成年人的健康成长，犯罪后更好地融入社会有不可或缺的重要价值。我们必须有足够的耐心，不断完善犯罪记录封存制度，增强制度合理性以及实践可操作性，切实发挥其应有的作用，服务于未成年人再社会化。

民营企业家刑事诉讼涉案财物处置研究

宋嘉鑫*

摘　要： 民营企业是社会主义市场经济的重要组成部分，保护民营企业和民营企业家的财产权，能够更好地激发民营企业活力，促进经济的发展。但是在民营企业家刑事涉案财物诉讼中，存在查封、扣押、冻结措施的适用范围不准确，企业家涉案财物保管不当，公权力的不恰当介入，缺乏对涉案财物处置的有效监督以及救济机制等问题，需要完善涉案财物的规范性程序、完善涉案财物的监督和救济机制，保证涉案财物处置程序的合法性和公正性，保护民营企业家的财产权利。

关键词： 民营企业家　涉案财物　查封　扣押　冻结

经济主体财产权的有效保障和实现是经济社会持续健康发展的基础，刑事涉案企业家及企业的财产保护一直都是社会关注的焦点，我国近年来明确提出要重视和加强对民营企业和民营企业家的财产保护，保护民营企业和民营企业家的财产权，能够更好地激发民营企业活力，促进经济的发展，有利于社会主义市场经济秩序稳定发展。

一、企业家涉案财物的范围

我国《刑法》第六十四条规定："犯罪分子违法所得的一切财物，应当予以追缴或责令退赔；对被害人的合法财产，应当及时返还；违禁品和供犯罪所

* 山西大学法学院硕士研究生，主要研究方向为刑事诉讼法学。

用的本人财物，应当予以没收……”《公安机关涉案财物管理若干规定》和《人民检察院刑事诉讼涉案财物管理规定》第二条规定，“涉案财物”指公安机关、人民检察院在办理刑事案件过程中，依法以查封、扣押、冻结等方式固定的可用以证明犯罪嫌疑人有罪或者无罪的各种财产和物品，包括：（1）违法犯罪所得及其孳息；（2）用于实施违法犯罪行为的工具；（3）非法持有的淫秽物品、毒品等违禁品；（4）其他可以证明违法犯罪行为发生、违法犯罪行为情节轻重的物品和文件。

因此，涉案财物包括五个方面，即违法所得的一切财产、被害人的合法财产、违禁品、供犯罪所用的本人财物、可以证明犯罪行为发生或情节轻重的物品和文件。违法所得的一切财产是指行为人通过犯罪行为所得到的财物以及所获财物的增值部分，包括通过合法手段获得的孳息；被害人的合法财产是指行为人以不法手段将被害人的财物占为己有，对于这些财物应当返还给被害人，但是如果是在一些特殊案件中，例如在受贿罪中被害人进行行贿的财产可能也会予以没收；违禁品是指被法律法规明文禁止使用的工具或者物品，例如爆炸性、易燃性、淫秽物品、毒品等；供犯罪所用的本人财物是指行为人在犯罪过程中使用的物品，例如犯罪工具以及犯罪中使用的资金等；可以证明犯罪行为发生或情节轻重的物品和文件是兜底条款。

在涉及企业家刑事案件中，由于企业家与其所在企业的密切关系，企业家涉案财物相较于普通涉案财物会更加复杂，企业家涉案财物范围会比普通公民涉案财物范围更难把握，因此要把企业家涉案财物放到企业背景中来考虑。企业家作为企业的管理者，其财产与企业有着千丝万缕的关系，为了使企业能够正常经营，不受企业家“株连”，就必须要区分企业家个人财产和企业财产。首先，区分企业家个人财产和企业财产，必须经由专业的法律及会计人员进行操作，只有执行机关进行操作很可能会由于区分错误而对企业的运行和财产造成影响。其次，由于大多民营企业家个人财产可能出现混同的情况，要注意区分企业家财产中哪些是违法所得，哪些是供犯罪所用的本人财物以及哪些是企业家的合法财产，对于企业家依靠合法经营而获得的财产或者有证据证明为其个人财产的，不能与其涉案财产一并查封、冻结、扣押。最后，在对企业家财物进行处置时，要考虑到其财物与企业发展运营的关系，尽量减少对企业正常运营的影响。

二、民营企业家犯罪相关案例分析

（一）杨某案

杨某，于2009年在四川德阳市投资设立德阳西部国际商贸（集团）有限公司（以下简称西部国际公司）并担任董事长和法定代表人。2014年，杨某被旌阳区公安局以涉嫌骗取贷款罪监视居住，其公司楼盘以及土地被全部查封，查封资产包括1696.49亩商业用地，房屋建成面积75.77万平方米。2015年，在多次退回补充侦查无果的情况下，旌阳检察院作出了对杨某不起诉的决定。

法院对西部国际公司名下的所有土地和房产进行查封，彻底限制了公司和项目的正常经营和融资、销售、招商、建设和发展的空间。查封后，西部国际公司因无法继续出售房屋，资金链断裂，运营彻底陷入瘫痪。而西部国际公司在查封前已经售出2000余间商铺，涉及数千户业主，所涉房款约6.8亿元，该查封造成了业主的恐慌，也对当地的投资环境以及社会稳定造成了恶劣影响。

在该案中，对企业家财产处置的过程中存在如下几个问题。其一，根据西部国际公司所述，其与主要债权人约定相关纠纷应由德阳仲裁委以仲裁方式解决，需要保全财产的应先通过德阳仲裁委提出保全申请，然而法院却直接采取查封等措施，这在程序上是存在瑕疵的。

其二，西部国际公司被请求保全的金额为4亿余元，而对西部国际公司的所有土地和房产进行查封，法院是否超标查封，是否作了查封前评估，申请人的执行标的以及实际被执行标的都存在疑问。

其三，对杨某采取强制措施以及对其财产采取查封、扣押、冻结手段时，未考虑到其企业的正常运营需要，使得该企业没有了正常运营的资金，且失去了管理者的管理，导致该企业后续发展困难，走向重整破产。

其四，当事人在规定时间未起诉，但法院却没有在规定时间及时解除查封，导致企业过长时间无法正常运营，企业信誉和资产状况受到了严重影响。

因此，在涉及民营企业家刑事案件中，对其涉案财物的处置不仅关系到其个人，而且对其企业的生存和发展也有很大的影响。如果不能严格依照法定程序，采用违法手段插手经济纠纷，采取不当的查封、扣押、冻结措施，将不利于非公有制经济主体的经营稳定，也不利于社会的稳定。通过上述案件可知，现在在企业家刑事诉讼涉案财物的处置上仍然存在很多问题，例如超额查封、程序不规范、操作僵硬未能考虑企业发展等，这些问题对于企业家财产的保护以及对非公有经济的保护都至关重要。

（二）吴某案

2007 年 2 月 7 日，吴某在首都机场被东阳警方抓获，并因涉嫌非法吸收公众存款罪被刑事拘留。2009 年 4 月 16 日，浙江省金华市中级人民法院首次开庭审理此案。2009 年 12 月，金华市中级人民法院以集资诈骗罪，一审判处吴某死刑，并处没收吴某个人全部财产。2010 年吴某不服判决提出上诉。在各方关注下，吴某案改判，从死刑改判为死缓，后又改判为无期徒刑。2011 年 4 月二审开庭时，吴某主动承认非法吸收公众存款，但继续否认集资诈骗。2012 年 5 月，吴某案判决结案，以集资诈骗罪判处吴某死刑，缓期二年执行，剥夺政治权利终身，并以没收其个人全部财产结束了司法程序，但吴某和她名下的本色集团的财产却没有随着案件判决得到处置，吴某方面多次申请未果。2013 年 5 月，吴某方面提起行政诉讼，将东阳市政府列为被告，东阳市公安局为第三人。本色集团和吴某方面提出，东阳市政府干预司法，至今不准东阳市公安局返还公司财产及营业执照。2015 年 11 月 23 日，金华市中级人民法院作出裁定，不予立案。吴某方面的上诉在 2016 年也被浙江省高级人民法院驳回。吴某方面随即发起再审申请。2018 年 1 月 26 日，最高人民法院立案庭派法官前往浙江省高级人民法院，就吴某诉东阳市政府一案，举行立案再审听证会。

在吴某案中，首先，最明显的问题就是政府干预，政府提前介入案件，其合法性存在问题，而且在司法审判程序尚未结束的情况下，政府便提前开始拍卖相关财产，这明显是不合法的；其次，在吴某案中，未区分哪些属于吴某个人财产，哪些属于本色集团的财产，且没有一个准确的扣押清单，这就为政府提前插手拍卖吴某案财产提供了空间，而且在案件结束后未能返还吴某公司财产和营业执照，这是不符合法律规定的；最后，拍卖后获得的资金应当返还给吴某的债权人，但是在吴某案已经结束且财产已经被拍卖后，债权人却一直得不到清偿，可见，对企业家涉案财物处置的不当也不利于保护案件债权人的合法权益。

三、民营企业家刑事诉讼财物处置存在的问题

在涉及民营企业家的刑事诉讼过程中，如何正确认定和处置涉案财产对于保护民营经济的发展，保护民营企业家的权利是十分重要的，不当处置可能会造成司法实践中的混乱，严重损害企业家的权益以及企业家所在企业的发展。要避免造成这样的混乱，我们必须找到我国司法实践中存在的不足。通过分析我国现行法律对刑事涉案财物范围的规定以及上述企业家涉案财物处置的案例，我们可以发现我国司法实践中存在如下一些问题。

（一）查封、扣押、冻结措施的适用范围不准确

通过我国相关规范性文件可知，有关刑事涉案财产的规范性文件呈现多元且复杂的局面，具有主体多元、规范分散复杂、效力层次混乱的特点。[①] 有关涉案财物的处置分散在各种规定中，且都为各部门为其工作需要而制定，没有统一的规定，因此可能会造成各部门衔接不畅，导致司法资源的浪费。

根据我国相关法律法规的规定，我国涉案财物包括违法所得的一切财产、被害人的合法财产、违禁品、供犯罪所用的本人财物、可以证明犯罪行为发生或情节轻重的物品和文件，而在司法实践中，对于上述涉案财物范围的认定还未形成统一的标准，在执行时难免会出现偏差。例如，在司法实践中经常会出现一个物品多种性质的情形，一个物品极可能既是犯罪工具又是重要证据，那么此种情形下，此物品是应该被采取查扣措施还是作为证据由特定机关保管，在实践中可能会由于对该物性质认定不清而造成处置方式不一样，而处置方式不当可能会造成司法实践中对查封、扣押、冻结范围适用的混乱。而且“可以证明犯罪行为发生、违法犯罪行为情节轻重的物品和文件”这个开放性条款可能使得在实践中作为证据的财物都被纳入，这一条款很可能会为侦查机关超范围查封、扣押、冻结埋下伏笔，使企业家的合法财产以及关联第三人的财产被纳入查封、扣押、冻结范围。

---

① 陈卫东：《涉案财产处置程序的完善——以审前程序为视角的分析》，载《法学杂志》2020 年第 3 期。

除了对涉案财物本身认定不当可能造成超范围查封、扣押、冻结，对企业家财物和企业财物的区分不当也会造成查封、扣押、冻结范围错误。在吴某案中，执行机关未经有关机关准确区分哪些属于吴某个人财物，哪些属于本色集团的财物，而把涉刑企业家所有的财物全部扣押、冻结，极大地损害了企业的权益，造成对本色集团不可逆的损害。

（二）企业家涉案财物保管不当

在我国司法实践中，对涉案财物的保管没有专门的保管机关，且由于案件较多，保管人员匮乏，对于涉案财物的保管本身就是司法实践中的一个薄弱之处。而企业家涉案财物的保管相对于普通涉案财物的保管会更加困难。首先，涉及企业家刑事案件的财物数额一般都会比较大，形式也比较复杂，保管难度也比较大；其次，由于民营企业家的特殊身份，其财物经常关系着一个企业能否正常运营，因此，如果对其财物处置不当则可能造成对企业的损害，这就要求保管人员具有更高的专业性；最后，企业家涉案财物经常会有时效性，所以对于保管人员工作的效率也提出了更高的要求。

显然，现在对于企业家涉案财物的保管还达不到上述要求，在杨某案和吴某案中我们都可以得出这个结论。在杨某案中，杨某被查封了所有财物，包括房产、土地以及所有资金，直接使得该企业资金链断裂无法正常运营，且超期查封和未对其财物进行一定的保值处置使得其资产大额贬值，造成了巨大亏损。在吴某案中，法院在审前拍卖吴某财物，而且拍卖所得资金也未得到妥善保管，没有准确的扣押清单，整个保管过程程序混乱，极大地损害了企业家的权利，引发了后续一系列诉讼。

（三）公权力的不恰当介入

在司法实践中，存在很多刑民交叉的情况，如果公权力不能得到恰当的应用，被随意使用，在处理案件时先刑后民、只刑不民，就会在很大程度上使企业家的财产权利受到损害，得不到保障。在办理刑民交叉案件时，要注意不能以刑事手段干预民事，只涉及民事部分的财物不能同刑事涉案财物一样进行查封、扣押、冻结。而在实践中却有司法部门对其他部门进行直接或间接干涉的情况，使得民事涉案财物被计入刑事涉案财物。

司法权是一项独立的权力，不应当受到行政权力的干涉，而在一些涉及民营企业家刑事案件中，经常会出现公权力介入诉讼程序，干涉案件进程的现象。在吴某案中，政府介入涉案财产处置，在案件尚未结束前便拍卖了吴某相关财物，吴某后来数次提起行政诉讼但仍无果。公权力的不恰当介入不仅会损害司法权威，也会极大地损害政府公信力。

（四）缺乏对涉案财物处置的有效监督

在我国对于涉案财物的监督主要依靠内部监督，而检察机关内部尚无对涉案财产的监督部门，所以对于涉案财物的监督尚存在缺陷。在案件审理结束后，无论结果是法院判决还是决定不起诉，涉案财物都应当得到合理的处置，但是由于缺乏有效的监督，有关部门可能由于保管不利或者为了牟取私利，使得在案件结束后涉案财物已经受到损坏而无法返还。在吴某案件结束后，吴某被查扣的财物却迟迟未得到处理，其企业营业执照也被长期扣留不予返还，在申请多次后仍未能得到处理，可见对于涉案财物处置监督的缺乏。

在企业家刑事案件中的涉案财物一般不仅仅只是普通财物，还包括证券、股票等，对于这些特殊的财物，如果不及时处理可能会减损其价值，所以这类不宜长期保存的财物需要在管理部门的监督下进行一定的处置，而提前处置需要更加严格的监督，但是在实践中，由于缺乏有效监督，经常会造成此类特殊涉案财物价值的减损。

（五）缺乏有效的救济机制

关于对涉案财物处置的救济应当包括处置程序中的救济和事后的赔偿。《人民检察院扣押、冻结涉案款物工作规定》① 规定在处置程序中可以向该人民检察院或上一级人民检察院投诉进行救济，诉讼程序结束后移交赔偿部门进行救

---

① 《人民检察院扣押、冻结涉案款物工作规定》第九条规定，人民检察院扣押、冻结、保管、处理涉案款物，应当书面告知当事人或者其近亲属有权按照有关规定进行投诉。当事人、其他直接利害关系人或者其近亲属认为人民检察院扣押、冻结、保管、处理涉案款物侵犯自身合法权益或者有违法情形的，可以向该人民检察院投诉，也可以直接向其上一级人民检察院投诉。接到投诉的人民检察院应当按照有关规定及时进行审查并作出处理和答复。刑事诉讼程序终结后，当事人认为人民检察院违法扣押、冻结涉案款物而申请刑事赔偿的，尚未办结的投诉程序应当终止，负责办理投诉的部门应当将相关材料移交刑事赔偿工作部门。

济。虽然该规定对涉案财物处置如何救济进行了规定，但是如果没有一个确切的救济机制，投诉是否有效仍得不到保障，若投诉无法解决问题就只能申请复议，这对于当事人得到救济也是比较困难的。

对于赔偿问题，我国《国家赔偿法》保障了受害人的救济权，但是在企业家涉案财物处置赔偿问题中最关键的是赔偿标准问题以及赔偿金该如何计算的问题，例如对于股票、证券等特殊财物由于操作不当造成的减损，超范围查封、扣押、冻结造成的财物减损，超期查封、扣押、冻结造成企业无法运营而导致的亏损等问题，而这些问题却由于缺乏完整的赔偿标准而得不到合理救济。

四、民营企业家刑事涉案财物处置的优化路径

民营企业家刑事诉讼中涉案财物的处置不仅关系到企业家自身的合法权益，还会影响到企业的发展以及相关企业和个人的权益，因此必须要探寻解决以上所述问题的方法，不断优化涉案财物处置程序，保护民营企业和民营企业家权利，维持非公有制经济稳定发展。

（一）完善涉案财物处置的程序性规范

在我国司法实践中，涉案财物处置程序中存在涉案财物范围认定混乱、涉案财物保管不当、公权力不当介入等问题，必须加快完善涉案财物处置的程序性规范，为涉案财物处置提供一套统一的可遵循的规范，才能使涉案财物的处置更加规范。

为了解决涉案财物在查封、扣押、冻结措施适用时范围不准确的问题，首先需要统一各部门对于涉案财物的认定标准，解决不同部门参照不同规范而造成的移送和认定中的矛盾。其次要进一步明确涉案财产与非涉案财产、非法财产与合法财产、公司财产与企业家个人财产、企业家个人财产与夫妻及家庭共有财产的界限①，防止非法查扣行为对公民合法的财产造成侵犯，保护企业及企业家的合法权益。

---

① 李建伟、李晓明：《刑事诉讼中的企业家民商事权利保护》，载《人民司法》2019年第19期。

在统一了认定标准后，必须对涉案财物处置的程序进行规范。首先，要对涉案财物处理的决定程序进行规范。查封、扣押、冻结是对公民财产权的处置，处置不当会侵犯公民的合法权益，而我国查封、扣押、冻结的决定机关是自我审批、自我执行，因此会出现公权力不当介入的情况，扰乱决定程序。因此，我国可以将涉案财物的审批权和执行权分开，在决定机关做出查封、扣押、冻结的决定后，需要审查机关进行严格审查，审查批准后再由执行机关进行执行，别的机关无权对涉案财物进行处理。其次，要对执行过程进行规范，对于详细的涉案财物执行实施方案和操作程序都要进行更加细致的规定，避免在执行过程中执行人员的主观性过强，还要制定详细的清单随案移送，清单内容要对财物的种类、权属、属性特征等进行详细的描述。最后，在整个涉案财物处置程序中对于涉案财物的保管程序也是非常关键的一环。对于涉案财物保管机制的完善，现在已经有如下几种探索方案：第一，探索跨"部门"网络平台管理，信息网络共享；第二，联合法、检"一体化"保管；第三，折中二元模式，办案单位与专门机关"两级保管"；第四，建立跨机关保管机构。① 以上探索都体现了对专门保管机构和保管程序设立的需要，这是防止涉案财物被滥用，避免涉案财物损毁、灭失的必要途径。

（二）加强对企业家刑事涉案财物处置的监督

在企业家刑事涉案财物处置的监督中，检察机关是重要的监督者，因此，要加强对企业家刑事涉案财物处置的监督，必须要加强检察机关对涉案财产处置机关的监督，要扩大监督的范围和力度，可以要求办案机关定期向检察机关汇报涉案财物的处理情况，这样可以使得检察机关对办案机关的监督更加主动。

除了检察机关的监督，还要充分发挥社会的力量进行监督，可以建立相关的涉案信息公开平台，对于涉案信息的来源、移送、处置等情况进行公开，任何人发现违规处置、非法处置时，都可以向有关行政部门反映。这样可以防止执行机关不当处置涉案财产，使其对涉案财物的处理合法有效。

（三）探索建立有效的救济机制

为了使企业家的财物被强制执行时企业家可以保护自己的权利，应当赋予

① 田力男：《刑事涉案财物保管与处置新制研究》，载《法学杂志》2018 年第 8 期。

企业家在以下情况提起申诉的权利，如被强制执行的财产超出了涉案财物范围、当强制性措施持续时间过长超出法定的期限、对涉案财物缺乏妥善完备的保管、被强制执行的财物涉及第三方的利益，需要特别强调和保护之时。而且对于企业家申诉的程序也要进一步完善，让企业家可以享有申诉权且该权利具有可操作性。

救济机制的另一重要方面便是赔偿。我国现在对于涉案财物的赔偿规定不够详细，偏原则性和较为笼统，因此需要对赔偿程序进行更细致的规定。例如，对于涉案财物受到非法侵害需要赔偿的范围来说，可以包含涉案财物受到非法侵害的直接损失，即由于某个机关或个人的行为造成涉案财物损坏、灭失所引起的损失，该损失一般可以用市场价值予以计算；涉案财物受到非法侵害造成的间接损失，即被采取强制措施的犯罪嫌疑人、被告人、受害人、第三人的合法财产，在将来一定时段内受到的财产损失；为了使受侵害的涉案财物恢复其原来的价值所需的费用。①

通过建立起贯穿整个涉案财物处置程序的申诉制度，可以使涉案企业家及时发表自己的意见，在整个程序中更好地维护自己的合法权益。制定内容较为详细的赔偿标准且具有可操作性的赔偿程序，保障企业家在受到损害后可以得到有效救济，把对其造成的损失降到最小，有益于激发企业家的积极性，保障非公有制经济。

① 史梦媛：《刑事涉案财物程序性控制研究》，华东理工大学2018届硕士学位论文。

论认罪认罚案件中的证据开示制度

王　丹*

摘　要:《关于适用认罪认罚从宽制度的指导意见》确定了在认罪认罚案件中探索证据开示制度,在庭前控辩双方进行证据开示,可以保证认罪认罚制度的程序正义、被追诉人的知情权与认罪认罚制度的效率价值。当前的证据开示制度存在法律规定不明确,证据开示流于形式与被告人、值班律师沟通不畅的问题,可以从明确证据开示的主体、范围、内容,完善司法机关相关配套制度,完善值班律师辅助证据开示制度等方面进行改善。

关键词:认罪认罚　证据开示　证据知情权　值班律师职能

一、认罪认罚案件中证据开示制度的现状

(一)刑事证据开示制度的简述

1. 刑事证据开示的内涵

刑事证据开示制度起源于英国的证据开示制度,20 世纪上半叶,在美国得到继承和发扬,是证据制度中不可或缺的重要部分。证据开示制度是在对抗式诉讼中发展起来的,对抗式诉讼贯彻当事人主义理念,要求控辩双方作为平等双方进行争论,每一方当事人都有同等的权利调查证据,所以存在大概率的证据突袭,对庭审进程有许多不利影响。但是在实行国家追诉主义的刑事诉讼中,控方与辩方的力量又极为不均衡,控方具有的实力与资源远超辩方,对抗式的平衡被严重破坏。到 20 世纪后,刑事诉讼追求控辩双方实质上的平等,由此产

*　山西大学法学院刑法学专业硕士研究生,主要研究方向为刑事诉讼法学。

生了证据开示制度，但是又出现了一个问题，这时的证据开示制度是单向开示，仅由控方向辩方开示，辩方不需要向控方展示自己收集到的信息，但是英、美实行单向证据开示的实践表明，这样不利于调动控方积极性，而且容易遭受辩方的证据突袭。由此慢慢发展出现在的双向证据开示。

证据开示制度由英美法系所创，而传统的大陆法系国家不存在证据开示制度，但是与之类似的有律师阅卷制度。最近几年我国的司法改革要求庭审实质化，讲求控辩平衡，于是引入了证据开示制度，这一制度要求在庭审前，检察院应当将证据向辩方进行公开，辩方也应当将自己收集的证据向控方展示，既可以使辩方提出有针对性的辩护意见，也可以使控方的诉讼更加准确具体。证据开示制度可以保障被告人一方的辩护权、知情权，对于预防辩护方证据突袭、提高诉讼效率有重要作用。

但是在现阶段，我国还没有建立起完全意义上的证据开示制度。控方在我国是公诉机关，也就是检察院，在调查收集证据方面有着先天性的优势地位，资源、实力强劲，但是辩护方则相反，由于调查证据有程序方面的限制，所以取证权乃至阅卷权都受到了一定的限制，在这方面处于相对弱势的地位，最终导致控辩双方在证据方面形成巨大落差，破坏了控辩平衡的局面。

2. 认罪认罚制度中的证据开示的内涵

2018 年修订的《刑事诉讼法》中规定了一个新的制度——认罪认罚从宽制度。“认罪”是指承认自己所犯的罪行，包括对于犯罪细节的供述；“认罚”是指在认罪的前提下，接受可能提出的处罚方案；“从轻”是指根据具体量刑规定在法定刑的范围内从轻判决。这个制度给自愿接受处罚的犯罪嫌疑人、被告人一个从轻处罚的机会，是辩护方和公诉方相互协商的结果。但是在公诉方告知犯罪嫌疑人该项制度时，应当将收集到的证据同时展示，保障犯罪嫌疑人的知情权，让犯罪嫌疑人知道自己获罪的理由以及惩罚依据。根据《关于适用认罪认罚从宽制度的指导意见》的规定，人民检察院可以针对案件具体情况，探索证据开示制度，保障犯罪嫌疑人的知情权和认罪认罚的真实性及自愿性。这一指导意见明确了在认罪认罚案件中对于证据开示制度的探索，建立健全完善的证据开示制度对于认定犯罪事实、保障犯罪嫌疑人等辩护方的知情权、确保信息公开与检察院准确提出量刑建议有着重要意义。

认罪认罚从宽制度的核心就是被告人自愿认罪认罚，在于其自愿性。如何保障自愿性的关键问题又在于被告人是否知情，即被告人是否知道其被指控的罪名以及认罪认罚的具体规定、自己认罪认罚的后果。在知情权这一重要环节中，证据开示是非常重要的一个方面。检察机关应当将调查收集的证据向被告人一方展示，在保障被告人知情权的基础上维护其认罪认罚的自愿性。

（二）认罪认罚案件中证据开示制度的价值

1. 保证认罪认罚制度的程序正义

在近几年的刑事诉讼中，越来越强调保障被告人利益，其中知情权作为一项重要的诉讼权利，是衡量程序正义的一个很重要的标准。与控方的强大实力相比，被告人乃至辩护律师都处于弱势地位，认罪认罚从宽制度从另一个角度来说，实质上就是国家司法机关与被追诉一方关于罪与刑在一定程度上的协商。协商最关键的就是双方力量相对均衡，实行证据开示制度，有利于双方在证据方面相对平等。一方面，将控方调查掌握的证据向被追诉人一方展示，辩方通过证据开示掌握关键控罪证据以及其他证据材料，从而作出具有针对性的充分准备的辩护意见，被告人也可以了解自己被指控的罪名以及各种证据材料，与自己的辩护人沟通时才能更加有针对性、更加顺畅，从而签署认罪认罚具结书；另一方面，控方了解辩方的一些证据，整个指控思路或许更加完整，而且在开庭前双方互相了解证据，均有充分准备，思路清晰，在推进认罪认罚的过程中可以更好进行协商，通过这种“互惠式 ”的制度设计，检察官和辩护律师都可以进行极为充分的法庭对抗准备，以避免那种相互“突然袭击”的现象出现①，整体保证程序上的正当性。

2. 保证认罪认罚制度中被告人的知情权

在刑事案件中，被告人往往被限制或者剥夺了自由，在收集证据方面会遇到一定的困难，并且对自身权利认识较为模糊，可能存在盲目认罪认罚的现象，签署认罪认罚具结书后又反悔，或者在法院一审判决后又上诉，与认罪认罚制度设计的初衷相违背。产生这些现象的根源在于被告人并非自愿认罪认罚，要保证其自愿性，首先就要保障被告人一方的知情权。被告人与辩护人有权知道案件的进度与已经收集的证据，在认罪认罚案件中实行证据开示制度，加强对

① 陈瑞华：《刑事诉讼的中国模式》，法律出版社2008年版，第272页。

被告人一方知情权的保障，明确检察院的证据开示义务，有利于被告人一方了解案情和证据，增加对认罪认罚的法律后果的了解，从而保证其认罪认罚的自愿性。虽然认罪认罚案件中被告人一方放弃无罪辩护这些权益，但是知情权依旧是其不可或缺的诉讼权利之一，证据开示是保障知情权的重要环节，也体现了司法保障人权的目的。

3. 保证认罪认罚制度的效率价值

认罪认罚从宽制度存在的价值之一是提高诉讼效率，但是很多时候被告人签署了认罪认罚具结书之后又反悔，或者当庭翻供，还有在法院一审判决后又上诉的，这大大违背了认罪认罚制度的设计初衷，拖慢了诉讼的进度，降低了诉讼效率，浪费了司法资源。在认罪认罚中实行证据开示，控辩双方在庭前对证据都有了一定了解，避免审判中由于证据突袭而意外中断庭审，而且被告人是在充分了解案卷材料，包括证据的基础上，与辩护人沟通后签署的认罪认罚具结书，控辩双方经过协商在罪刑方面达成共识，在法庭调查中就明晰了法官的审判方向，提高了法庭审判效率。

二、认罪认罚案件中证据开示制度存在的问题

（一）证据开示的法律规定不明确

1. 主体不明确

我国目前对认罪认罚案件中证据开示制度的探索还在初期，对于开示的主体法律规定并不明确，司法解释也没有对此作出明确解释，控方的开示主体是否明确为检察官，辩方的开示主体是否包括被告人、辩护律师，辩护人参加证据开示与辩护律师的阅卷权是否存在冲突，法院是否可以参与认罪认罚中的证据开示，证据开示是由法院居中主持，还是控辩双方自己组织证据开示，这都是亟待解决的问题。

2. 操作标准不明确

我国刑事诉讼法以及相关司法解释都没有规定认罪认罚案件中证据开示的范围，各司法机关没有统一的标准，开示的范围是仅限于控辩双方收集的证据还是包括别的案卷材料，由于范围不一致，标准难以统一，很多地方检察院都忽略证据开示这一步，被告人在不清楚自己案件证据的情况下签署具结书，辩护律师也难

以了解关键性证据，无法给被告人提供建议。具体的开示方式也没有明确规定，是证据送达还是当面展示，都是法律和司法解释应当进行规制的内容。

（二）证据开示流于形式

由于法律没有明确规定，导致证据开示经常流于形式。首先，司法机关权利告知程序有问题，《关于适用认罪认罚从宽制度的指导意见》虽然明确了司法机关的权利告知义务，但是规定过于笼统，对于罪名、证据等是概括性规定，没有具体细化的准则，所以在实践中可操作性不强，并且对于权利告知程序没有确认机制，难以判断检察机关是否完成了权利告知程序，导致被追诉人不一定了解其拥有证据开示的权利。其次，被追诉人的知情权受到影响，控方收集调查得来的证据是被告人定罪量刑的关键。在认罪认罚程序中，被追诉人只有在对证据材料充分了解的基础上，才能权衡利弊，作出符合自身利益的选择。在目前的司法实践中，被告人要想了解证据材料，只能通过辩护律师阅卷得知，但是律师会见困难，而被告人自身又没有阅卷权，所以被告人对证据几乎没有掌握，在对案情没有了解的情况下就签署具结书，无法保证其自愿性。实际情况中，很多刑事案件都没有辩护律师，这更是导致被追诉人证据知情权的缺失，侦查阶段证据开示内容不够明确，审查起诉阶段被告人又缺乏阅卷权，检察机关往往忽视证据开示，使被告人无法了解到案件证据进展情况，其对证据的了解不够，认罪认罚的自愿性大打折扣，使证据开示制度流于形式，起不到实质作用。最后，没有认罪认罚案件中缺乏证据开示的惩罚性规定。指导意见中仅提及要在认罪认罚案件中探索证据开示制度，但是并没有明确司法机关不履行证据开示的后果，在我国司法监督的主体是检察院，但是同时证据开示的主体也是检察院，对于证据开示的监督难免有缺位，到审判程序后即使发现证据开示程序缺位也不会程序倒流，甚至没有任何制裁性措施，导致认罪认罚中的证据开示的探索难以继续，证据开示或许逐渐流于形式。

（三）被告人与值班律师沟通不畅

在目前的司法实践中，被告人对于案卷证据材料的认知在很大程度上来源于律师的帮助，律师参与可以有效帮助被告人参加证据开示，保障其知情权。虽然刑事诉讼法规定了值班律师制度，目的是为没有辩护人的被告人提供法律帮助，更好地保障其诉讼权利，但是依旧存在问题。首先，实践中值班律师的职能定位有偏差，大多承担的是较为简单的职能，比如回答问题、介绍法律规定，不具备辩护律师的辩护职能，在认罪认罚案件中几乎都是简单地回答问题，并没有为被追诉人提供真正意义上的法律服务，很多时候值班律师介入案件的时间较晚，只是认罪认罚的见证者，只在客观上满足了法律中签署认罪认罚具结书时需要律师在场的规定，在见证前并没有对案卷证据材料进行了解，没有与被追诉人进行沟通交流，不能完全保证认罪认罚的自愿性与真实性，实质上缩小了值班律师的地位与权利，值班律师难以发挥其应有的功能①。其次，即使值班律师在签署具结书前了解了案卷证据材料，会见难也是问题之一，值班律师与被告人不能单独会见，沟通交流存在障碍。最后，目前很多值班律师的专业素养偏低，在认罪认罚案件中，只是盲目听从检察院建议，而没有要求证据开示，通过证据寻找针对性意见与控方协商定罪量刑。

三、完善认罪认罚案件中的证据开示制度

办理认罪认罚案件，通过证据开示，一方面使控方减少遭受证据突袭的风险，按照调查收集的证据确定指控罪名，提出精准的量刑建议书；另一方面使辩护人与被追诉人掌握到案件全部证据，能更好地帮助被追诉人提出针对性意见，被追诉人也能认识到自己行为的社会危害性，提高其认罪认罚的自愿性与真实性。

（一）明确证据开示的主体、范围、内容

我国认罪认罚从宽制度中的证据开示还在探索中，首先需要解决的就是明确证据开示的主体。认罪认罚中证据开示的主体包括两方，一方为控方，也就是公诉机关检察院，检察院将从侦查机关移送来的案卷证据材料与在审查起诉阶段补充侦查的证据材料向辩方开示，不仅有利于诉讼进程的发展，也将公诉机关与犯罪作斗争、公正司法的决心向对方展示出来，让被追诉人了解证明案件事实的证据，认识到其行为的社会危害性，真诚悔罪，认罪认罚。另一方为

---

① 贾志强：《论认罪认罚案件中的有效辩护——以诉讼合意为视角》，载《政法论坛》2018年第2期。

辩方，主要包括被追诉人与辩护律师或者值班律师，辩方虽然收集证据的权利受限，但是总能调查到一些证据，将己方调查的证据向控方展示，避免法庭上证据突袭，利用某些关键性证据在认罪认罚协商的过程中推进被追诉人获得从宽量刑，而且有利于提高认罪认罚案件的诉讼效率。其次，认罪认罚案件中证据开示的范围应当是案卷全部的证据材料，不能只开示一些鉴定性证据以及无关紧要的诉讼文书，定罪量刑的关键性证据都应当包括在证据开示的范围内，对于影响被追诉人作出认罪认罚决定的证据应向被追诉人充分展示并进行核实，同时可以询问被追诉人对于认罪认罚的意见①。最后，在证据开示的方式上，可以选择证据送达，也可以选择当面开示，如果选择证据送达要有配套的送达标准，比如双方主体签字就算到达。

（二）完善司法机关相关配套制度

1. 完善人民检察院告知制度

认罪认罚案件中的证据开示，检察院首先需要告知被告人以及辩护律师或值班律师有申请证据开示的权利，由于法律没有明确规定，检察机关通常会忽略这个权利告知的内容；其次对于被指控犯罪的证据材料等事项应当完全告知，使被追诉人对于自己罪行的细节以及社会危害性充分了解，有利于保障被追诉人认罪认罚的自愿性，即对于证据开示的程序性事项与实体性事项都是检察机关应当告知的范围。

2. 完善人民检察院惩罚机制

在目前的司法实践中，认罪认罚案件的证据开示并没有强制性措施来保障实施，导致被追诉人的证据知情权虚化。在明确证据开示的主体、范围、内容之后，应当着力构建有关程序性的制裁措施，首先，负责该案的检察官没有组织证据开示会遭受一些处罚；其次，没有经过证据开示的证据可以作为瑕疵证据，如果案件起诉到法院发现缺乏证据开示程序，作为瑕疵证据可以进行补正，征求辩方的意见，如果被告人与辩护律师同意继续诉讼，则可以继续诉讼程序，但如果被告人一方提出异议，则应当返回检察院进行证据开示，保证被追诉人

---

① 王梦：《认罪认罚从宽制度中被追诉人知悉权保障研究》，载《巢湖学院学报》2020年第2期。

认罪认罚的真实性与自愿性。

（三）完善值班律师辅助证据开示制度

《关于适用认罪认罚从宽制度的指导意见》第十二条规定了值班律师的职责，即自人民检察院对案件审查起诉之日起，值班律师可以查阅案卷材料、了解案情。人民法院、人民检察院应当为值班律师查阅案卷材料提供便利。可以在值班律师查阅案卷材料的基础上构建证据开示制度，向值班律师进行证据开示，值班律师可以帮助被追诉人了解现有证据的情况，帮助被追诉人充分理解认罪认罚的内涵，保障其对于证据的知情权，保证其签署认罪认罚具结书的自愿性。具体而言，可以制作认罪认罚案件证据开示表，《证据开示表》是体现证据出示的方式、相关内容的列表①。其中至少应当包括被追诉人的基本信息、犯罪事实、各类证据材料等。证据开示表应当在签署具结书前交给值班律师，保证值班律师对案件的了解，以便更好地帮助被追诉人，并且证据开示表应当在起诉时随案移送，归入案卷档案，方便后期审查开示内容。

四、结语

《关于适用认罪认罚从宽制度的指导意见》确定了对于证据开示制度的探索，证据开示对我们当前的认罪认罚从宽制度来说是一个很有价值的制度，保障被追诉人对于证据的知情权是保证认罪认罚自愿性与真实性的前提与关键。从当前存在的问题来看，法律规定并不明确，证据开示流于形式，值班律师与被告人的沟通不畅。要解决这些问题，需要明确证据开示的主体、范围、方式等，并且明晰值班律师的职能，完善司法机关的相关配套制度。从认罪认罚制度设计的初衷来说，证据开示是必须要走的一步，在双方证据力量均衡的情况下才能保证被追诉人认罪认罚的真实性与自愿性，走好证据开示的这一步，完善相关制度，才能推动认罪认罚更好发展，在实质意义上提高诉讼效率，节约司法资源，稳扎稳打进行司法改革。

---

① 王帅琳等：《证据开示表：破解值班律师见证效率与效果难题》，载《检察日报》2020年3月8日第003版。

课题成果

◎ 论中国律师职业化进程的起点

◎ 地理标志证明商标侵权损害赔偿数额认定的思考

论中国律师职业化进程的起点*

史永丽**

摘　要：改革开放以来，中国律师制度得以恢复重建和快速发展，1980年，《律师暂行条例》的颁行和国家组建律师团为林彪、江青反革命集团案进行的刑事辩护，在制度建设和执业实践两个方面标志着中国律师职业化进程的开始。通过对20世纪80年代初律师的性质、身份、编制、资格授予和工作机构等问题的梳理与分析，我们可以加深对律师职业化进程的中国特色的了解。中国律师的职业化将在此基础上不断发展和完善。

关键词：中国律师　职业化　国家的法律工作者　考核授予制

法律职业在中国的发展方兴未艾，其发展的速度和程度前所未有。其中，律师又是人数最多、发展最为迅速的核心群体。在我国目前大力推进国家治理体系现代化和法治化的背景下，通过对改革开放初期律师的性质、身份、编制及其工作机构的系统梳理与分析，可以使我们对律师职业化和现代化的中国特色有更为深入的认识，可以为我国律师制度将来的职业化发展之路提供历史视角的思考和借鉴。

一、中国律师制度的重建

党的十一届三中全会确定了“健全社会主义民主，加强社会主义法制建

* 本文是2020年度山西省省筹资金资助回国留学人员科研项目“卓越法治人才培养中的法律职业伦理教育研究”与2020年度山西大学本科教改项目“‘法律职业伦理’教学模式研究”的阶段性研究成果。

** 山西大学法学院副教授，主要研究方向为法律文化、法律职业伦理。

设”的目标，中国民主法制开始进入一个新的创建和发展时期。1979 年，刑法、刑事诉讼法等重要法律出台，系统规定了被告人享有辩护权及律师参加刑事辩护的基本原则，为我国律师制度的恢复重建提供了法律根据。

1979 年 9 月，司法部恢复设立。在中央的领导下，司法部对律师制度的规范重建和执业实践做了高效快速细致的工作，是律师制度重建的直接领导部门。在立法方面，司法部拟定了《律师暂行条例》，该条例通过后，成为改革开放初期规范律师行业的基本法律。在执业方面，在审判林彪、江青反革命集团案的过程中，司法部积极落实该案所需辩护律师，筹建了专门的律师小组，这一律师参与特别重大案件辩护的事实成为中国律师执业发展的里程碑。

《律师暂行条例》的颁布和律师小组在林彪、江青反革命集团案中的刑事辩护，标志着中国的律师制度从规范到实践的全面恢复，从而也开启了中国律师的职业化进程。

（一）中国律师制度的规范重建与律师的法定属性

1. 律师是“国家的法律工作者”

1980 年 8 月 26 日，全国人大常委会颁布了《律师暂行条例》（1982 年 1 月 1 日起实施），这标志着律师制度在中国的立法规范的重建。该条例从颁布到实施有一年多的准备时间。为了更好地贯彻实施该条例，司法部做了大量认真细致的调研工作，并与其他相关部委合作，出台了系列配套措施，对律师的性质、身份、编制、待遇和准入资格等都做了更为详尽的规定以保障其顺利实施。其中，较为重要的主要有《司法部关于下达审批律师资格试行办法的通知》（1980 年 11 月）、《司法部、财政部、国家编制委员会关于法律顾问处和律师协会编制及经费问题的通知》（1981 年 4 月）和司法部、财政部联合发布的《律师收费试行办法》（1981 年 12 月）等。

这些规范都是围绕着对律师性质的定位而制定的，它们共同构成了改革开放初期律师制度建设的一个范式。这一范式更为强调律师在中国国情下的国家属性和社会主义属性，其主要功能是稳定和建制。这一核心问题的变化会直接影响到整个律师制度的立法和司法实践。因此，在《律师暂行条例》中对律师的定性是我们认识改革开放初期律师制度和律师职业状态的关键所在。

《律师暂行条例》第一条开宗明义对律师的性质进行了明确界定：“律师是

国家的法律工作者，其任务是对国家机关、企业事业单位、社会团体、人民公社和公民提供法律帮助，以维护法律的正确实施，维护国家、集体的利益和公民的合法权益。”而在该条例的立法草案说明中，对此有更为详细的阐释和说明：

由于我国是无产阶级专政的社会主义国家，经济基础是社会主义所有制，加以律师工作的政治性很强等原因，这就决定了我国的律师不适宜私人开业，他们不是也不应当是资本主义国家那种自由职业者，而应当在法律顾问处这种工作机构里，有组织有领导地进行工作。我国律师执行职务，也不能像资本主义国家律师那样，只是从雇佣关系出发，为委托人谋利益，而是要站在无产阶级的立场上，从维护法律的正确实施出发，来维护当事人的合法权益。他们的工作性质，实际是肩负着国家赋予的使命，按照我国的社会主义法律办事，又通过自己的工作维护社会主义法律的正确实施。他们是国家政治、经济领域和社会生活中一支维护法制的力量。

由此可见，《律师暂行条例》中对律师更为强调其“社会主义”和“国家”的公有属性。他们的工作是国家赋予的，他们是为维护社会主义法制服务的。

2. 律师法定属性的原因分析

第一，从理论的来源看，《律师暂行条例》中对律师的属性的规范是受到苏联律师制度理论和实践的影响的。在改革开放初期特定的历史条件下，恢复秩序重建法制是党和国家面临的迫切问题，但在经济凋敝和人才短缺的情况下，在制度建设和实践中，可行的经验主要还是来自新中国建设初期借鉴苏联理论形成的律师制度。

第二，从社会现实来看，律师制度被废20余年，此时的律师制度属于空白领域，由于缺乏社会认知以及法律在社会现实生活中还没有具备足够的权威，它也不可能从这些方面获取自己所需要的资源。进入国家公职范围，从国家司法行政权中获取资源，就成了重建时的中国律师业一个现实可行的选择。①

（二）中国律师的首次执业实践：林彪、江青反革命集团案

1. 林彪、江青反革命集团案中的律师刑事辩护概况

众所周知，林彪、江青反革命集团使中国人民遭受了一场空前浩劫。1979

① 张志铭：《当代中国的律师业》，载《比较法研究》1995年第1期。

年刑法、刑事诉讼法的通过，为审判该案提供了实体和程序的法律依据。在此背景下，中央决定将该案交付法庭审判，全国人大常委会通过了《关于成立最高人民检察院特别检察厅和最高人民法院特别法庭检察、审判林彪、江青反革命集团案主犯的决定》，从1980年11月20日到1981年1月25日，最高人民法院特别法庭对林彪、江青反革命集团进行了庭审和判决。

在此案的审判过程中，中央决定应有辩护律师参加。为此，司法部积极落实，短期内就从全国各地选调律师18人，成立了律师小组。最终有五名被告人有辩护律师，由北京市第二法律顾问处分别为其指派辩护律师如下：韩学章、张中律师为姚文元辩护；甘雨霈、傅志人律师为陈伯达辩护；马克昌、周亨元律师为吴法宪辩护；张思之、苏惠渔律师为李作鹏辩护；王舜华、周奎正律师为江腾蛟辩护。

概括而言，律师的活动主要围绕核对事实和应用法律两个方面来进行。据统计，律师在庭审调查中共发问发言13次。根据法庭调查的事实，经过法庭评议，判决书认定的罪行比起诉书减少了16条，新增加了7条；认定的罪名也减少了。

2. 林彪、江青反革命集团案中的律师刑事辩护的意义和特点

第一，宣告了我国律师执业活动的恢复。正如马克昌先生所言“林、江反革命集团案举世瞩目，律师能作为辩护人参与审判，表明了律师工作开始受到重视。同时每日的开庭情况，都由中央电视台向全国、全世界播放，律师参与特别重大案件辩护的事实，向国人宣告我国律师制度的恢复，这是中国律师向全世界的第一次公开亮相”①。

第二，我国律师执业活动的恢复是党有力领导的产物。律师小组是在司法部领导下组建起来和开展工作的；律师小组确定辩护方案、撰写辩护词是在主管律师小组工作的司长的主持下进行的；每篇辩护词都是由司法部党组审核后报“两案办公室”审定的；律师会见当事人要遵守律师小组专门起草的《律师会见被告人的注意事项》。这些措施使得律师在这次辩护中起到了维护被告人合法权益和维护法制的积极作用，但也存在工作保守有余而能动性不足的缺点。

---

① 马克昌：《特别辩护回顾——为林彪、江青反革命集团案主犯辩护反思》，载《上海政法学院学报》2006年第6期。

第三，从当时学界对这次辩护活动的评价来看，对律师的“国家”属性的观点是比较统一的。如当时的北京市法学会会长、北京市律师协会负责人陈守一评价该案，“辩护律师的任务实质上至少有两个：一是根据事实和法律，维护被告人的合法利益；二是从律师制度这个链条上维护我国社会主义法制原则”。“我国律师是国家法律工作者，应该是刚直不阿，勇于负责。”作为该案辩护律师之一的苏惠渔也撰文，认为律师参加诉讼活动“是以事实为根据，以法律为准绳，维护被告人合法的权益，维护社会主义法制尊严”①。

综上所述，《律师暂行条例》和林彪、江青反革命集团案中律师的刑事辩护活动标志着律师在中国重新登上了历史舞台。此时，律师的法定属性是国家的法律工作者。这样的定性是中国特定历史条件下的产物。随着改革开放的快速发展，这一范式快速地被改变、被替代，直到1996年《律师法》将其重新定位，律师成为“为社会提供法律服务的执业人员”。但这一范式存续期间进入律师职业的律师及其工作机构却仍然受其影响，如占编律师等问题，逐渐成为中国特有的现象和改革的对象。

二、律师的工作机构与律师的身份

《律师暂行条例》第十三条规定：“律师执行职务的工作机构是法律顾问处。法律顾问处是事业单位……”由此可见，律师的身份就是“国家事业单位工作人员”。

（一）法律顾问处是事业单位

事业单位是我国依据自己特有的编制分类对各类组织进行的划分。在1965年《国家编制委员会关于划分国家机关、事业、企业编制界限的意见》中规定，“凡是直接从事为工农业生产和人民生活等服务活动，产生的价值不能用货币表现，属于全民所有制单位的编制，列为国家事业单位编制”。这是对事业单

① 苏惠渔：《谈谈“林彪、江青反革命集团案”审判中的律师工作》，载《人民司法》1981年第2期；《首都法学界座谈公开审判林彪、江青反革命集团案》，载《法学杂志》1980年第3期；最高人民法院研究室编：《中华人民共和国最高人民法院特别法庭审判林彪江青反革命集团案主犯纪实》，法律出版社1982年版，第491页。

位法定含义的第一个规定，从此正式确立了中国事业单位制度。理论通说一般认为，事业单位是指受行政机关领导的为国家创造或改善生产条件，促进社会福利，满足人民文化、卫生等需要为其主要任务，而不以创造利润为直接目的，其所需经费由国家预算直接拨款的独立机构。[①] 因此，事业单位当时属于国家所有，由国家财政提供各项经费。[②]

事实上，我国的法律顾问处是20世纪50年代从苏联律师制度借鉴而来的。1939年8月，苏联人民委员会通过了《苏联律师条例》，系统规定了社会主义律师制度，该条例否定了律师开业的私人性质，强调律师活动的集体属性；所有律师必须参加一定的律师机构；律师没有高低之分，按统一标准收取报酬。该条例成为当时和后来社会主义国家律师制度效仿的蓝本。[③] 在《律师暂行条例》中，这一机构的设置是直接继受了新中国成立初期的“法律顾问处”的名称和性质。

（二）法律顾问处受国家司法行政机关领导

法律顾问处原则上设在县、市、市辖区，各个法律顾问处之间互不隶属。由于经济发展和法制建设的需要，国家机关、企业事业单位在条件允许时，也可以设立专业性的法律顾问处，这些顾问应当由律师充任，业务也要受司法行政机关的监督。[④]

由此可见，法律顾问处分为两种，即“各级司法行政部门所属的法律顾问处”和“专业性的法律顾问处”。1981年根据司法部、财政部、国家编制委员会《关于法律顾问处和律师协会编制及经费问题的通知》，国家规定了不同的编制和财政经费来源。

各级司法行政部门所属的法律顾问处属于司法事业单位，人员编制属于司法事业编制。国家对其经费实行全额管理，差额补助（或上缴）的办法。以收抵支后，不足部分由各级司法业务费补助；多余部分上缴同级司法行政部门补

---

① 徐功敏：《论“事业单位”及其改革的特点》，载《政治学研究》1985年第1期。

② 景朝阳：《试谈事业单位的制度沿革》，载《中国合作经济》2006年第4期。

③ ［日］上田宽、小田博：《论苏联律师法》，陆青译，载《国外法学》1981年第1期。

④ 参见1980年《关于〈中华人民共和国律师暂行条例（草案）〉的说明》。

充司法业务费。

专业性的法律顾问处要根据其所属单位确定编制属性。凡是企业、事业单位设立的，其编制属于各该企业、事业单位编制；凡是社会团体设立的，其编制属于社会团体的事业编制。企业、事业单位及社会团体设立的专业性法律顾问处，其经费管理可参照上述原则办理，但所需的补助费，分别由所在企业、事业单位及社会团体开支。

综上所述，法律顾问处虽然都是国家事业单位，但其编制经费来源因所属上级单位的不同而不同。但是，法律顾问处的业务，包括律师人员的调配、考核、奖惩、思想教育、专业培训，以及律师经费的管理、律师机构的设置和各项物质设施的筹措等一系列组织建设和行政管理工作，都要各级司法行政机关来办。编制经费与业务管理的这种不一致导致了以后律师制度改革的很多难题需要克服和解决。

（三）律师的身份是国家事业单位工作人员

律师的“国家法律工作者”性质重在强调律师所从事工作的性质和职责。而此处的律师身份则重在说明有中国特色的律师的事业编制身份。国家对律师的这一身份的定性决定了其工作非营利性的特点，因此，律师收费统一上交国库，律师经费列入国家事业预算。律师收费归集体所有，收费程序和数额均按规定执行。由法律顾问处按规定的收费标准向委托人收费。律师不得私自收费。①

律师的收入主要是根据司法部制定的《律师职务试行条例》及实施意见、《律师工作人员基础工资、职务工资标准表》等规范所确定的律师的职务级别来确定。律师职务设一级律师、二级律师、三级律师、四级律师、律师助理。其中，一级律师、二级律师为高级职务，三级律师为中级职务，四级律师和律师助理为初级职务。由法律顾问处定编定员，按合理的结构比例并实行限额聘任或任命。

随着改革的快速发展，鼓励事业单位创收，减少财政拨款逐渐成了事业单位改革的主旋律。与此相适应，在 1983 年 3 月，司法部召开了六市一县律师工

① 参见 1981 年《律师收费试行办法》。

作体制改革座谈会，探索律师体制改革并指定到会单位进行承包责任制试点。在之后通过的一些文件中，法律顾问处逐渐向“不占国家编制、不要国家经费”的律师事务所方向改革。

三、律师资格考核授予制度

律师资格的考核授予制度是指律师资格的获取需要通过本人申请，司法行政机关考核的方式授予，主要包括考查和审核两个部分，考查的重点是看申请人的法律专业技能，而审核的目的主要是看申请人的政治素质和思想品质是否适合律师工作。

（一）取得律师资格的条件

改革开放初期，受过法学专业高等教育的人才极为短缺，为快速解决律师的来源问题，提出了“专业知识与实际经验相结合”，“专业教育与实习培训相结合”的办法以解燃眉之急。这从《律师暂行条例》第八条、第九条对获得律师资格所作的规定可见一斑。

在第八条中，共有三款实质性规定，第一项“在高等院校法律专业毕业，并且做过两年以上司法工作、法律教学工作或者法学研究工作的”主要强调法学理论能力；第二项“受过法律专业训练，并且担任过人民法院审判员、人民检察院检察员的”主要强调司法实践经验；第三项“受过高等教育，做过三年以上经济、科技等工作，熟悉本专业以及与本专业有关的法律、法令，并且经过法律专业训练，适合从事律师工作的”主要强调需要有与经济社会发展要求之间所需的法律专业技术人才；第四项是为快速发展律师队伍提供的弹性条款。只要符合其中的一项要求，都可以申请律师资格。而这四项中，除第一项外，其余都不一定要求是法律专业毕业生，只要经考核合格，都可以取得律师资格。

从方式上来看，《律师暂行条例》第九条规定：“取得律师资格，须经省、自治区、直辖市司法厅（局）考核批准，发给律师证书，并报中华人民共和国司法部备案……”即省级司法行政机关就具有考核授予和发放律师证书的能力。

（二）考核授予律师资格的具体程序

为了加速律师队伍组织建设，全面顺利实施《律师暂行条例》，司法部出台了审批律师资格的相关配套措施，主要有《关于审批律师资格试行办法》(1980 年 11 月)、《关于执行〈审批律师资格试行办法〉中的几点注意事项的通知》(1980 年 12 月)、《关于目前审批律师资格工作中若干问题的通知》(1981 年 2 月)。结合上述资料，总结如下：

第一，“本人申请”原则。分两种情况，一种是“在职工作人员”，由“本人申请，单位推荐”，单位推荐时，要对其政治历史、思想品质、工作态度进行全面审查鉴定并填写审查、鉴定意见，连同审查、鉴定的材料一并报当地政府司法行政部门；另一种是“非在职人员”，由“本人向当地政府司法行政部门提出申请”。申请时需填写由司法部统一制定的“律师资格审批呈报表”。

第二，司法行政部门负责考核。由本人所在地司法行政部门负责最终的政治审查和专业知识考核。专业知识的考核以考查为主，必要时辅之以考试。考查的方式是通过调查访问、座谈讨论的方法，从学历、法律知识水平、从事司法工作情况、技术专长、律师业务工作能力等方面考查，并要写出考查结论。

第三，只有经审批合格者才能被授予律师资格，才可以被称为律师。应从两个方面来理解，一方面，律师资格与执业资格合一，一旦授予律师资格，就“必须担任律师或者兼职律师”；另一方面，区分律师与律师工作者，对于已经调入法律顾问处做律师工作的人员，应理解为“律师工作者”而不是“律师”。

《律师暂行条例》及配套措施的出台，促进了律师业的快速发展，到 1981 年底，中国已有法律顾问处 1465 个，律师工作人员 5500 人。①

四、中国律师职业化进程起点的特点

从法律职业社会学的视角看，所谓“职业化”，在社会学中的原意是指一个行业通过控制教育、行业准入、职业团体、伦理规范等方式形成自治性的职业共同体并获得市场垄断地位的社会过程。所谓法律职业共同体的构建，其实就是这样一个职业化的过程。② 从 20 世纪 80 年代初中国律师制度的恢复建制来看，中国律师的职业化进程的起点有以下特点：

---

① 茅彭年、李必达主编：《中国律师制度研究》，法律出版社 1992 年版，第 41 页。
② 刘思达：《中国法律的形状》，载《中外法学》2014 年第 4 期。

第一，律师的法定性质是“国家的法律工作者”。从立法规范到司法实践都比较系统一致地贯彻了这一性质。这一性质决定了律师职业的目的是在维护当事人权益的同时还需要维护国家法制统一和权威。律师职业受到法律顾问处乃至司法行政部门的管控较大。

第二，中国律师制度的恢复是在党和国家的领导下自上而下地建立起来的。与西方自治型律师职业的发展模式相比，中国的律师职业化进程是党和国家的决策结果。顶层设计对律师职业化进程的影响始终强大。这是我国的国情和法治现代化之路模式的一个体现。

第三，构成中国律师制度恢复建立的核心要素是法律知识的专业性和技术性，主要体现在对律师资格的要求方面，强调具有法律高等教育背景或者法律实践经验。随着国家对法治建设的重视和社会对法治维权的需求，中国律师的职业化程度在此基础上快速发展，在法学教育、法律职业资格考试、法律执业规范等方面都有了更高的要求和规范。

中国律师职业化进程与中国的改革开放相辅相成。正是在改革开放的背景下，中国律师开始了其职业化的进程，但由于特定条件限制，中国律师早期数量很少、专业素质不强，远远无法满足国家和社会的需求。因此，随着社会的发展和改革的深入，中国律师数量快速增长，素质有了很大的提高，其职业化标准也有了更系统、更严格的规范，中国律师的职业化进程必将进一步发展和完善，职业化的律师群体必将为中国的法治现代化建设提供助力和助益。

地理标志证明商标侵权损害赔偿数额认定的思考*

赵小平** 孟庆雪***

摘 要： 针对地理标志证明商标侵权案件的高发性，通过对475份裁判文书进行分析，发现该类侵权案件存在注册人无法举证、法定赔偿适用普遍化、多数案件合理开支的认定不明确等问题，建议在司法实践中可以通过明确侵权损害赔偿数额认定的证据制度、合理适用法定赔偿、单独列明合理开支的费用为当事人的维权降低难度，提升当事人维权的积极性，从而有效遏制地理标志证明商标侵权案件的发生。

关键词： 地理标志证明商标 损害赔偿数额 法定赔偿

地理标志证明商标是商标法立法模式下对地理标志进行保护而采取的一种方法，即将地理标志注册为证明商标。地理标志证明商标具有特殊性。其不仅标示产品来源于特定地区，且该产品的特定质量、声誉或其他特征是由该地区的自然因素或者人文因素所决定的①。因该产品是由具有监督能力的组织所控制，它能够确保该产品的质量达到特定的标准，保证产品的高质量得以维持。在市场上，地理标志证明商标能吸引众多想购买优质产品的消费者的目光，比

* 本文是中国法学会重点委托课题“我国地理标志成案研究”［CLS（2018）ZDWT20］的阶段性研究成果。

** 山西大学法学院教授，主要研究方向为知识产权法学。

*** 山西大学法学院民商法学专业硕士研究生，主要研究方向为知识产权法。

① 《商标法》第十六条第二款：“前款所称地理标志，是指标示某商品来源于某地区，该商品的特定质量、信誉或者其他特征，主要由该地区的自然因素或者人文因素所决定的标志。”

其他同类产品有更大的竞争力。面对这种情况，该区域外的生产者利用搭便车的方式提高自己的竞争力，为自己带来经济利益，从而导致侵权案件频发。

一、地理标志证明商标侵权损害赔偿案件的高发性

地理标志证明商标作为证明商标的一种，是为了保护地理标志而设立的，与品质证明商标被划分为证明商标的两个部分。笔者在裁判文书网搜索了几个常见的品质证明商标，如绿色食品标志、纯羊毛标志、真皮标志、安全认证标志、羽绒制品标志、UL 认证标志，发现仅有 UL 认证标志有 6 件裁判文书①，包括 5 件刑事案件和 1 件行政案件，没有商标侵权案件的发生。相反，笔者在裁判文书网以“地理标志证明商标”和案由为“侵害商标权纠纷”进行检索，收集到地理标志证明商标侵权案件的裁判文书 475 件，其中包括民事一审案件 380 件，民事二审案件 93 件，再审案件 2 件。

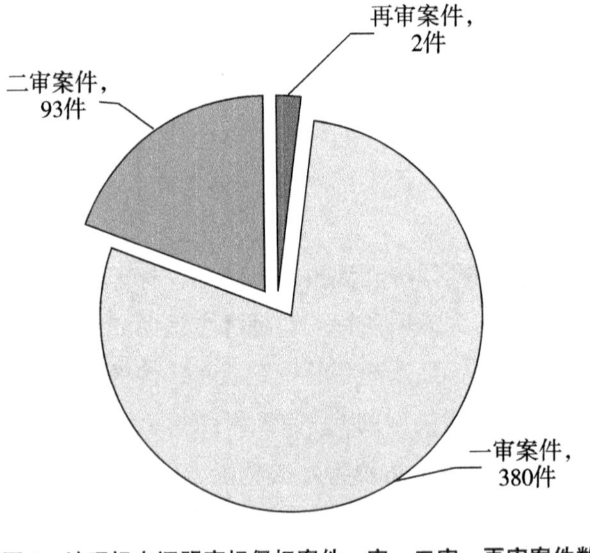

图 1　地理标志证明商标侵权案件一审、二审、再审案件数

① 参见广东省中山市中级人民法院（2014）中中法知刑终字第 4 号、广东省东莞市第二人民法院（2018）粤 1972 刑初 1053 号、江苏省太仓市人民法院（2017）苏 0585 刑初 704 号、广东省东莞市第三人民法院（2016）粤 1973 刑初 1253 号、广东省深圳市宝安区人民法院（2012）深宝法知刑初字第 5 号、浙江省高级人民法院（2016）浙行终 135 号。

这些侵权案件的审理法院主要分布在北京、天津、山西、辽宁、上海、江苏、浙江、福建、山东、广东、陕西等，共计23个省、自治区和直辖市（见图2）。

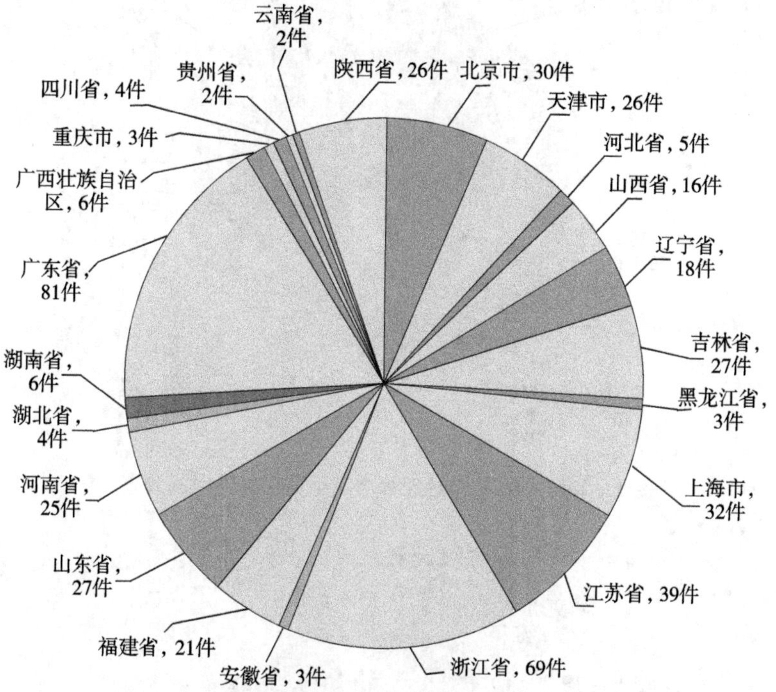

图2　各省市地理标志证明商标案件

时间分布上，从2014年到2020年10月31日，侵权案件分别有15件、76件、70件、78件、37件、108件、91件（见图3）。涉案地理标志证明商标主要包括西湖龙井、郫县豆瓣、安吉白茶、阿克苏苹果、五常大米、库尔勒香梨等。其中，西湖龙井地理标志证明商标侵权案件占比高达62%（见图4）。

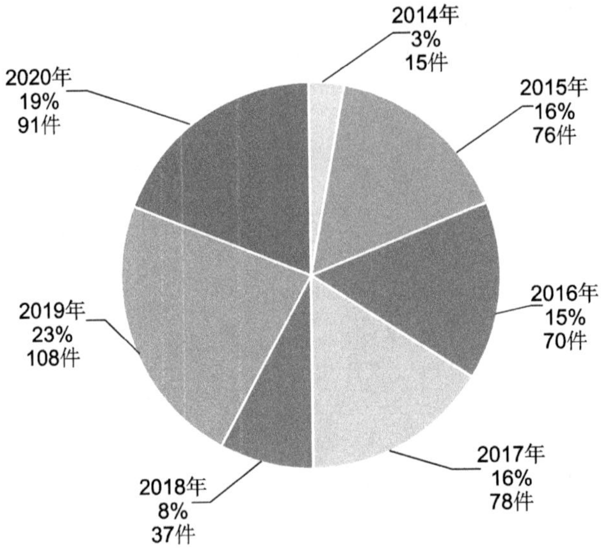

图3　2014—2020 年地理标志证明商标案件时间分布

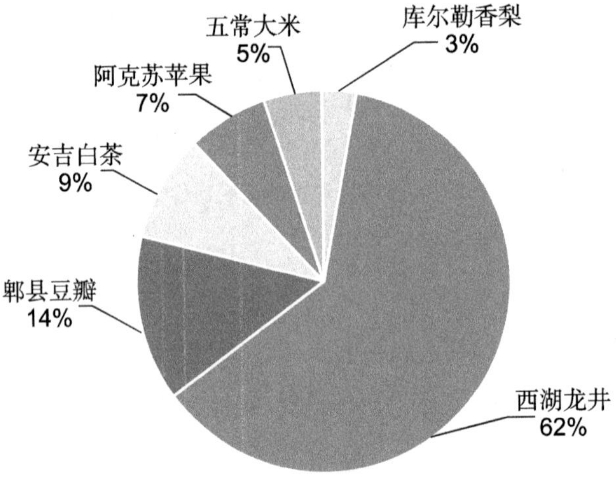

图4　常见地理标志证明商标案件比例

品质证明商标与地理标志证明商标的侵权案件的数量差距如此大的原因有：

第一，对于品质证明商标，它仅仅在于证明商品或服务达到了某种特定的标准。从严格意义上讲，品质证明商标不具有标示自己、区别他人的功能，它不具有专有性①。相关经营者在使用该证明商标时往往是将其与自己的商标一

① 刘春田：《知识产权法》，高等教育出版社 2015 年版，第 254 页。

起使用，这样在标示自己的基础上，又证明其提供的商品或服务具有某种特定品质。而地理标志产品在本质上将自然因素和人文因素完美地结合在一起，使得地理标志产品具有地域的垄断性，从而导致该产品的不可替代性①。地理标志产品的不可替代性，数量的有限性导致消费者对该产品的购买处于供不应求的状态，最终导致巨大的经济利益的产生。

第二，在现代社会，消费者一般倾向于选择质量有保证的商品，但是在选择商品时，消费者常常面临对相似商品作出选择的困境，且消费者不会耗费精力对产品的质量进行检验，所以，消费者在购买产品的同时要承担产品质量不好的风险。然而地理标志产品往往是优质产品的代表，它可以帮助消费者克服信息不对称的风险，帮助消费者作出理性的选择。这样一来，地理标志证明商标凭借其产品的优质性，吸引了众多消费者购买该产品，并给特定地区的生产者带来了巨大的经济利益。而对于品质证明商标，品质证明商标的注册人不得拒绝符合证明商标规定条件的经营者使用这种商标，凡是符合条件的都可以使用这种商标，加之品质证明商标没有地域要求，经营者大多可以取得该品质商标的使用权，故其能够产生的经济利益较地理标志证明商标有很大差距。所以，非来源于该特定地区同类产品的经营者一般会在自己销售产品的包装上使用地理标志证明商标，选择地理标志证明商标作为侵权对象，而不会选择品质证明商标作为侵权对象。这样就使得地理标志证明商标侵权案件越来越多，若不制止此类行为，则不利于对特定区域内的生产者利益的保护，甚至导致地理标志退化为通用名称。

二、地理标志证明商标侵权损害赔偿数额认定的现状及不足

（一）地理标志证明商标侵权损害赔偿数额认定的现状

通过分析案例可以发现，法院在认定地理标志证明商标侵权损害赔偿数额时均通过法定赔偿的方式。法律规定的优先适用的侵权损害赔偿数额的计算方法，即地理标志证明商标的注册人因侵权受到的实际损失或侵权人因侵权所获

① 赵小平：《地理标志的法律保护研究》，法律出版社2007年版，第8页。

得的利益、商标许可使用费的倍数都未适用。而且地理标志证明商标侵权案件的判赔率较低，在93件二审案件中仅有3件案件的判赔率在50%以上①。这反映了地理标志证明商标侵权损害赔偿数额在认定上存在的问题。另外，地理标志证明商标虽为商标的一种，但其与普通商标侵权构成要件是不同的，对其侵权损害赔偿数额的计算方式也应当具有特殊性，但笔者在案例中发现地理标志证明商标与普通商标的侵权损害赔偿数额的计算方式是相同的，比如在仙桃市米业协会、衡阳市珠晖区999干货店侵害商标权纠纷案中②，在认定是否侵权上，法院对证明商标和普通商标进行了区分，但在计算赔偿数额时，采用了与普通商标同样的计算方式。这样一来，普通商标在侵权损害赔偿数额上存在的问题同样也在地理标志证明商标中存在，且有其自己的特殊性，比如举证难度更大。

（二）地理标志证明商标侵权损害赔偿数额认定的不足

1. 地理标志证明商标的注册人难以举证

通过对案例分析研究，原告在起诉时一般不会对其因侵权受到的实际损失或侵权人因侵权所获得的利益、商标许可使用费的倍数进行举证。在475个案件中仅有1个案件是当事人主张适用商标许可使用费的倍数的计算方法③，但最后因其提交的商标许可使用费不属于双方当事人协商确定而未被法院支持。

在注册人因侵权所受到的实际损失的确定方面，市场是在不断变化的，市场供求关系、自身经营能力等都是影响商品销量的因素。地理标志证明商标的注册人想要举证证明因侵权行为造成的商品减少量是极其困难的，因为其利润和商品的销量是多重因素作用的结果，不一定都是由侵权行为造成的。因此，侵权行为与商品销售量之间的因果关系是很难证明的。只有当该注册人和侵权人在同一市场中进行竞争，且注册人的产品与侵权人产品能够充分地相互代替

① 参见浙江省金华市中级人民法院（2020）浙07民终1744号、山东省高级人民法院（2016）鲁民终812号、北京知识产权法院（2020）京73民终43号。

② 参见湖南省高级人民法院（2019）湘民终83号。

③ 参见苏州工业园区人民法院（2014）园知民初字第00063号。

时，才能够适用实际损失的方法计算注册人所获得的赔偿数额①。但是地理标志证明商标的使用权主体与所有权主体是不一致的，且地理标志证明商标的注册人即所有权人对证明商标不具有使用权，所以从注册人的角度是无法得出商品销售的减少量的；从使用人的角度来看，也是不科学的。对于西湖龙井这样知名的商标来说，其使用人的数量极多，统计商品销售的减少量有很大的难度，在实践中缺乏可行性。如果注册人要采取此种方法确定赔偿额，则意味着其要收集大量证据，耗费大量时间，无形中增加其维权成本。

在侵权人因侵权获得利益方面，侵权所获得的利润为商品销售量与商品单位利润的乘积②，而产品销量及其成本作为侵权人的商业秘密，掌握在侵权人手中，注册人无法从被诉侵权人手中获得这些证据。且侵权人实施侵权行为是为了获得利益，在此过程中，被告会千方百计地隐藏或毁灭自己非法获利的证据，使得原告无从查起。在地理标志证明商标侵权案件中，笔者发现地理标志产品的销售者大多是小型超市或个体工商户，比如在“安吉白茶”案中的南京市玄武区浮山茶叶店③、“郫县豆瓣”案中的宝鸡市金台区乌诚信调料店④、“西湖龙井”案中的广州市越秀区郁金香茶庄⑤、“阿克苏苹果”案中的宏达水果蔬菜店⑥、“五常大米”案中的晋江市陈埭镇其祥便利店⑦，等等，这些销售者大多缺少系统的财务资料，甚至通过税务部门查询其纳税情况，这些方式都无法准确证明其销售量。另外，通过分析案例发现，有 16 件案件是被诉侵权人在网络上对产品进行销售的地理标志证明商标侵权案件。在这种涉及网络经营者销售产品的案件中，尽管原告都提供了带有被告销售的数量和销售的单价的销售网页，但是法院最后都适用了法定赔偿来计算赔偿额，而没有适用侵权人

---

① 袁真富：《商标侵权赔偿数额计算方法的适用问题》，载《中华商标》2020 年第 5 期。

② 《最高人民法院关于审理商标民事纠纷案件适用法律若干问题的解释》第十四条规定，商标法第五十六条第一款规定的侵权所获得的利益，可以根据侵权商品销售量与该商品单位利润乘积计算；该商品单位利润无法查明的，按照注册商标商品的单位利润计算。

③ 参见江苏省南京市玄武区人民法院（2016）苏 0102 民初 6428 号民事判决书。

④ 参见陕西省高级人民法院（2020）陕民终 360 号。

⑤ 参见广州知识产权法院（2015）粤知法商民终字第 22 号。

⑥ 参见吉林省延边朝鲜族自治州中级人民法院（2020）吉 24 民初 270 号。

⑦ 参见福建省晋江市人民法院（2019）闽 0582 民初 3225 号。

因侵权获得的利益来计算赔偿额。这主要是因为侵权所获得利益是商品销售量和商品单位利润的乘积，被告销售的商品单位利润是不明确的，被告的获利不明，所以法院适用了法定赔偿来计算赔偿额。

在许可使用费方面，许可使用费是地理标志证明商标的注册人与被诉侵权人之间存在一个商标许可合同，根据这个合同侵权人为使用商标而支付的费用。这样一来，该标准适用的前提是双方存在商标许可合同，而现实中大量的商标侵权案件并不存在许可合同的关系和事实，更不用说就许可使用费进行举证。在江苏省盱眙龙虾协会与程某勤侵害商标权纠纷案中①，法院认为《“盱眙龙虾”证明商标使用管理规则》并未对该证明商标的许可费标准予以明确。而且商标使用许可费一般由许可合同当事人协商确定，且许可费的数额除考虑商标知名度之外，还应当考虑被许可人的经营规模、销售数额以及所提供的商品或服务的价格等因素予以确定，故原告以对某一家经营主体收取的商标使用许可费用来确定被告应承担的侵权赔偿数额的做法是不合理的。这样一来，利用许可费的倍数计算损赔额在实践中是没有操作空间的。

2. 法定赔偿适用普遍化

通过案例可以发现，475 件地理标志证明商标侵权案件的损害赔偿数额的认定都适用的是法定赔偿。一方面，在实践中，法官倾向选择法定赔偿。法官认为适用法定赔偿可以略过注册人因侵权受到的实际损失或侵权人因侵权所获得的利益、商标许可使用费的倍数三种计算方法所需要经过的举证、质证及查证环节，不考虑注册人取证的难度，也不经过复杂的计算，提高案件的审理速度，显著有效地节约人力、物力和时间成本。另一方面，当事人对侵权行为和其所受损失之间因果关系的举证的困难性，导致当事人主张适用法定赔偿来计算赔偿额。比如安吉县农业局茶叶站与强某武、浙江淘宝网络有限公司侵害商标权纠纷案中②，原告已经获取了被告的销售量和销售单价，但因原告获取被告商品单位利润的困难，原告不会再耗费时间和精力去调查，而是在掌握一定的侵权证据后就向法院起诉，由法院适用法定赔偿的计算方法来弥补自己的损

---

① 参见苏州工业园区人民法院（2014）园知民初字第 00063 号。

② 参见浙江省杭州市余杭区人民法院（2019）浙 0110 民初 2251 号。

失，即使低于其诉求的赔偿金额①。

另外，在实际中存在地理标志证明商标注册人为了保护自己的利益进行批量诉讼的商业维权现象②，最典型的就是“西湖龙井”证明商标的注册人在全国范围提起的诉讼。商业维权案件是由同一原告基于基本相似的案由针对不同被告发起的多起相关诉讼，且未固定证据以证明其所遭受的损失或被控侵权人所获利益，而是主动要求人民法院适用法定赔偿。对这类案件，法院一方面为了避免更多维权诉讼的产生，占用太多的司法资源，会主动压低损害赔偿数额；另一方面为了避免给地方经济或市场秩序造成冲击，在确定赔偿额时会耗费大量精力，谨慎确定赔偿额。

除此之外，我国商标法司法解释中列举了法院适用法定赔偿计算赔偿额时应当予以考虑的情节③，其为法官行使自由裁量权提供了指导。但是通过分析案例，发现有324件地理标志证明商标侵权案件在认定时仅采用一种格式模板，即综合考虑涉案商标的知名度，侵权人侵权行为的性质、期间，侵权人的经营规模、范围、主观恶意程度以及原告因维权支出的合理费用，来酌情确定赔偿额，法官没有对这些因素进行具体的论证。

3. 大多数案件的合理开支的认定不明确

在475件地理标志证明商标侵权案件中，笔者发现法官对公证费、购买涉案商品的费用进行论述的案件有329件，对律师费进行论证的案件有173件，对调查费进行论证的案件有52件，对交通费进行论证的案件有47件。通过研究案例，发现法官对因维权支出的公证费和购买涉案商品的费用是全额支持的，对律师费是酌情确定数额的，对调查费、交通费、住宿费，不同法院有不同看法。针对调查费、交通费、住宿费，有的法院认为这几项开支需要提供相关费

① 李晓秋、孙卿轩：《我国商标侵权损害赔偿数额认定的新思考——基于我国知识产权法院150份司法判决的分析》，载《山东社会科学》2020年第8期。

② 参见北京知识产权法院（2016）京73民终451—455号、（2015）京知民终字第2112—2114号，广州知识产权法院（2015）粤知法商民终字第88号、第89号，上海知识产权法院（2017）沪73民终187—193号，等等。

③ 《最高人民法院关于审理商标民事纠纷案件适用法律若干问题的解释》第十六条第二款规定，人民法院在确定赔偿数额时，应当考虑侵权行为的性质、期间、后果，商标的声誉，商标使用许可费的数额，商标使用许可的种类、时间、范围及制止侵权行为的合理开支等因素综合确定。

用的支出票据，没有票据不予支持①；有的法院认为虽未提供相关证据，考虑到调查等已实际发生，必然产生费用，故对其进行酌定②；有的法院对其是含糊地一笔带过，不对其进行论证。除此之外，存在法院仅用为制止侵权所支出的合理维权费用这样的描述一笔带过各项费用的论述。

另外在93个二审案例中，仅有3件案例是将合理开支进行单独列明③，其余都是将经济损失和合理开支合并。将经济损失和合理开支合并得出的数额，看似综合考虑了各项因素，但当事人并不了解自己为维权支出的合理费用被法院支持了多少，侵权人因其侵权行为赔偿了自己多少经济损失，因此最终得出的赔偿额不会使当事人信服，不利于对当事人利益的保护。

三、地理标志证明商标侵权损害赔偿额认定的建议

（一）明确侵权损害赔偿数额认定的证据规则

根据上述的分析，地理标志证明商标侵权诉讼存在先天性的举证困难：注册人无法获得被诉侵权人产品销量及成本等涉及商业秘密的证据，而掌握此证据的被诉侵权人又不会如实提供。为了解决此问题，关键要从证据规则入手。

1. 合理适用举证妨碍和证据披露规则

根据现行商标法的规定，地理标志证明商标侵权损害赔偿遵循“谁主张、谁举证”的原则，《商标法》第六十三条中规定了证据披露和举证妨碍制度。根据该规定，在认定赔偿数额时，地理标志证明商标的注册人对掌握在被诉侵权人手中，与侵权行为相关的账簿和资料已尽力举证仍不足以认定赔偿额的，法院可以责令被告提供相关资料；若被告拒不提供或提供虚假资料的，法院可以根据原告主张的证据确定赔偿额。但是，这条规定适用的前提是注册人已尽力举证，笔者从前述475件案例中发现，没有注册人提供证据来认定赔偿数额。在这种情况下，自然也就不能适用该条款。对这种情况，笔者建议适用案外人

① 参见天津市第一中级人民法院（2016）津01民终902号。

② 参见安徽芜湖市中级人民法院（2015）芜中民三终字第00004号、上海知识产权法院（2018）沪73民终393号。

③ 参见北京知识产权法院（2020）京73民终43号、北京知识产权法院（2015）京知民终字第2114号、北京知识产权法院（2015）京知民终字第2315号。

披露规则，且因地理标志证明商标的特殊性，此处的案外人应为地理标志证明商标的使用人。换言之，在地理标志证明商标侵权诉讼中，地理标志证明商标的使用人，在持有与本案侵权赔偿额相关的证据的情况下，比如市场份额的数据、利润率、许可使用费的一般标准、商业惯例和市场行情等。当事人可以申请法院责令其披露，该使用人负有披露的义务，不得拒绝①，利用案外人披露制度有效破解地理标志证明商标注册人收集侵权证据难的问题。

2. 适度降低认定损害赔偿数额的证明标准，采用优势证据标准

我国在司法实践中认定商标侵权损害赔偿数额时，采取“高度盖然性”的证明标准，即法官根据当事人提供的诉讼证据，判断支持损害赔偿数额的证据事实是否具有高度存在的可能性，一旦达到内心确认的程度，则认定证据事实成立。但是，分析案例可知，地理标志证明商标侵权损害赔偿案件在收集证据材料方面存在困难，以至于该类案件的证据材料真实性不高、证据之间因果链条不完整，最终因证明力低，数额认定难以达到“高度盖然性”的标准而不被法院支持。因此，有必要适度降低损害赔偿诉讼中的证明标准，破除因证明标准过高所引发的证据认定难的问题。

最高人民法院在2009年发布的《关于当前经济形势下知识产权审判服务大局若干问题的意见》中提出采取优势证据标准认定损害赔偿事实的建议②，为法官如何形成内心确信进行判决说理提供了具体指导。优势证据标准要求“诉讼一方当事人所提供的证据比另一方所提供的证据更具有说服力或者更令人相信…… 这一标准在确定哪一方在证据的数量和质量上更有优势不做高度要求”③。简言之，地理标志证明商标的注册人所提供的证据相对于被诉侵权人提供的证据达到了“优势证据标准”，则可以认定其完成了举证责任，相当于对待证事实予以确认。比如在前文提到的网络经营者的侵权案件中，原告作为地

① 夏芬、叶薛之：《以完善司法证据制度为视角，谈商标侵权损害赔偿问题》，载《中华商标》2015年第6期。

② 《关于当前经济形势下知识产权审判服务大局若干问题的意见》第十六条规定，在确定损害赔偿时要善用证据规则，全面、客观地审核计算赔偿数额的证据，充分运用逻辑推理和日常生活经验，对有关证据的真实性、合法性和证明力进行综合判断，采取优势证据标准认定损害赔偿事实。

③ 最高人民法院民事审判第一庭编著：《最高人民法院新民事诉讼证据规定理解与适用（下）》，人民法院出版社2020年版，第744页。

理标志产品的注册人，应当清楚同类产品的相关信息，在已知商品的销售量和销售单价后，原告可以提交市场上同类产品的成本情况，从而计算出商品单位利润。若相对方不提供相关证据或提供的证据证明力低于原告提供证据的证明力，法官就可以按照原告提供的证据计算赔偿数额。

（二）合理适用法定赔偿

法定赔偿作为商标侵权损害赔偿计算方式的兜底性规定，不可否认，其可以节省诉讼成本、减轻当事人的举证负担、提高法官的审判效率。然而，在司法实践中，当事人选择法定赔偿更多的是为了逃避举证义务，为了解决这种完全背离了法定赔偿设置的问题，需要从认定损害赔偿数额的计算方法本身出发。

1. 容忍法官的自由裁量权

在适用注册人因侵权所受到的实际损失、侵权人因侵权所获得的利益、商标许可使用费的倍数这三种计算方法时容忍法官的自由裁量权。根据前述案例，我们可以发现原告大多直接主张法定赔偿而不适用其因侵权所受到的实际损失、侵权人因侵权所获得的利益、商标许可使用费的倍数这三种计算方法，这样选择的原因除了减轻举证负担外，还因为在实践中法官对这三种计算方法的自由裁量权较小。因此，有必要容忍法官根据当事人提供的证据在适用这三种计算方法时的自由裁量权①。

如前所述，在地理标志证明商标侵权案件中，注册人必须对存在“因果关系”举证证明。但是，市场的复杂性导致侵权行为与损害结果之间的因果关系并非一一对应，如果要求当事人举证证明地理标志产品销售数量的减少和被告的侵权行为之间存在一对一的因果关系，被诉侵权人很容易提出其他的证据来证明存在其他的原因导致结果的发生，这样必定导致当事人提交证据的积极性降低。针对这个问题，法官可以假定地理标志产品销售数量的减少和被告的侵权行为之间存在因果关系，然后由侵权人提出证据加以反驳，即举证责任发生移转②。

---

① 蒋舸：《知识产权法定赔偿向传统损害赔偿方式的回归》，载《法商研究》2019 年第 2 期。

② 高莉：《知识产权法定赔偿的功能异化与矫正策略》，载《电子知识产权》2020 年第 3 期。

2. 严格法定赔偿适用的条件

根据前述分析，我们已知法定赔偿的适用率偏高是导致法院判赔率低的原因。为改变这种现状，可以要求注册人只有在穷尽其他方式后仍无法确定赔偿额时才可以选择法定赔偿，而不是直接主张适用法定赔偿；在原告主动寻求法定赔偿时，可以要求其提交证据证明其他方式无法适用①。通过严格法定赔偿的适用条件，减少法定赔偿的适用，尤其是避免商业维权案件的大量出现，节约司法资源，使法官有精力和时间对真正的维权案件进行审理。

3. 对法定赔偿的考量因素进行充分的论证

如前所述，法官在认定赔偿额时往往采用一种格式模板进行简单的论证，判决说理的不充分难以获得当事人对诉讼结果的信服，影响地理标志证明商标侵权案件审判的司法权威。

通过研究案例，可以发现在仙桃市米业协会、湖北华年米业股份有限公司侵害商标权纠纷案中②，法院认为原告未举证证明其实际损失和侵权人的获利，也未提交其许可使用费的证据，实际损失、侵权获利和许可使用费均难以确定，故适用法定赔偿的方式确定赔偿额。接着，法院考虑到仙桃市米业协会的注册商标具有较高的知名度和市场价值；湘鄂两省毗邻，华年米业公司应当知道“仙桃香米”的历史渊源和原产地事实，在其生产销售的大米并非产自仙桃市的情况下，仍然使用与仙桃市米业协会注册商标近似的标识，攀附仙桃市米业协会注册商标知名度的意图明显；华年米业公司从事大米加工时间较长，规模较大；仙桃市米业协会公证取证、聘请律师出庭参加诉讼，必然支出维权合理开支等这些因素，最后酌情确定了损害赔偿数额。法院将法定赔偿方式与具体的案件事实相结合，综合考量案情具体情况并作较为翔实的说明，进而对赔偿数额进行认定。这样对法定赔偿的考量因素进行充分的论证，从而实现法官对同类案件在确定损害赔偿数额的考量因素方面的可视性，减少案件相似而赔偿数额不同的情形的出现，保证判决结果的正当性，增加当事人对判决结果的信服度。

---

① 詹映：《我国知识产权侵权损害赔偿司法现状再调查与再思考——基于我国11984件知识产权侵权司法判例的深度分析》，载《法律科学（西北政法大学报)》2020年第1期。

② 参见湖南省高级人民法院（2019）湘民终81号。

（三）合理开支应单独列明

如前所述，法院倾向于将合理开支合并后酌定处理，这样计算会影响当事人对裁判结果的信服度，不利于对地理标志证明商标注册人利益的保护。将合理开支单独列明，意味着当事人在起诉时就将自己为制止侵权支出的费用单独列明，不仅可以体现注册人自身对合理开支的重视，也能引起法院的重视。而法院在裁判结果中对合理开支单独列明，不仅使当事人清楚地认识到自己的何种费用被法院支持，支持的程度如何，为之后的相似案件提供借鉴，通过对合理开支的详细论述，还可以保证裁判结果的正当性，避免司法资源的浪费，确保判决公平，增加社会公众对司法的信赖。

法学教育

《中国法律史教学基本要求（建议稿）》撰写报告

张　生*

摘　要：《中国法律史教学基本要求（建议稿）》在指导思想上坚持以马克思主义法学思想和中国特色社会主义法治理论为指导，贯彻落实习近平总书记在哲学社会科学工作座谈会上的讲话精神，坚持立德树人、德法兼修，践行明法笃行、知行合一，围绕建设社会主义法治国家需要，在整体内容上注重法律制度与法律思想的整合。采取了“断代史”的体例，但更注重法律的历史渊源、发展脉络、基本走向。注重对知识体系的学习，将以往中国法制史课程中的立法活动、法律形式，改为“法律体系”，将现有的知识点区分为一般了解、掌握、思考扩展三个层次，加强能力和素养的养成，强化了过程要求和考核要求。

关键词：中国法律史　教学基本要求　指导思想　专业依据

一、撰写与修订教学基本要求的情况

2019年4月，受教育部法学教学指导委员会秘书处委托，中国法律史学会在同年6月召开了有中国政法大学法律史学研究院、中国政法大学法学院、中国人民大学法学院、北京大学法学院、清华大学法学院、北京师范大学法学院、国家法官学院、中央民族大学、中国社会科学院法学研究所、中国社会科学院中国历史研究院、故宫博物院故宫学研究所、北京科技大学文法学院、北京工

* 中国社会科学院法学研究所研究员、博士生导师，中国法律史学研究会会长，主要研究方向为中国法制史、民法史。

商大学法学院等单位20余名中国法律史教学、科研人员参加的研讨会，会议初步形成了《中国法律史教学基本要求修订要点》。会议之后，由中国法律史学会秘书处负责《中国法律史教学基本要求草稿》的撰写，并于8月底完成。在2019年9月至10月期间，将草稿分送复旦大学法学院、吉林大学法学院、中山大学法学院、天津财经大学法学院、西北政法大学刑事法学院等单位的中国法律史教学、科研人员征求意见，在采纳各单位所提出意见的基础上形成了《中国法律史教学基本要求（第二次草案）》。

同年11月，中国法律史学会秘书处将《中国法律史教学基本要求（第二次草案）》提交给法学教学指导委员会，并由王帅一副研究员代表起草小组，向法学教学指导委员会各位委员汇报了《中国法律史教学基本要求（第二次草案）》起草情况、修订的指导思想、主要修订内容。法学教学指导委员会对草案提出了很多专业而有价值的意见。会议之后，由张生研究员执笔对草案进行了全面修订，吸纳了教学指导委员会提出的意见，也借鉴了一些近期出版的中国法律史教科书中的有益成果，最终完成了《中国法律史教学基本要求（建议稿）》（以下简称教学基本要求）。

二、撰写教学基本要求的指导思想与专业依据

教学基本要求坚持以马克思主义法学思想和中国特色社会主义法治理论为指导，贯彻落实习近平总书记在哲学社会科学工作座谈会上的讲话精神、在中国政法大学考察时的重要讲话精神，根据《中共中央办公厅 国务院办公厅关于实施中华优秀传统文化传承发展工程的意见》《教育部关于加快建设高水平本科教育 全面提高人才培养能力的意见》《教育部 中央政法委关于坚持德法兼修实施卓越法治人才教育培养计划2.0的意见》，坚持立德树人、德法兼修，践行明法笃行、知行合一，围绕建设社会主义法治国家需要，紧密结合新时代高素质法治人才成长需要、紧扣应用型复合型创新型法治人才培养目标、紧跟法治中国建设新进程新需求。

在专业方面按照《法学类教学质量国家标准》的要求，参照了《中国法制史教学基本要求》，根据课堂教学学分设置和课时安排，并对近年来90余种《中国法制史》《中国法律思想史》教科书进行了对比分析，特别是借鉴了近两

年出版的“马克思主义理论研究和建设工程重点教材”《中国法制史》（第二版），“全国高等学校法学专业核心课程教材”《中国法律史》以及《中国法律史教程》，确定了“教学基本要求”的基本体例、主要知识内容，并在此基础上对能力要求、素质要求、过程要求、教材要求、考核要求等方面进一步总结、提升，在知识学习之外，注重兴趣的培养、正确法律史观的树立、品格文化素质的培养、理论总结与创新能力的提升，进一步增强文化自觉与文化自信。

三、重要问题的说明

（一）法律制度与法律思想的整合

随着法学专业课程体系的调整，原有的“中国法制史”和“中国法律思想史”合并为新的“中国法律史”。“教学基本要求”所体现的“知识要求”并不是“制度史”和“思想史”的简单叠加，而是通过“社会法秩序变迁的整体图景，展现制度与思想的一体性互动”。“思想史”不仅体现在王朝建立之初的立法指导思想方面，还体现在对法律实践的总结，对现实问题的回应性变革、前瞻性改革；“制度史”则是有思想理论支撑、与价值理念融贯统一、在动态社会中不断发展变化的规范体系。以“社会法秩序”整合“制度史”与“思想史”能够更好地体现课程整合的目的，注重学生能力与素质的培养，形成有社会根基、有思想灵魂的中国法律史课程，有助于更好地实现应用型复合型创新型法治人才培养目标。

（二）“断代史”和“专题史”的体例选择

我们在对 90 余种中国法制史教科书和 10 余种中国法律思想史教科书进行对比分析后，发现现有的教科书主要分为“总分式断代史”体例和“总分式专题史”体例。两种体例的共同点是，都在导论或总论部分对中国法律的总的特征加以概括；不同点是，在具体展开的分论部分则区分为按照历史断代还是法律专题不同的历史叙事方式。“断代史”的优点是历史线索清晰，历史阶段性分明，缺点是对知识的总结与分析的深度和广度受到制约；“专题史”的优点是借助中学阶段的基本历史知识，直接进入法律专题的学习，知识的专业性和深度适合法学专业学生的需要，缺点是对整体社会与法律秩序的发展脉络和变化趋势的把握有所不足。从法学专业本科教学和培养目标的要求出发，“教学基本要求”采取了“断代史”的体例，但对以往“断代史”范式做了必要的改进：注重法律的历史渊源、发展脉络、基本走向；按照历史阶段性的特征，对重要法律制度加以总结、分析；在最后一章深化对社会秩序、制度体系、重要制度的整体性分析、总结和理论启发。

（三）知识体系的安排与能力、素质的培养

现有“中国法律史”课程的知识量是以往“中国法制史”和“中国法律思想史”知识量的总和，甚至还要更多。以至于，从教学和学习的角度，带来了教与学的困难，难以达到预期的教学目的和人才培养目标。在撰写“教学基本要求”的调研中，很多常年从事中国法制史教学的教师提出：由于知识量很大，知识涉及古籍文献，学生普遍反映“中国法制史是最难学、最难考的课程，最难理解记忆，最容易忘记，也是最没有用的课程”。有鉴于以往知识量大、知识难度大，知识学习遮蔽能力、素质培养的问题，“教学基本要求”对知识层次、知识结构、知识总量都做了一定的调整和新的安排：注重对知识体系的学习，将以往中国法制史课程中的立法活动、法律形式，改为“法律体系”，更便于学生理解掌握和记忆；在知识体系的基础上，强调法律史思维方式、方法和观念的养成，避免死记硬背的学习；在没有增加学分、学时的前提下，对于本科层次的课程适当控制知识总量，没有将中华人民共和国法律史作为独立部分，而是对新民主主义时期革命根据地政权的法律做适当的总结和延展；对现有的知识点区分为一般了解、掌握、思考扩展三个层次，加强能力和素养的养成。

（四）强化“过程要求”和“考核要求”

由于课程涉及知识总量的增长，课堂教学学时的局限，在此情况下为了更好实现课程目标和人才培养目标，“教学基本要求”加强了“过程要求”和“考核要求”。在“过程要求”部分，强调教学方法的多样性、趣味性、参与性，将课堂教学与第二课堂、课外作业结合起来，特别是对中华文明的辉煌成就和艰辛历程既要有感性认识，又要有深刻领悟，培养对法律文献检索、收集、阅读、分析的能力，能够对中国法律制度追本溯源、史海钩沉。在“考核要

求”部分，采取多种方式和方法，将期末考核和过程成绩结合起来，激励学生做深度学习，将知识、能力和素养的培养通过考试方式有效加以整合。

在卓越法治人才培养的课程体系中，中国法律史课程对于优化知识结构、提升理论创新能力、培育文化素养、传承发展优秀传统法律文化方面有着不可替代的作用，它也是中华优秀传统文化传承发展工程的组成部分，中国法律史学会将在学科研究成果积累和教学实践经验总结的基础上，不断完善发展《中国法律史教学基本要求》。

四、教学基本要求的主要内容

（一）课程目标

中国法律史是法学专业课程体系中重要的基础理论课程之一，坚持以马克思列宁主义、毛泽东思想、邓小平理论、“三个代表”重要思想、科学发展观、习近平新时代中国特色社会主义思想为指导，通过对中国古代法律、近代法律和共产党领导的新民主主义政权法律的学习，深刻理解掌握中国传统法律的历史渊源、发展脉络、基本走向，深刻阐明中华优秀传统法律文化积淀着中华民族最深沉的精神追求，是中华民族生生不息、发展壮大的丰厚滋养。

中国法律史课程培养学生具有坚定正确的政治立场、扎实的法律史理论基础、广博的法律史知识、深厚的法律文化修养、敏锐的问题意识与思辨能力，掌握辩证唯物主义和历史唯物主义的法律史研究方法，具备法律史文献收集、检索、考证、分析的能力，能够在历史过程和历史情境中分析法律现象，能够理解、甄别、分析中国传统法律的精华与糟粕，取其精华、去其糟粕。进一步增强学生的文化自觉和文化自信，成为中华法治文明的传承者、法治的信仰者、公平正义的捍卫者、法治建设的实践者、法治进程的推动者，实现立德树人、德法兼修的育人目标，推进国家治理体系和治理能力现代化。

（二）知识要求

《中国法律史》章目如下：导论；第一章夏商时期的法律；第二章西周时期的法律；第三章春秋战国时期的法律；第四章秦朝法律；第五章汉朝法律；第六章三国两晋南北朝时期的法律；第七章隋唐法律；第八章宋辽夏金元时期

的法律；第九章明朝法律；第十章清朝法律（上）；第十一章清朝法律（下）；第十二章中华民国时期的法律；第十三章中国共产党领导的新民主主义革命根据的法律；第十四章传承发展中华优秀法律文化。

因篇幅所限，本文略举数章以明《中国法律史》知识要求之要旨。

知识要求示例1（导论）：“一、中国法律史学的概念与研究范围。简要介绍中国法律史的概念与研究范围。阐述中国数千年法律文明的历史发展，主要包括：（一）中国古代法律，又分为奴隶制法律和封建制法律两个历史阶段，奴隶制法律包括夏、商时期的法律和西周、春秋时期的法律两个部分；封建制法律包括初建时期（战国、秦、汉），发展时期（三国、两晋、南北朝），成熟时期（隋、唐）和封建社会后期（宋、元、明、清）四个部分。（二）中国近代法律，分为清末法律、中华民国南京临时政府的法律、民国北京政府时期的法律、南京国民政府时期的法律和中国共产党领导的新民主主义革命根据的法律。二、中国法律史学科的发展与学习要领。了解中国法律史学科的发展与研究状况，同时介绍学习中国法律史应注意的几个问题：（一）坚持正确的政治方向和科学的研究方法；（二）领会中国传统法律发展的历史阶段性与法律秩序的不同类型；（三）把握中国传统法律以制定法为核心的法律体系与法律秩序的内在关系；（四）深刻理解中国传统法律文化的精神特质。三、学习中国法律史学的意义。（一）深化对中国古代优秀法律文化重要性的认识，进一步增强文化自觉和文化自信。（二）坚持辩证唯物主义和历史唯物主义，对传统法律秉持客观、科学、礼敬的态度，取其精华、去其糟粕，扬弃继承、转化创新，不复古泥古，不简单否定，不断赋予新的时代内涵和现代表达形式。（三）与其他法学课程相结合，将品格养成、知识扩展、文化熏陶和实践养成结合起来，培养学生成为法治的信仰者、公平正义的捍卫者、法治建设的实践者、法治事业的建设者、法治文明的传承者，为全面依法治国奠定坚实基础。（四）破除对西方法学理论的盲目迷信和历史虚无主义，传承中华法律文化，推进国家治理体系和治理能力现代化，创造中华法律文明的新辉煌。”

知识要求示例2（第七章隋唐法律）：“阐明隋律作为唐律渊源的重要影响，唐律的主要内容、基本精神、法制特点和历史地位，主要包括：隋代法制对唐初立法的影响，唐初的主要法律思想、立法活动和以律典为核心的法律体系，及其主要法律制度。一、隋朝法律。（一）对南北朝法制的总结继承与创新发展。中央官制的发展，开创科举制，完善均田制；《开皇律》继承发展北齐律的篇章体例，改重罪十条为十恶，新五刑体系的定型。（二）隋代法制的教训。过度耗费民力，不恤百姓；立法而不能守法，刑罚酷滥。二、唐朝法律。（一）法律思想。唐初君臣总结历史教训，为国以民为本，采取‘德礼为本，礼刑并用’法制方针，重视律典宽简稳定。唐中期以后，韩愈、柳宗元、刘禹锡、白居易等对正统法律思想的补充与发展。（二）立法活动与法律体系。法律体系主要由律、令、格、式构成，各种法律形式具有不同功能。从《武德律》、《贞观律》到《永徽律》及其“疏议”，唐律不断发展完善，《唐律疏议》的主要内容、基本精神、法制特点与历史地位。唐玄宗时期的官修政书《唐六典》，其‘以官统典’的体例及对后世的影响。唐中后期为适应社会变迁编纂了《大中刑律统类》，开创了刑事法律统编的体例。（三）职官制度。三省六部制所体现的各机构之间的分工配合与监督制衡。以科举为选官正途，对官吏定期考核，督责官吏忠于职守、勤于施政。监察机构包括专门监察机构御史台和隶属于中书、门下的谏官。御史台内设台院、殿院、察院，负责纠弹百官、匡正朝仪，以及对地方分区巡察。（四）刑事法律。重惩‘十恶’，权贵减免刑罚与老幼废疾减免刑罚，区分公罪私罪、自首、同居相为隐、轻重相举、化外人相犯等刑法原则，主要罪名与以五刑为主体的刑罚体系，六杀、六赃、保辜等刑罚制度。（五）民事经济法律。良贱有别的身份制度，物权与契约制度，和离、义绝等离婚制度，诸子均分的法定继承；田制与赋税制度，市场管理制度等。（六）司法诉讼制度。在中央司法机构内设大理寺、刑部、御史台，以及三司推事；在地方行政机构内设专理诉讼的职官。诉讼审判制度。告诉及其限制，审判期限、官员回避、刑讯、断罪须引律令格式、上诉、直诉、死刑复奏制度，出入人罪的司法责任。”

知识要求示例3（第十四章传承发展中华优秀法律文化）：“深化对中国优秀传统法律文化重要性的认识，进一步增强文化自觉和文化自信。启发学生坚持创造性转化、创新性发展，传承中华优秀传统法律文化基因。一、中国古代优秀法律文化的传承发展。（一）中国古代优秀法律文化积淀着中华民族最深沉的精神追求，是中华民族生生不息、发展壮大的丰厚滋养，是中国特色社会主义法治植根的文化沃土，是中华民族的突出优势，是我们最深厚的文化软实力。（二）中国古代优秀法律文化蕴含着丰富的思想智慧和制度理性，深入挖掘中国古代优秀法律文化的价值内涵，坚持创造性转化、创新性发展，是推进国家治理体系和治理能力现代化十分宝贵的资源。二、近代移植外国法律与本土化调适。（一）清末民国时期全面移植外国法的成就，以及抛弃固有法所造成的秩序断裂。（二）对移植法律的学说阐释、立法与司法调适，吸收借鉴国外优秀法律成果，不断丰富和发展中华法律文化。三、革命法律传统的传承发展。（一）中国共产党团结带领人民，立足于中国国情，坚持把马克思主义基本原理同中国具体实际相结合，逐步形成了新民主主义革命法律传统。（二）革命法律传统反映了中国人民意愿、适应中国和时代发展进步要求，奠定了'党的领导、人民当家作主和依法治国有机统一'的治理体系的雏形。（三）传承发展古代优秀法律文化，汲取外来优秀法律文化，弘扬革命法律传统，坚持党的领导，发展人民民主，密切联系群众，紧紧依靠人民推动国家治理体系的现代化。"

（三）能力要求

第一，能够将法律思想、法律制度相结合，置于具体的社会历史情境中加以考察；能够深刻理解和掌握中国法律的历史渊源、发展脉络、基本走向，形成基于本国国情的辩证唯物主义和历史唯物主义的历史法律观和法治观。

第二，具备一定的古汉语阅读能力，能够检索、阅读、甄别、分析传统法律文献；能够查阅和利用外文法律史资料。在传统法律文献阅读与分析的基础上，形成正确的辩证唯物主义和历史唯物主义的法律史思维方式和法律史学研究方法。

第三，能够从社会历史的角度理解、分析法律问题，运用辩证唯物主义和历史唯物主义的法律史学方法分析、判断传统法律中的精华与糟粕；能够取其精华、去其糟粕，扬弃继承、转化创新。

第四，在法学研究与法律实务工作中形成法律文化自觉，注意借鉴吸收中国传统法律中符合时代需要的内容，坚定中国特色社会主义道路自信、理论自信、制度自信、文化自信，运用中国传统法律文化资源，服务中国特色社会主义法治事业，推进国家治理体系和治理能力现代化。

（四）素质要求

本门课程的素质要求如下：

第一，在政治素质方面，培养学生具有坚定正确的政治方向、政治立场，坚持将马克思主义基本原理与中国的具体实际相结合，以马克思列宁主义、毛泽东思想、邓小平理论、“三个代表”重要思想、科学发展观、习近平新时代中国特色社会主义思想为指导，用辩证唯物主义与历史唯物主义的基本观点方法观察和分析中国历史上的法律现象。

第二，在人文素质方面，通过法律史的学习和传统法律文献的阅读，深刻理解中华民族在数千年发展进程中所创造的辉煌的法律文明，深刻理解中华优秀传统法律文化积淀着中华民族深沉的精神追求，激励学生努力提高法律文化素养，追求高尚的法治情操，不断增强文化自觉和文化自信，拥有优良的道德品质，具有深厚的人文素养，成为中华法律文明的传承者。

第三，在科学素质方面，通过系统学习法律史知识，将法律史知识与其他人文社会科学知识融会贯通，尊重客观历史事实，敬畏历史规律，具备严谨的科学精神，既不以古非今，也不以今非古，能够运用科学的方法分析、评判传统法律文化中的精华与糟粕，能够取其精华、去其糟粕。

第四，在职业素质方面，在深刻认识中国历史传统和基本国情的基础上，牢固树立社会主义法治理念，维护宪法法律权威，以良好的法律职业道德作为安身立命的根本，具备良好的团队精神、时代精神和国际视野，将传统法治经验和法律智慧运用于现实法治建设事业，成为法治的信仰者、公平正义的捍卫者、法治建设的实践者、法治事业的建设者、法治文明的传承者。

（五）过程要求

本门课程的教学方法与手段主要有如下几点：

第一，体系教学法。以教学大纲为依据，从上古时期开始，依次讲授先秦时期至近代的社会变迁、法律思想与法律制度的发展演变，使学生结合社会历史情境掌握各项重要知识点，从而建立完整的中国法律史的基本观念和知识体系，并为进一步的学习打下基础。

第二，案例教学法。在体系教学法的基础之上，通过经典案例的研读，可以使得学生将掌握的知识灵活运用，并将个案及其所包含的知识与时代法律观念、法律体系融会贯通，更好地达到本课程的学习要求。

第三，比较教学法。在教学的过程当中，可以结合历史环境，对不同时代的法律思想、法律制度的演变加以比较分析。比较教学法可以帮助学生更好地理解不同时代思想与制度的异同，从而进一步思考这种差异产生的社会原因，使学生对于中国古代法律文化的发展内涵产生更加深刻的了解。

本课程的实践教学环节有如下几点：

第一，实地考察法律文物，查阅历史档案材料。在实践教学时，可以带领学生赴博物馆、历史文化遗址等处考察法律文物，到档案馆查阅原始档案材料，使学生对于中国传统法律产生更为直观的感性认知，这样可以加深学生的学习兴趣与理解程度。

第二，对法律史问题展开专题讨论。在实践教学时，可以组织学生就某一重要法律史问题进行专题讨论。通过不同思想与观点的碰撞，使得学生在辩论过程中更为全面、深刻地认识社会与法律、思想与制度的互动关系。

第三，模拟还原法律历史情境。组织学生扮演不同法律史中的角色，重新演绎与还原法律史事件、经典案例等。通过法律史事件或经典案例的模拟还原，营造学生的历史在场感和法律史体验，从而更好地理解和把握在具体历史情境中传统法律的合理性与局限性。

本课程的课外学习要求如下：

第一，要求学生检索、阅读传统法典、法律汇编、刑法志、职官志、食货志、案例汇编、人物传记等法律史文献资料，做进一步的拓展阅读。通过检索、阅读法律史文献资料，可以使得学生掌握法律史文献的检索方法，提高学生的传统法律文本的阅读和理解能力，通过系统的文献资料建构传统法律生成、发展的历史环境，法律的文本样式及其运作的社会效应。

第二，要求学生阅读与本课程相关的学术论文与著作，做进一步的专题学习。本课程相关的专业论文、著作可以使学生加深对本课程学习中重要问题的理解，提高学生的法律史思维能力与独立研究能力。

第三，专题论文。为深化某一重要专题或扩展，可以要求学生为主题撰写法律史专题论文。论文要求立论明确、证据充分、逻辑完整，在撰写完成之后交由老师评定成绩，计入课程总成绩。

（六）教材要求

本课程的教材要求如下：

第一，关于教学大纲。教学大纲应该以时代顺序为主，分为先秦时期、秦代、汉代、魏晋时期、隋唐时期、宋辽金元时期、明代、清代与近代等部分。与此同时，应该注意法律制度与思想文化的有机结合，通过制度反映思想文化，通过思想文化阐释与理解制度；对包括古代、近代、中国共产党领导人民民主政权的优秀传统法律文化的传承与发展有阐释、有总结。

第二，关于教科书、参考书、案例书。教科书及参考书、案例书，应该选择国家统编教材和本学科权威性著作，其内容应该符合中国特色社会主义的各项要求，坚持历史唯物主义的研究方法。

第三，关于教学课件。授课所使用的教学课件，应该符合教学基本要求，对于各个时期的法律史进行全面的教授。教学课件应当条理清晰、逻辑严谨，以帮助学生更好地学习本课程。

第四，关于电子资源。法律古籍资源库、近现代法律电子资源库、历史学和法学电子资源库都是本课程学习的重要电子资源，以法律史料、著作、论文为主，以音视频历史影像资料为辅。在授课的过程之中，应该以课程学习为中心，选择适宜的电子资源辅助本课程的教学。

（七）考核要求

本课程的考核应注重知识的系统性，避免对孤立知识点的记忆型考核，为实现知识、能力、素质、观念的综合培养，采取以下考核方式与方法：

第一，课堂提问和讨论。通过课堂提问和讨论，及时了解学生的学习状况，训练学生的法律史思维能力、表达能力，配合学生领会程度调整授课方式与授课难易程度。

第二，课后作业。在教学过程中，可以通过问答题或专题论文的形式布置课后作业，要求学生对所学知识进行思考，并将其成文，以此进一步加强学生对知识的掌握，培养学生的逻辑思维能力。

第三，期中考试、期末考试。在教学任务完成一半时，可以安排期中考试；在教学任务全部完成时，进行期末考试。考试是对学生基础知识点掌握与理论思维能力的综合考察，包括对掌握基本知识的考察，重点考察学生理解问题、分析问题的能力。通过考试，可以全面掌握学生学习情况，也可以巩固教学成果，达到教学目的，实现法律人才培养目标。

(八) 其他要求

本课程的其他要求包括：

第一，提高学生对中国传统法律文化的兴趣。兴趣是最好的老师，中国法律史教学过程中要提高知识的趣味性，同时通过对中国法律史的学习让学生掌握传统法律文化在现实生活中的意义。

第二，需要引导学生对相关领域有所了解。中国法律史是交叉学科，与文献学、考古学等学科均有所交叉，在授课过程之中，可以适度引导学生学习相关专业的基础知识，突出对学生人文素养的造就。

第三，对于学生的考核应该坚持严格、公平的原则，使学生可以严格要求自己，营造客观公正、积极向上的学习氛围，从而取得更加理想的学习效果。

第四，鉴于中国法律史课程的特殊性，应当坚持理解与记忆相结合的要求，在掌握法律史常识的基础上侧重理解思维能力的训练、法律文化素养的提升。

“新文科”建设背景下地方高校卓越法律人才培养的思考*

周子良**

摘　要：在“新文科”建设的背景下，“新法学”的建设不可或缺。地方高校卓越法律人才的培养，在生源构成、培养目标、人才培养体系与模式、师资队伍等方面都需要改革创新，以此实现中国高等教育尤其是高等法学教育的跨越式发展。

关键词：新文科　新法学　课程体系　人才培养

2011年12月，教育部启动了国家卓越法律人才教育培养计划，地方各高校围绕该计划培养应用型、复合型法律人才的目标，采取了一系列的措施，收到了一定的成效。2018年9月，教育部针对国家卓越法治人才教育培养计划出台了新的意见，这使得地方高校卓越法律人才培养的各个环节亟待改革。特别是2019年“六卓越一拔尖计划2.0”的启动，对中国的高等教育尤其是高等法学教育提出了新要求、新目标。

本文以“新文科”“新法学”建设为背景，就地方高校卓越法律人才培养的一些问题进行探讨，提出笔者粗浅的看法，不妥之处敬请专家、学者批评指正。

---

* 本文是山西省教育厅山西省高等学校教学改革创新项目立项“地方高校卓越法律人才培养模式、课程体系与教学内容改革研究”与山西大学法学院教改项目“新时代改进地方高校卓越法律人才培养的设想”的阶段性成果。

** 山西大学法学院教授，法学博士，主要从事法律史教学与研究。

一、地方高校卓越法律人才培养存在的问题

2011年，教育部、中央政法委员会发布的《关于实施卓越法律人才教育培养计划的若干意见》中指出，我国高等法学教育存在不能完全适应社会主义法治国家建设的需要，社会主义法治理念教育不够深入，培养模式相对单一，学生实践能力不强，应用型、复合型法律职业人才培养不足等问题。针对这些问题，意见要求各高校进行分类培养卓越法律人才的改革。具体而言，就是以培养应用型、复合型法律职业人才为重点，以培养涉外法律人才为突破口，以培养西部基层法律人才为着力点，其目标在于应用型、复合型的法律职业人才培养。

辛涛、黄宁认为："复合型人才是指具有两个或两个以上专业（或学科）的基本知识和基本能力的人才。"① 从高校现有课程体系来看，英语、计算机等课程的开设，即是针对地方高校卓越法律复合型人才的培养目标而设置。当今世界应是全球化的世界，亦是科技化的世界。掌握一门外语，拥有较高的外语水平，是促进国际学术交流，解决国际争端的必要能力。而置身于大数据的背景下，法学领域也需要拥有基本的计算机操作能力，利用互联网科技实现行业内的检索、统计等，因而该部分课程能够符合复合型人才的培养目标。

潘懋元、石慧霞认为："应用型人才主要是在一定的理论规范指导下，从事非学术研究性工作，其任务是将抽象的理论符号转换成具体的操作构思或产品构型，将知识应用于实践。"② 通过上述概念可知，应用型人才更加强调在知识基础上的创新性、实践性。而目前高校现有课程体系的实施，更多的是注重理论知识的传授与对各部门法进行课堂讲解，实践教学部分集中于短期的社会实践与毕业论文写作，在应用课程的设置上存在明显不足，显然难以达到意见要求的"提高学生运用法学与其他学科知识方法解决实际法律问题的能力，促进法学教育与法律职业的深度衔接"的预期目标。

地方高校法学本科教育采取统一的课程体系。尽管统一的课程体系有着自

① 辛涛、黄宁：《高校复合型人才的评价框架与特点》，载《清华大学教育研究》2008年第3期。

② 潘懋元、石慧霞：《应用型人才培养的历史探源》，载《江苏高教》2009年第1期。

身相应的优势，如有利于法律职业共同体的形成、有利于学生对各部门法的了解等，然而在实践过程中，也体现出其缺陷：其一是未能发挥地方高校自身的特色。例如，山西各开设有法学专业的地方高校，在本专业之余均有自身特色，如山西大学法学院作为具有百年历史的学院，拥有比较齐全的专业和厚重的文化传承；山西财经大学作为山西重要的高等学府，财经特色突出等，而法学专业应用于各行各业中，在国家民主法治建设中发挥着基础作用。而课程体系设置采取统一的标准，显然无法发挥地方高校的自身特色。其二是未能发挥地方高校自身师资优势。除地方高校自身各有特色外，地方高校的师资优势也并不相同。如山西大学法学院拥有较强的师资队伍，2018 年山西大学法学院取得了法学一级博士点，并形成环境与资源保护法学、民商法学、诉讼法学和法学理论 4 个专业方向，其中环境与资源保护法学为特色方向。太原科技大学在诉讼法方向拥有较强的师资力量等。设置统一的课程体系亦不能发挥地方高校的师资优势。其三是未能考虑学生的专业兴趣与职业志向。“兴趣是最好的老师”是我们常说的一句话，我国古代教育家孔子也说过“知之者不如好之者，好之者不如乐之者”，即说明专业兴趣的重要性。由于法律几乎涵盖社会生活的方方面面，法学专业知识范围也十分广泛，想要通过大学四年时间全部学习法学的知识是不可能的，这就要求我们有所取舍。而设定统一的课程体系，不考虑学生的专业兴趣与职业志向显然并不是实现取舍的最好安排。

二、国家对地方高校卓越法律人才培养提出新要求

2018 年 9 月 17 日，教育部、中央政法委发布《关于坚持德法兼修实施卓越法治人才教育培养计划 2.0 的意见》，该意见面对新的时代特征，对法律人才提出了新的要求。与 2011 年发布的意见相比，新的意见更加注重对卓越法治人才德育的教育，加强了对学生理想信念、法律职业伦理的培养；对于人才培养目标，除复合型、应用型外，增加了对创新型法律人才的培养；更加突出特色性与实践性，前者如意见要求高校“紧密结合自身特色优势，明确本校法学专业培养目标和建设重点”“鼓励高校开发开设跨学科、跨专业新兴交叉课程、实践教学课程，形成课程模块（课程组）供学生选择性修读”等。而后者如意见要求，就是要健全法学院校和法治实务部门双向交流机制、构建涉外法治人

才培养的新格局、加强互联网与法学教育的结合等。

除此之外，2018 年教育部发布了《普通高等学校本科专业类教学质量国家标准》，其中，《法学类教学质量国家标准》中规定："法学类专业教育是素质教育和专业教育基础上的职业教育。"法学类专业人才的培养目标是"培养德才兼备，具有扎实的专业理论基础和熟练的职业技能、合理的知识结构，具备依法执政、科学立法、依法行政、公正司法、高效高质量法律服务能力与创新创业能力，熟悉和坚持中国特色社会主义法治体系的复合型、职业型、创新型法治人才及后备力量"。同时规定，教学的总学分应控制在 160 学分左右，而实践教学课程累计学分不少于总学分的 15%。

2018 年的两份文件均说明，新的时代特征、新的法治需求，对地方高校卓越法律人才培养提出了新的要求，而这些新要求、新目标的实现离不开地方高校课程体系设置等诸多方面的改革。

2019 年 4 月 29 日，教育部、中央政法委、科技部等 13 个部门正式联合启动"六卓越一拔尖计划 2.0"，即卓越工程师、医生、法治人才、农林人才、教师、新闻传播人才培养教育计划和基础学科拔尖学生培养计划。"六卓越一拔尖计划 2.0"更加重视思想政治理论课，"把思想政治理论课作为落实立德树人根本任务的关键课程，推动思想政治理论课改革创新，建设一批具有示范效应的思想政治理论课，不断增强思想政治理论课的思想性、理论性和亲和力、针对性"。这就需要各院校在课程设置与教学中能将这一要求落到实处。

同时，明确提出要实现高等教育内涵式发展，全面推进"四新"建设。"四新"建设，即新工科、新医科、新农科、新文科建设，以此"引领带动高校专业结构调整优化和内涵提升，做强主干专业，打造特色优势专业，升级改造传统专业，坚决淘汰不能适应社会需求变化的专业"。其中，"新文科"包括文、史、哲、经、管、法、教育与艺术八个学科。"新文科"包括"新法学"。无论是"新文科"，还是"新法学"，其中的"新""不是'新旧'的'新'，而是'创新'的'新'"。至于什么是"新法学"？如何建设新法学？徐显明教授认为，主要体现在五个方面：生源构成要更新、培养目标要更新、人才培养体系要更新、师资队伍要更新、人才培养的模式要更新。① 这是进行“新法学”建设的明确指向。

三、改进地方高校卓越法律人才培养的设想

地方高校卓越法律人才的培养不仅要能满足地方经济社会发展的需要，同时，也必须符合新时代国家的基本要求。因此，地方高校卓越法律人才的培养，具有趋同性。但是，由于生源构成、教师队伍、经费投入、历史传承和认知程度等因素的不同，在满足地方经济社会发展的需要与符合新时代国家的基本要求方面，地方高校各自之间不仅存在差异，而且也存在诸多问题。

（一）生源构成

从本科生源的构成上看，山西大部分高校法学本科的招生已是文理兼收。有的学院的招生已经达到文理各半的比例。但是，也有的学院，只是招收文科生。按照“新法学”建设的要求，高校要培养卓越的法律人才，首先生源构成要更新。就是要改变法学本科学生只来源于文科生的现状，适当招收理科生，实现文理结合。因此，山西各高校法学本科的招生，应当文理兼收，实现文理交叉。不过，在实行文理兼收时，文、理科生的比例到底多少为宜，这是值得探讨的问题。笔者粗浅的看法是不能“一刀切”。应当根据学校、学院的具体情况而定。比如，一个偏重文科的学校，法学本科生的招生可以多招理科生。

（二）培养目标

地方高校卓越法律人才培养的目标，既要满足地方经济社会发展的需要，也必须符合国家的发展战略。“要把高素质、高水平、国际化作为突出的特色来对待，高水平的法学院就要培养能够自由行走在国际间的法律人才，满足我们走向大国的需要，满足‘一带一路’的需要，满足塑造中美关系甚至在更大范

① 参见2020年11月3日徐显明在山东大学的发言：《新文科建设与卓越法治人才培养——在新文科建设工作会议上的大会发言》。

围内国家战略对高水平法治人才的需要。”① 地方高水平法学院系培养的法科学生除了是“高素质、高水平”的外，还必须要具有国际化的视野和能力。从山西高校法学院系课程设置的情况来看，虽然都开设了英语、国际法、国际公法和国际私法等课程，但是，对学生具有国际化视野和能力的培养明显不足。这种不足，主要体现在与国外法学院系或机构的合作与交流较少。一方面，山西高校法学院系的学生很少去国外访学、交流；另一方面，学生很少参与国际性的模拟法庭、商事仲裁模拟仲裁庭的辩论比赛。山西大学积极推进国际合作办学，2019 年，法学院获学校支持组织 30 名学生赴英国斯特灵大学进行校际交流。这对培养法科学生具有国际化的视野和能力大有裨益。山西大学法学院现在已组织编写了《中英合作办学人才培养方案》及教学计划等中外合作办学申报材料，正在加强与斯特灵大学进一步的合作。

（三）培养体系

高等学校人才培养体系包括课程体系、课程内容、授课方式、考试考核方式等方面。就课程体系与设置的课程来看，根据《法学类教学质量国家标准》中的规定，法学类专业课程体系总体上包括理论教学课程和实践教学课程。

理论教学课程体系包括思想政治理论课、通识课和专业课。其中，通识课包括外语、体育、计算机课程等，以及从人文、社会科学与自然科学方面，设置一些三方面数量均衡的课程。专业核心课程的设置采取 10 + ×的模式。“10”指 10 门专业必修课：法理学、宪法学、中国法律史、刑法、民法、刑事诉讼法、民事诉讼法、行政法与行政诉讼法、国际法、法律职业伦理。“×”指各高校根据办学特色，选择开设的其他专业必修课：经济法、知识产权法、商法、国际私法、国际经济法、环境资源法、劳动与社会保障法、证据法、财税法等课程，而选择开设的门数原则上不少于 5 门。实践教学课程体系包括实践教学环节与实验实训课和专业实习（模拟法庭、法律诊所、专业实验室、实训基地、校外实习基地等，时间为 10 周）、社会实践（根据本专业实际需要，组织各种形式的法制宣传教育活动等）、毕业论文（设计）。

---

① 参见 2020 年 11 月 3 日徐显明在山东大学的发言：《新文科建设与卓越法治人才培养——在新文科建设工作会议上的大会发言》。

从2018年修订后的法学本科人才培养方案看，山西高校法学本科院系设置的课程体系，从总体上看基本符合《法学类教学质量国家标准》，在课程的安排上，都增加了《法律职业伦理》课程。但是，《法学类教学质量国家标准》规定的“从人文、社会科学、自然科学等方面均衡设置”课程的具体要求并没有很好实现，尤其是有关自然科学的课程。文、理课程的交叉还有待进一步加强。不过，山西大学法学院、太原理工大学政法学院开设了数学课，并作为学生的必修课程。这对培养法科学生的理性思维、科学思维有较大的作用。

从“新文科”“新法学”建设的角度看，徐显明教授认为：法学本科专业的课程“应增加科学技术的内容，让学生了解科学技术的前沿知识，要懂算法，要会人工智能，构建互联网法学、算法法学。学生熟练掌握数学的算法，可能是高水平的法科学生的特征之一”①。我们知道，法律是社会的产物，法律规范是社会规范的有机组成部分。法律不是一个自足的体系，而与社会有着密切的关系，法律只有与社会的其他要素发生关联才能发挥作用。社会生活的多样性和复杂性，就要求掌握和应用法律的法律人，必须有广博的知识和深厚的素养。正如博登海默所说：“为使自己成为一个真正有用的公仆，法律工作者就必须首先是一个具有文化修养和广博知识的人士。”② 法学本科专业开设自然科学的课程，其价值在于，一方面能培养学生理性和科学的思维；另一方面可以增加他们自然科学的知识，为以后从事法律实务工作、解决实际问题提供有力的支持。

（四）培养模式

当下地方卓越法律人才的培养模式，仍然以地方高校法学院系为主要阵地。法学有自己的知识体系和思维方法。法学的知识体系和法治的思维方法是从事法律实务的基础。而要掌握法学的知识体系和法治的思维方法，法学院系系统的法学教育就显得十分重要。从地方高校法学教育的现状来看，地方高校法学教育的主要内容是传授法学知识和讲解法学理论，这为以后从事法律实务工作的法科学生打下了坚实的专业基础。但是，法学又是一门实践性很强的学科，

① 参见2020年11月3日徐显明在山东大学的发言：《新文科建设与卓越法治人才培养——在新文科建设工作会议上的大会发言》。

② ［美］E. 博登海默：《法理学 法律哲学与法律方法》，邓正来译，中国政法大学出版社1999年版，第507页。

“法律的生命在于实行”，离开实践，法律就是“纸上的法律”。为了强化实践教学，《法学类教学质量国家标准》明确将“实践教学课程”作为法学类专业课程体系中的重要组成部分，强调在法学类专业培养方案的160总学分中，“实践教学累计学分不少于总学分的15%”，其中，“专业实习时长不得低于10周”“社会实践时长不得低于4周”，对专业实习与社会实践的时长划出了底线。

按照《法学类教学质量国家标准》中的要求，地方高校的法学教育中，法学院系安排了实践教学，这为培养法科学生的实践能力创造了必要的条件。但是，法学院系的实践教学与司法部门的司法实践还不完全等同。法科学生在法学院系所学的法学知识和思维方法最终还要落到实践中，尤其是司法实践中。为了能适应新时代的要求，解决社会生活中不断出现的新问题、新挑战，地方高校卓越法律人才的培养亟须改革创新人才培养的模式。改革的方向就是“让法院检察院联合高校共同培养学生，形成新的协同机制”①。建立新的卓越法律人才培养模式，即法学院系与司法实务部门协同培养法律人才。由于司法实务部门的主要职能是司法实务，对于法学实践教学并非司法实务部门的主要职责，所以，要真正有效地使法学院系与司法实务部门协同培养法律人才还有不小的困难。要解决这一难题，建立起协同培养法律人才的长效机制，还需要通过行政的手段规定司法实务部门履行与法学院系共同培养法律人才的职责。

（五）师资队伍

教师是卓越法律人才培养的主导者。而卓越法律人才的培养不仅需要讲授法学知识和原理的法学院系全职在编的教师，也需要法院检察院等司法实务部门传授司法实践经验的法官和检察官等。

就法学院系的教师来看，由于法学学科内部的划分越来越细，教师更倾向于专业化。“我们现在不少法律人将法学学科内部的划分当成一种真理，或者视为一种封闭性的知识。甚至有人将其演变成了饭碗法学理论，认为教民法的人不能染指行政法，行政法教授也不能把手伸到民法领域。这种现象已经严重阻碍了法学知识的发展，乃至整个法学教育体制的创新。”② 复合型法律人才的培

---

① 参见2020年11月3日徐显明在山东大学的发言：《新文科建设与卓越法治人才培养——在新文科建设工作会议上的大会发言》。

② 王利明：《法学应当步入知识融合时代》，载《北京日报》2019年9月2日。

养，一方面可以从课程设置上进行布局，另一方面更重要的是法科教师的知识结构和体系应该是复合型的。讲基础理论的老师，应该参加纠纷解决的实践活动。一个学过哲学的老师，他在讲法哲学课程时会更加有底蕴。一个讲法律史的老师，如果懂得历史，讲授法律史就会更加得心应手。讲公法课的老师，应该掌握私法课程的基本知识和原理。正如王利明教授所讲的那样“不懂合同法就不懂市场是如何运行的，而不懂行政法就难以理解政府对市场的管制道理在什么地方。因此，不懂行政法就难以真正了解合同法，反之亦然”。所以，我们讲复合型的时候应该更加重视一个老师本身的知识结构和体系的复合型。一个复合型的教师更有利于复合型卓越法律人才的培养。再比如，在培养学生的人文精神方面，不仅仅要开设人文方面的课程，更重要的是，法科的老师在讲课的过程中，在讲清楚法律的概念、规则和原则等基础之上，更能够以知识与理性的泉水洗涤人的偏见与愚昧；以公平与正义的光辉照亮人前进的道理；以权利与自由的内在力量彰显人的价值和尊严；以人类艰苦跋涉的足迹昭示人性的美好和高尚。法律以人为根本，法学本身就是以人的权利义务为中心的一门学科，也就是说，当教师在讲授法学的这些课程时，如果能再深入一点，能把法学知识与原理的讲解上升到重视“人”、尊重“人”的高度，人文精神的培养就更具有直接性和有效性。

立足于地方高校法学院系师资队伍的实际，卓越法律人才培养的主力军仍然是法学院系全职在编的教师。虽然很多法学院系也聘请了从事法律实务的立法工作者、法官、检察官、律师等作为法学院系的兼职导师，但是，这些导师参与人才培养的广度和深度还远远不够，兼职导师的潜力还没有被充分挖掘出来。在今后的人才培养过程中，应当建立有效的制度，保证有更多的兼职导师能按教学计划完整地讲授一门课程，并在学生毕业论文的选题和写作中发挥重要作用，“让更多的既有较高的理论水平，又有丰富实践经验的法官检察官进入学校成为重要的师资力量”①。

总之，为了适应国内国际形势的变化和社会发展的需求，中国的高等教育必须进行内涵式发展。通过创新，全面推进“四新”建设，而“新文科”“新

① 参见2020年11月3日徐显明在山东大学的发言：《新文科建设与卓越法治人才培养——在新文科建设工作会议上的大会发言》。

法学”是“四新”建设不可或缺的内容。地方高校在现有的法律人才培养的基础上，通过对生源构成、培养目标、人才培养体系与模式、师资队伍等方面的改革创新，培养卓越法律人才，建设法治中国。

本科生科研训练问题讨论*

——以某校法学专业为例

李 麒**

摘 要：本科生科研训练是一种有效的自主学习方式，对培养和提高学生的创新能力具有重要作用。调研显示，本科生科研训练存在的主要问题有认识不到位、选题不尽适当、经费支持不足、教师工作量计算不合理等。因此，有必要通过完善课程设置、增加支持经费、严格考核等措施予以改进，以保证本科生科研训练的质效。

关键词：本科生 科研训练 研究性学习

本科生科研训练肇始于美国麻省理工学院本科生研究机会项目（Undergraduate Research Opportunities Program）。1969 年，美国麻省理工学院首次设立“本科研究机会计划项目”（UROP），它在达到一定条件的基础之上，鼓励并支持对科研感兴趣的本科生参与到教师的科研项目中来。经过 50 余年的发展，该计划项目已经形成了一套成熟、系统的运行机制。据统计，麻省理工超过 80% 的毕业生至少参加过一个 UROP 项目。20 世纪 80 年代，加州大学洛杉矶分校也开始鼓励本科生参与科研工作，并因在这方面的突出成就而于 1997 年获得“促进教学与科研相结合成就奖”。随后斯坦福大学、加州伯克利大学也分别成立专

* 本文是山西大学法学院教学改革项目“法学本科科研训练效果评价与改进对策”的研究成果。

** 山西大学法学院教授，博士生导师，主要研究方向为刑事诉讼法、法律文化、刑法。

门机构，组织学生参加科研训练和提供服务。①

在中国，1996年，清华大学率先开展旨在培养本科生科研创新能力的科研训练计划，即Student Research Training Program（SRTP）独具特色的本科人才培养举措。2004年，据不完全统计，参与SRTP的本科生占总数的30%；此后立项数逐渐增多、覆盖面也越来越广。到了2014年，清华大学SRTP立项超过千项，60%以上的本科生在校期间参与了至少一项SRTP。随后，浙江大学也开展了校级本科生科研训练计划，并且每年立项1000项左右，总经费达20万元至50万元。北京大学、中国科技大学、上海交通大学等国内高校也陆续推出自己的本科生科研项目。② 教育部在《关于加强高等学校本科教学工作提高教学质量的若干意见》中明确提出要“创造条件使学生较早地参与科学研究和创新活动”。2007年，教育部开始实施“国家大学生创新性实验计划”，标志着对本科生科研创新能力的重视与培养已上升到国家层面与政策高度。之后，众多高校结合自身情况和条件，实施本科生科研训练计划项目。

由此可见，SRTP是中国高校在吸收借鉴国外本科人才培养先进模式的基础上形成的为在校本科生设立的一种具有体系性和一定规模性的科研项目资助计划。SRTP采取项目化的运作模式，通过设立创新基金和本科生自主申报的方式确定立项并予以资金支持，鼓励学生在导师指导下独立完成项目研究。

本文所提及某地方高校从2002年起实施SRTP项目，至今已经实施至第18期，在培养学生创新实践能力方面取得了一定成效。该校法学专业近三年本科生科研训练概况如下：（1）2017—2018年度，学校面向2015级本科生实施该项目，法学专业共立项24项；参加科研训练人数117人，占年级人数201人的58.2%。（2）2018—2019年度，学校面向2016级本科生实施该项目，法学专业共立项22项；参加科研训练人数98人，占年级人数178人的55%。（3）2019—2020年度，学校面向2017级本科生实施该项目，法学专业共立项26项；参加科研训练人数108人，占年级人数208人的51.9%。据此，该校法学专业近三年参加科研训练总人数323人，占三个年级总人数的55%。笔者拟结合该校法学专业近年来本科生科研训练实施状况，对本科生科研训练若干问

---

① 赵大球：《本科生科研训练的探索与实践》，载《教育现代化》2018年第7期。

② 赵大球：《本科生科研训练的探索与实践》，载《教育现代化》2018年第7期。

题加以讨论，期待有益于改进该项目的实施状况，提升该项目的质效。

一、本科生科研训练的必要性

对本科生科研训练必要性的认知和态度在本科生科研训练计划项目的设定与实施中具有重要意义。从宏观上讲，它关系到一个高校在学校层面对本科生科研训练计划项目的设置、规模、投入、管理等政策规范的制定；从微观上讲，它关系到学生参与的积极性、教师指导的用心程度，进而直接影响具体项目的实施效果。不同高校之间、一个高校的不同专业之间以及一个专业的不同项目小组之间在本科生科研训练计划项目规模、组织、质效方面的差异，其中一个重要原因就是学校、教师及学生对本科生科研训练的认知和态度存在差异。以教师而言，有的教师对本科生科研训练不以为然，认为本科生的任务是打好学科基础，至于科研那是研究生阶段的事情，或者，至多是极少数对科研有兴趣的本科生的事情，本科生搞科研既无基础，又无必要。如果有这样认知和态度的教师因学院安排来指导本科生科研训练，效果可想而知。

笔者认为，持有以上认知和态度的教师所言，并非毫无可取之处，因为，这种看法强调了学科基础在本科教学中的重要性，也在一定程度上指出了本科生科研训练应在一定的学科基础上展开。但是，不得不指出这种看法因没有认识到本科生科研训练的必要性而具有极大的局限性。本科生科研训练计划项目的核心是支持本科生开展科研训练，本科生参与科研训练的过程本质上是在进行研究性学习。作为研究性学习的一种重要形式，本科生科研训练有以下特点：(1) 它注重学生学习的主体性。学生参与研究过程，也是一个自主自觉的学习过程。在这个过程中，学生不再是被动的接受知识的客体，而是一个充分激发其能动性和想象力的主体。(2) 它注重能力的习得而非传统教学模式之下知识的获取。通过科研训练，学生将知识运用到解决具体问题当中来，从而实现知识的迁移与转化，也就是获得能力。(3) 它培养学生的问题意识和创新思维，为今后的学习和工作形成良好的思维方式。(4) 它引导学生熟悉社会民情，了解学科前沿，在基本素质和学科理论方面都有所提升。这与其他教学方式相比，具有明显的特色和优势。(5) 它能够塑造学生的团队合作精神。总之，本科生科研训练是一种有效的自主学习方式，对培养和提高学生的创新能力具有重要作用。创新正是我们国家和民族复兴强盛的核心竞争力。高等学校必须回应时代的要求，将创新能力作为人才培养的重要目标。

二、本科生科研训练的几个具体问题

本科生科研训练计划项目在众多高校推开，应当说是一件有益的事情。那么，随之而来的就是如何做好这件事情。笔者结合某高校法学专业实施本科生科研训练计划项目的状况就若干具体问题，略抒己见。

（一）选题偏重理论问题还是实践问题？

选题是本科生科研训练计划项目的开端，是项目参与者必须首先认真对待的问题。选题，从内容上看，就是项目研究对象的选取和确定；从形式上看，表现为项目题目的选择和确定。选题是整个论文写作过程的第一个实质步骤，也是紧要的一个步骤。“良好的开端意味着成功的一半”，这句话用在选题这一工作上一点也不过分。选题好，创新的空间大，再加上丰富翔实的资料、缜密严谨的论证、新颖独到的见解就构成了优秀项目成果的基础；选题一般，即使下了很大的功夫，结果却与优秀项目成果无缘；选题差，例如选题陈旧、内容宽泛、题目过难等，在科研训练的过程中经常会陷入写不下去或者不知道该写些什么的困境。

科学研究从问题开始，没有问题就没有研究。对现象的一般性描述不是研究，因为它没有提炼出问题，更没有通过论证来解决问题；对既成结论的重复不是研究，因为它“研究”的是一个已经解决的问题，一个不成问题的“问题”。问题表现为对现状的不满、怀疑与困惑。如果安于现状，满足于现实，服从既有的理论观点，那就不可能产生问题。别的社会科学研究如此，作为研究法律现象、法律规律的法学研究亦是如此。法学的实践品格决定了大多数法律问题都是源于社会现实的。但是，这并不意味着对社会现实的表面观察和粗浅思考即可以发现问题、提炼问题，问题的提出必须经过深入的抽象思维过程。法学研究绝不是对现实生活中法律问题的简单陈述，而是一项具有解释性、批判性、建构性的自觉的理论思维活动。

就法学研究而言，从理论与实践的角度，大致上可将法律问题区分为理论问题和实践问题两个大的类别。当然，从理论和实践关系角度而言，没有一个理论问题不是从实践中提出来的，也没有一个实践问题不需要理论来予以归纳和解释。这里的区分具有相对的意义。例如关于法律价值的研讨可以划归为理论问题，关于判决执行状况的分析可以划归为实践问题。

笔者所调研的某校法学专业本科生科研训练计划项目属于理论选题的约占45%。笔者认为，本科生科研训练计划项目虽然不排斥旨在解决法学理论的争议或疑难问题的理论选题，但是与之相较，在选题上应提倡更多地选择密切联系实际、解决法律应用与实施中的具体问题的实践选题。这是因为，一方面，作为本科生科研训练计划项目旨在培养和提高学生的创新实践能力，而一般来讲，理论创新需要比较扎实宽厚的理论基础和较高水平的抽象思维能力，这对于中低年级的本科生而言，往往难以胜任；另一方面，比起实践选题，理论选题一般通过文献检索、收集与运用即可完成，缺少了社会调查、案例与数据收集等科研训练环节，对培养和提升学生创新实践能力而言，有很大的局限性，人才培养质效不明显。

（二）注重过程还是注重结果？

在本科生科研训练计划项目实施中，有不少师生认为，由于本科生的学识所限，很难期望他们能够做出什么有创新性的研究成果，因此，科研训练的重心在于使得参与项目的本科生知道科研是什么、包括哪些环节、如何去做科研（包括选题、文献检索、设计问卷、社会调查、撰写调研报告或者论文）就行了，而对于项目成果则无需苛求。笔者认为，注重过程诚然是不错的，但是，也不应轻视科研训练计划项目的结果。这是因为：其一，过程与结果之间具有内在的不可分割的联系，过程是结果的过程，结果是过程的结果。如果不注重过程，也势必影响对结果的重视程度。其二，结果对过程具有导向性。对良好结果的追求，贯穿于整个过程之中。如从选题开始，选题能力就是创新实践能力的重要指标。本科生科研训练计划项目选题的产生，有的是学生自主选题，有的是教师指定题目，更多的是师生交流互动而形成一个有价值的选题。在选题过程中，学生可以了解好的选题的要素。对好结果的追求，也能够促使学生更加注重问卷设计、实地访谈等社会调查的质量，文献检索的全面性，论证的科学性和写作的规范性，这要比认为结果不重要的态度支配下的科研训练效果要好得多。其三，结果对过程具有评判性。结果往往能够反映出参加科研训练的学生以及指导教师的工作量是否饱满、工作态度是否认真等情况。此外，创新并不局限于理论上的突破，新资料的发现、新方法的运用也是创新。本科生虽然学识有限，但是，他们思维活跃、求知欲望强烈、探索性强，如果积极引导，也不能说不会产生任何创新研究成果。事实证明，有的本科生能够做出很好的创新研究成果。

（三）成果字数多些好还是少些好?

笔者所调研的某校制定了适用于全校的本科生科研训练计划项目结项成果的字数要求，即每个项目的最终研究成果（论文或者调查报告）不超过 4000 字，法学专业亦不例外。不少参与科研训练计划项目的学生以及指导教师反映这样的字数限制不尽符合实际情况，4000 字的论文或者调查报告不能很好地表达研究内容、主要观点和论证过程。而在结题验收中，答辩组教师也往往不对字数超过 4000 字的成果提出修改意见。据了解，约有 60% 的项目成果字数超出 4000 字。笔者认为：首先，不区分自然科学学科专业和社会科学学科专业而对所有项目成果制定一个统一的字数要求不尽合理。其次，字数是项目研究成果表达形式的要求之一，形式应当为内容服务，而不是用形式来裁剪内容，以内容来迁就形式。有话则长，无话则短。当然，这也不是鼓励字数越多越好，而是要服务于表达内容的需要。最后，参考一些期刊对论文字数的要求，可以将本科生科研训练计划项目最终成果字数要求限定在 4000 字以上 15000 字以下。个别项目根据实际情况可以适当超出 15000 字。

（四）设定为必修课好还是选修课好?

目前，多数高校都是将本科生科研训练计划项目作为选修课程而不是作为必修课程来设置，因此，科研训练还不是对每一个在校本科生的当然要求。笔者所调研的某高校对每年全校本科生科研训练计划项目的立项总数都有明确规定，且采用申报评审制的形式来确定立项项目，并要求每个项目小组的参加人数不得超出 5 人。以该校法学专业来看，近三年参与科研训练计划项目的学生不超过所在年级人数的 60%，也就是说，约 40% 的学生未参加过科研训练。可见，该校本科生科研训练计划项目主要是对那些学有余力并有科研兴趣的学生设立的，而且在立项数量、规模上都有限定。据笔者访谈得知，绝大多数本科生越来越认识到科研训练的重要性，参与的热情很高。因此，在经费保障到位、管理制度健全等条件成熟时，将本科生科研训练计划项目纳入必修课程体系实属必要。

三、改进本科生科研训练的几点建议

（一）完善课程体系，打好科研训练基础

较强的写作能力和合理的知识结构是进行科学研究的基础。笔者在评阅本科生科研训练计划项目成果、参与结题验收答辩过程中发现，有的论文或者调查报告，存在语句不通、标点符号错用、错别字等情形，反映出一些本科生写作基础较差；还有的因为欠缺经济学等交叉学科的知识，导致对论文或者调查报告中涉及的一些相关知识理解偏差和对某些问题论述不清的问题；等等。因此，笔者认为，对于法学专业本科生也包括其他一些人文社会科学专业的本科生应当开设写作课程，加强写作训练，以提高其写作能力；倡导学生跨专业选修经济学、政治学、社会学等课程，以拓宽其知识面。

（二）增加项目经费，保证调查研究效果

笔者所调研的某高校自推行本科生科研训练计划项目以来，很长一段时间内，对人文社会科学专业项目的支持经费，大致情况如下：约 10% 的项目列为重点项目，支持经费为每项 1000 元；约 90% 的项目列为一般项目，支持经费为每项 500 元；近年来重点项目支持经费增长至每项 1500 元，一般项目支持经费增长至每项 1000 元。调研显示，这样的支持经费额度明显偏低，不能够充分满足项目的实际需求，致使在问卷调查、走访调查等环节不能保证应有的调查覆盖面，从而直接影响项目完成质量。因此，笔者建议，在条件允许的情况下，应适度提高项目支持经费，以保证调查研究效果。

（三）合理计算工作量，激励教师积极性

笔者所调研的某高校规定，教师一个年度只能指导一个本科生科研训练计划项目，计工作量 8 学时。调研显示，8 学时的工作量明显不符合指导教师实

际工作量。明显偏低的工作量计算标准不能持久地激励教师从事这项工作。部分教师指导本科生科研训练积极性不高、用心不够，与明显偏低的工作量计算标准有直接关系；而教师积极性不高、用心不够，必然影响本科生科研训练计划项目的实施效果。

（四）严格考核要求，确保科研训练质效

笔者调研的某高校法学专业近三年本科生科研训练计划项目结项情况大致如下：除个别项目因为选题较难、调研条件不具备等因素放弃之外，参加结题答辩的项目，均能够通过结题验收；优秀率平均达到 30%，有的年度甚至达到 40% 以上。而认真审阅项目成果，有些实际上是不符合优秀标准的，如有的论文选题一般，没有比较重要的现实意义或者独到见解；有的调查报告调查面不够，调查结论缺乏说服力。有的论文观点不鲜明，有的论文引证文献不足，有的论文论证明显不足，有的调查报告中调查结果与观点之间缺乏必要的因果关系。严格地说，这样的论文或者调查报告不符合结题要求，但也顺利通过结题答辩。因此，笔者建议应当明确考核标准、严格考核要求，以确保科研训练质效。

《三晋法学》征稿启事

《三晋法学》（中国法制出版社出版）是由山西大学法学院主办的法学学术论丛。本论丛以“探索法学理论前沿，拓展基础理论研究，密切关注法律实务，提倡学术自由，遵守学术规范”为宗旨。开设“名家论坛”“探索与争鸣”“法学各科专论”“判解研究”“课题成果”“博硕论文精粹”“法学教育”等栏目。欢迎海内外有创见卓识的法律人惠赐高质量稿件，阐说思想，传播文化，繁荣法学。2006 年起每年出一辑，每辑 30 万—35 万字。

《三晋法学》论文格式要求：

1. 150—200 字中文摘要。

2. 3—5 个关键词。

3. 作者简介。在文章题目下作者名字的右上角用 * 标示，在当页正文下注明。例如：山西大学法学院教授，主要从事外国法律制度史研究。

4. 注释采用脚注，当页排序。

例如：

①郭道晖：《宪政简论》，载《法学杂志》1993 年第 5 期。

②张庆福：《宪法与宪政》，载许崇德主编：《宪政与民主政治》，中国检察出版社 1994 年版，第 3 页。

③《毛泽东选集》第 2 卷，人民出版社 1991 年版，第 732 页。

④王人博：《宪政的中国之道》，山东人民出版社 2003 年版，第 1 页。

⑤［美］E. 希尔斯：《论传统》，傅铿等译，上海人民出版社 1991 年版，第 16 页。

⑥作者：《文章题目》，http:　　　　　。

5. 文章字数要求：不要超过 8000 字。

6. 请勿一稿多投；格式不符合要求的不予采用。

7. 来稿需发送电子稿一份。电子稿请寄 liqi@ sxu. edu. cn

8. 来稿一经采用，即发给电子版的“采稿通知书”。不设稿酬，随寄作者样书一本。

图书在版编目（CIP）数据

三晋法学．第十五辑／周子良主编．—北京：中国法制出版社，2021.6

ISBN 978－7－5216－1947－8

Ⅰ.①三… Ⅱ.①周… Ⅲ.①法学－文集 Ⅳ.①D90－53

中国版本图书馆 CIP 数据核字（2021）第 106305 号

策划编辑　周琼妮（zqn－zqn@126.com）

责任编辑　周琼妮

封面设计　李宁

三晋法学（第十五辑）

SAN JIN FAXUE（DI－SHI WU JI）

主编/周子良

经销/新华书店

印刷/北京虎彩文化传播有限公司

开本/710 毫米×1000 毫米　16 开

印张/17.25　字数/220 千

版次/2021 年 6 月第 1 版

2021 年 6 月第 1 次印刷

中国法制出版社出版

书号 ISBN 978－7－5216－1947－8

定价：65.00 元

北京西单横二条 2 号

邮政编码 100031

传真：010－66031119

网址：http：//www.zgfzs.com

编辑部电话：010－66067023

市场营销部电话：010－66033393

邮购部电话：010－66033288